国家社会科学基金一般项目（批准号：18BJL090）
乡村振兴战略下城乡高质量融合发展的机理与推进机制研究

THE PATH OF
HIGH-QUALITY INTEGRATION
BETWEEN URBAN AND RURAL AREAS
IN CHINA
UNDER THE RURAL REVITALIZATION STRATEGY

乡村振兴战略下
中国城乡
高质量融合发展之路

马 骏 著

社会科学文献出版社
SOCIAL SCIENCES ACADEMIC PRESS (CHINA)

序　言

在漫长的人类历史长河中，伴随人类生产力的不断提升，人口规模不断扩大，社会大分工的数次演变，先后产生了原始聚落、防御城郭、固定居民点，之后由于私有制的出现，直至商业和手工业从农牧业中分离出来，最终形成了真正意义上的城市，自此开启了城乡关系曲折、起伏、波浪式前进的发展历程。最初提出城乡融合概念的是恩格斯，1847 年恩格斯在回答消灭私有制以后将会产生什么结果时指出“通过城乡的融合”，可以“使社会全体成员的才能得到全面的发展”。马克思、恩格斯关于城乡融合理论指出城乡融合是“结合城市和乡村生活方式的优点而避免两者的偏颇和缺点”。城乡融合是继城乡产生、城乡分离、城乡对立、城乡协调之后，人类社会文明发展到高级阶段的地域表征。城乡融合既可以理解为一个目标、一种状态，也可以理解为一个过程、一种路径。通过城乡融合实现城乡两大地域系统空间的统一、功能的整合、价值的融合，不断消除城乡经济、政治、社会、文化、生态等领域的现实差距，最终实现人的自由、全面、充分发展，实现人与自然和谐共生，这是人类的理性追求，也是历史的必然趋势。

由于城市和乡村分属于不同的地域系统，具有天然迥异的系统功能。城市作为先进生产力、先进文明的聚集体，以制造业、服务业和现代文明为主，在城乡发展关系中始终处于支配和引领地位，这是由城市在空间上的高度集中性和人口在城市的高度密集性特质所决定的，空间的集聚意味着信息、知识快速传播，生产、财富快速形成，创新、进化快速产生，现代化产业体系意味着人力资本高投入、技术资金高投入、创新管理高投入，从而形成高价值产业和高附加值产品。而乡村由于地广人稀、交通不便、信息阻隔，以传统农业生产和农耕文明为主，在城乡发展关系中往往处于从属和跟随地位，这是由乡村在空间上的高度分散性和人口在空间上的高度稀释性所决定的，空间的分散意味着同样的投入效益降低，人口的稀少意味着信息、技术、创新等协同行为的生产效益下降，传统型产业意味着低成本劳动力投入、低技术资金投入、低创新管理投入，从而形成低价值产业和低附加值产品。城乡之间的差距由此逐步拉大，城乡之间的矛盾因此日益增多。

当前，中国正经历世界百年未有之大变局，国际国内形势正在发生深刻演化，我国社会的主要矛盾已转化为人民日益增长的美好生活需要和不平衡不充分的发展之间的矛盾。习近平总书记多次强调“我国发展最大的不平衡是城乡发展不平衡，最大的不充分是农村发展不充分”。城乡发展不平衡已成为我国社会主要矛盾的突出表现。进入新发展阶段、贯彻新发展理念、构建新发展格局，需要在各种不确定性中谋求最大的确定性，需要以国内市场为主导构建国内国际双循环发展格局，更需要牢牢把握高质量发展这个主题，在乡村振兴战略下推动国家城乡高质量融合发展，正是为激发乡村内生动力、优化城市发展动力，实现在更大范围、更宽领域、更深层次、更高水平、更长跨度上高质量发展的历史必然。

本书以城乡融合为基本研究对象，将研究背景置于乡村振兴战略下，突出“高质量”这个关键词，构建乡村振兴战略下城乡高质量融合发展的总体框架，系统梳理了国内外城乡融合的学术思想、理论观点，系统研究了国内外城乡融合的实践案例、启示借鉴，全面总结概括了国内城乡融合理论共性和实践经验。根据时间序列回溯了我国城乡关系演进和发展的历史脉络，推导了城乡关系演化的演进机理和底层逻辑，从城乡关系价值变迁、城乡关系价值导向和城乡关系价值追求三个维度研判了我国城乡关系演进的价值史观。对我国城乡融合发展质量失衡进行了实证评价和成因剖析，并进一步对乡村振兴与城乡融合发展的耦合关联进行了分析。重点对城乡高质量融合发展的概念、内涵与特征进行了逐一阐释，定义了“城乡高质量融合”“城乡融合体”“城乡融合态”等全新概念。在此基础上，从城乡高质量融合发展的核心要素、基本条件、主要动能、运行模式、指标测度和实现路径出发，对我国乡村振兴战略下城乡高质量融合发展的运行机理进行了推导，最后从城乡空间、城乡经济、城乡政治、城乡社会、城乡文化、城乡生态等六大领域出发，构建了我国乡村振兴战略下城乡高质量融合发展的实现机制。

目　录

第一章　绪　论

第一节　选题背景与研究意义

一　选题背景

“城乡融合”是马克思、恩格斯在考察人类社会发展变动规律后提出的著名科学原理。他们认为，扬弃和超越城乡之间的分离和对立，在克服各自片面性弊端的基础上进一步走向融合，是人类历史向前发展的必然趋势。[①] 中国特色社会主义进入新时代，我国社会主要矛盾已经转化为人民日益增长的美好生活需要和不平衡不充分的发展之间的矛盾。[②] 经过几十年的快速城镇化和大规模人口迁徙，城乡发展不平衡、乡村发展不充分的客观矛盾已经成为制约当下人们追求美好生活的现实障碍。我国多年的城乡建设与实践证明，城市和乡村不可分割，城乡融合发展是大逻辑，也是社会主义现代化的基本要求。实施乡村振兴战略是我国城镇化发展到一定时期，城乡发展不平衡、乡村发展不充分的矛盾下中央提出来的重大决策部署，事关我国十几亿人口的生存和发展，攸关国家发展的全局和长远利益。在此背景下，推动城乡融合且高质量融合发展，是化解城乡发展不平衡、乡村发展不充

① 李红玉：《城乡融合型城镇化——中国新型城镇战略模式研究》，《学习与探索》2013年第9期。

② 李慎明：《正确认识中国特色社会主义新时代社会主要矛盾》，《红旗文稿》2018年第5期。

分、城市发展不经济等矛盾的根本之道。

首先，从我国城乡发展的历史脉络看，城乡融合发展已成为历史之趋。回顾新中国成立以来70余年我国城乡关系发展的历史脉络，先后经历了新中国成立初期至改革开放前的城乡二元分割时期、改革开放至2000年的城乡要素初步流动时期、2000年初至党的十八大前的统筹城乡发展时期、党的十八大之后的城乡全面融合发展时期四个大的阶段，城乡发展的状态由城乡分割（农村支持城市、农业支持工业）到城乡互动（家庭承包制、农产品市场改革、乡镇企业蓬勃发展、农民工进城务工）再到城乡一体（工业反哺农业、城市带动农村、城乡统筹发展）直至城乡融合（全面建立城乡融合发展体制机制、城乡要素双向流动），明显呈现城乡融合发展的大趋势，城乡之间的不平衡、不充分问题正在一步步改善。

其次，从我国社会主要矛盾的变化看，城乡融合发展已成为治本之策。新中国成立至今，我国社会的主要矛盾共发生了三次变化，即社会主义建设时期“人民对于建立先进的工业国的要求同落后的农业国的现实之间的矛盾”①，改革开放和社会主义现代化建设时期“人民日益增长的物质文化需要同落后的社会生产之间的矛盾”②，中国特色社会主义进入新时代“人民日益增长的美好生活需要和不平衡不充分的发展之间的矛盾”③。这三次社会主要矛盾的变化体现了我国从“站起来”“富起来”到“强起来”的历史转变，而城乡融合发展则从根本上改善了城乡生产关系，解放了城乡作为一个有机系统的内生型生产力，也从根源上破解了我国发展中城乡这个最大的不平衡、乡村这个最大的不充分问题。

最后，从我国城乡关系的战略转型看，城乡融合发展已成为发展之基。中央在1982~1986年连续5年发布以农业、农村和农民为主题的中央一号

① 邓玲：《中国共产党引领城乡关系发展的逻辑理路及实践进路》，《理论导刊》2023年第1期。

② 胡锦涛：《坚定不移沿着中国特色社会主义道路前进　为全面建成小康社会而奋斗——在中国共产党第十八次全国代表大会上的报告》，2012年11月8日。

③ 习近平：《决胜全面建成小康社会　夺取新时代中国特色社会主义伟大胜利——在中国共产党第十九次全国代表大会上的报告》，2017年10月18日。

文件，对农村改革和农业发展作出具体部署，[①] 提出要及时调整工农城乡关系。2004~2024 年中央又连续 21 年发布以“三农”为主题的中央一号文件，先后提出了建设社会主义新农村、加大统筹城乡发展力度、坚持农业农村优先发展等重大任务。与此相呼应，党的十六大明确提出“统筹城乡经济社会发展”，党的十七大提出“城乡一体化新格局”，党的十八大提出“推动城乡发展一体化”[②]，党的十九大提出“实施乡村振兴战略”，党的二十大提出“坚持城乡融合发展”，近半个世纪以来，我国城乡关系正朝着协同、互动、一体发展，城乡融合已经成为城乡关系高质量发展的基石。

总体而言，随着全面实施和推进乡村振兴战略，我国城乡关系正逐步转变为“强化以工补农、以城带乡，推动形成工农互促、城乡互补、协调发展、共同繁荣的新型工农城乡关系”[③]，城乡融合发展的目标、领域、动能、特征、模式正在发生深刻变革，共同富裕、高质量发展、中国式现代化等一系列时代化的主题也赋予了我国城乡融合发展特殊的使命和任务。基于此，本研究以乡村振兴战略作为时代背景，从破解城乡发展这个最大不平衡、不充分的角度出发展开研究。

二 研究意义

本研究以我国城乡高质量融合的发展机理和推进机制为重点，在阐释城乡高质量融合发展的定义与内涵的基础上，具体研究我国乡村振兴战略下城乡高质量融合发展机理中的核心与关键因素，相融的条件、动力与路径，融合的模式与评价指标体系，以及符合乡村振兴战略目标、具有可操作性的、与城乡高质量融合发展机理相对应的推进机制，分别从理论和实践上予以具体创新和突破，以助力我国在经济和社会转型发展的关键时期，面对人口数量巨大的国情和全球经济发展放缓的世情，探寻一条科学合理的城乡高质量融合发展的道路。

---

① 张雪严：《对乡村振兴的认识和思考》，《前进论坛》2023 年第 8 期。

② 张冬瑾：《中国城乡经济融合发展的制度创新研究》，东北师范大学硕士学位论文，2021。

③ 汪琪美：《中国城乡融合测度及其经济增长效应》，华中科技大学硕士学位论文，2021。

本研究的理论意义在于，从理论层面阐释城乡高质量融合的内在机理。研究认为，只有全面透彻清晰城乡融合发展的机理，从机理上破解阻碍我国城乡融合发展的症结，才有可能正确运用唯物辩证法的规律指导实践，并且特别提出了“高质量融合”的全新概念，强调“人”在城乡融合中的核心地位与关键作用，突出城乡“双向能动融合”的主动性与趋利共生性，提出“显化乡村价值”和“优化城市价值”并重，进一步丰富城乡融合发展的理论体系和高质量发展的理论内容。特别是在人口规模巨大、全体人民共同富裕、物质文明与精神文明相协调、人与自然和谐共生、走和平发展道路的中国式现代化征程上，推进城乡高质量融合发展，将强化中国式现代化关于城乡融合发展的理论依据。①

本研究的实践意义在于，相较于已有研究更加注重在实践层面探索城乡融合的推进机制，有利于从教育医疗、社会治理、精神文明、文化建设、产业、收入、就业、社会保障、人居环境等多个维度寻求城乡更大的发展增量空间。与此同时，本研究将研究对象置于国家实施乡村振兴战略的背景下，有利于抓住城乡融合发展的战略机遇期，突破城乡发展双向瓶颈，重塑城乡关系，对系统和科学地推进我国新时代城乡融合发展具有重要的现实和战略意义，为我国统筹实施乡村振兴和城镇化战略提供决策参考，也为我国立足新发展阶段、贯彻新发展理念、构建新发展格局、推动高质量发展注入强大的城乡发展动力，并为实现中国式现代化和中华民族伟大复兴的中国梦提供了现实支撑。

第二节　文献回顾与评述

一　国内外研究文献综述

关于城乡融合发展理论，国外早已有大量的思想家、理论家和学者予以

① 方创琳、赵文杰：《新型城镇化及城乡融合发展促进中国式现代化建设》，《经济地理》2023年第1期。

研究。在国外相关研究中，以莫尔、康帕内拉、傅立叶为代表的空想社会主义者分别提出了“乌托邦”“太阳城”“法郎吉”等构想，包括圣西门、欧文等思想家，他们都从不同的视角主张农村与城市的融合，并且主张消灭城乡对立等①。以发展经济学为视角的研究主要包括刘易斯“二元结构”理论、费景汉-拉尼斯二元经济论、乔根森二元经济结构模型、哈利斯-托达罗模型②、缪尔达尔地理二元经济结构理论等，发展经济学理论用二元结构解释了经济发展过程中的城乡工农关系以及二元经济向一元经济的转换，对于正确分析和研究我国的城乡关系、推动城乡融合发展有着极其重要的借鉴作用。以社会学和城市经济学为视角的研究主要包括霍华德的田园城市理论、沙里宁的有机疏散理论、马克思主义的城乡关系理论、赖特的广亩城理论、芒福德的城乡发展观、麦基的亚洲城乡一体化发展模式、伦福儒的城乡边缘区理论、岸根卓郎的城乡融合理论③等，分别从地理、经济、人口、社会、生态、环境等多个方面对城乡关系进行研究。而自刘易斯对发展中国家开展城乡关系研究后，许多学者开始将研究目光投向亚洲的发展中国家，这当中具有代表性的学者如加拿大的麦基，其提出了“城乡融合区”（Desakota）的空间概念④，重点分析了韩国的韩城和中国的台北、珠江三角洲、长江三角洲等区域，发现上述这些区域的边缘区，其乡村地区非农产业发展较快，相应的居民生活方式也发生了较大改变，总结了在城乡交互作用下的城镇化空间变化模式。道格拉斯从城乡相互依赖的角度提出了区域网络发展模型⑤。塔科里提出的“城乡连续体”（urban and rural continuum）理

---

① 周凯：《中国城乡融合制度研究》，吉林大学博士学位论文，2012。

② 〔美〕迈克尔·P. 托达罗：《经济发展与第三世界》，印金强、赵荣美译，中国经济出版社，1992。

③ 〔日〕岸根卓郎：《迈向21世纪的国土规划——城乡融合系统设计》，高文琛译，科学出版社，1990。

④ T. G. McGee, “The Emergence of Desakota Regions in Asia: Expanding a Hypothesis,” in Norton Ginsburg, Bruce Koppel, and T. G. McGee, eds., *The Extended Metropolis: Settlement Transition in Asia* (University of Hawaii Press, 1991).

⑤ Douglass M., “A regional network strategy for reciprocal rural-urban linkages: An agenda for policy research with reference to Indonesia,” *Third World Planning Review* 20 (1), 1998: 1.

论则倡导城乡相互作用的发展模式。① 爱普斯坦从城乡关系视角探讨了城乡通过建立经济伙伴关系，进一步强化了城乡关系互动与要素双向流动。② 这些著名学者的理论中都有城乡融合发展的影子或对象，都有着城乡协调发展的观点，他们认为应该将城市和农村作为一个统一的整体进行研究，并最终以促使整个城乡经济持续、稳定、协调发展来达到共同繁荣为目的。③

相对而言，国内学者就城乡融合发展的研究起步较晚，自20世纪80年代中期起，我国城乡二元分割对经济社会融合发展产生了一定影响，国内经济学、社会学、生态学、城市地理、城市规划等专业领域的学者从不同角度对城乡协调发展展开了广泛的理论与实证研究，其主要研究内容多集中在城乡融合发展的本质特征、建设模式、动力机制、主体内容、发展目标、规划实施等方面。例如：魏清泉认为城乡融合是城市化的特殊模式；陈锡文提出城乡协调是要让人能在城市与农村之间自由选择；周凯对中国城乡融合的影响因素做了分析；刘先江对马克思、恩格斯城乡融合理论及其在中国的应用与发展进行了探讨；陈艳清对城乡融合的五种模式进行了阐释；武小龙从生态学视角提出了城乡"共生式"发展概念；姜作培，顾朝林，蔡昉，王敬华、陈田，韩俊，温铁军，仇保兴，陆学艺，白永秀、吴丰华等分别在其著作中对我国城乡统筹发展和推进城乡一体化进行了系统研究。2017年，党的十九大报告提出乡村振兴战略后，国内众多学者从提升乡村发展能力，加快乡村建设，推动乡村产业、人才、文化、生态、组织等五大振兴出发，形成了较为系统的城乡融合理论研究成果。例如：徐宏潇提出了中国特色社会主义新时代城乡融合发展的理论依据、现实动因与实现条件；王小广提出城乡融合发展核心内涵应包括要素融合、产业融合、生态融合、基本公共服务均等化等。2022年，党的二十大报告提出以中国式现代化全面推进中华民

---

① Tacoli C.,"Rural-urban linkages and sustainable rural lively hoods," *Sustainable Rural Livelihoods*, London: DFID, 1998.

② Epstein T. S., Jezeph D., "Development-there is another way: A rural-urban partnership development paradigm," *World Development* 29 (8), 2001: 1443-1454.

③ 商哲：《我国新时期的县（市）域城镇体系规划研究》，河北农业大学硕士学位论文，2007。

族伟大复兴[①]，在此目标引领下，城乡融合相关研究主要分为三大方面：一是将城乡高质量融合作为中国式现代化建设的奋斗方向。如方创琳、赵文杰提出要“深度推进城乡高质量融合，把城乡融合发展作为中国式现代化建设的奋斗方向”[②]。二是阐释了中国式现代化与城乡融合发展的相互关系。例如：周飞舟认为“城乡融合发展是中国式现代化在城镇化方面的集中体现”；王韬钦梳理了“中国现代化进程中实现城乡一体化发展的历史逻辑演进”，认为“不断强化马克思主义在城乡关系、经济发展以及共同富裕等领域的话语权，加速中国现代化进程”。三是论述了中国式现代化视野下乡村振兴高质量发展的逻辑与路径，如黄承伟提出“新时代新征程全面推进乡村振兴必须走中国式现代化的乡村振兴道路”。

二　国内外研究文献评述

从现有的研究看，一方面，国外关于城乡融合发展的研究已相当成熟，并已形成了众多成熟的城乡关系经典理论，这对推动中国城乡融合发展有着一定的借鉴作用。但由于早期国外城乡关系的研究和理论是建立在资本主义国家城乡对立矛盾基础之上的，对于广大的发展中国家，特别是像中国这样人口、面积、体量巨大的发展中国家而言，其城乡关系发展、城乡融合理论、城乡融合模式均与早期资本主义国家和西方发达国家存在差异，对于中国这样一个拥有十几亿人口、近半数农业人口且正处于城镇化快速发展阶段的发展中国家而言，这些理论和结论是否适用于中国仍有待进一步佐证。[③] 另一方面，国内研究中城乡关系构建、城乡融合机制等内容一直是经济学、社会学及其他学科研究的重点，这些研究从不同角度和不同层次上对城乡分割产生的原因、城乡关系协调、城乡融合发展趋势进行了讨论[④]，提出了城乡一

---

① 罗军：《坚定不移走地方金融高质量发展道路》，《中国金融》2022 年第 23 期。

② 方创琳、赵文杰：《新型城镇化及城乡融合发展促进中国式现代化建设》，《经济地理》2023 年第 1 期。

③ 武小龙：《城乡“共生式”发展研究》，南京农业大学博士学位论文，2015。

④ 杨茹茹：《新时代中国特色社会主义乡村振兴战略研究》，东北石油大学硕士学位论文，2019。

体、城乡统筹、城乡融合等概念，对构建和谐的城乡关系提供了参考和建议，但相关研究更多集中于应用和对策层面，在理论与机理层面的研究有待进一步深化和厘清。从理论联系实际的角度出发，随着我国进入中国特色社会主义新时代，我国社会主要矛盾已发生变化，[①] 在高质量发展引领下，在乡村振兴战略全面推进的背景下，在中国式现代化目标的主导下，推进城乡高质量融合发展，凸显“高质量融合”这个发展主题词，深入而系统地厘清我国城乡高质量融合的时代背景、战略背景、发生条件、融合特征、融合机理、融合模式、政策机制，仍是理论界、学术界应当面对和思考的时代之问。

第三节　总体思路与研究方法

一　总体思路

围绕回答城乡高质量融合发展的决定性因素是什么、决定性因素发生作用的原理是什么、城乡高质量融合发展的概念和内涵是什么、乡村振兴战略对于城乡高质量融合发展的耦合关联是什么、乡村振兴战略下城乡高质量融合发展的运作机理是什么、与乡村振兴战略下城乡高质量融合发展运作机理相匹配的推进机制是什么等问题，按照“理论实践梳理研判—概念定义内涵剖析—背景耦合关联分析—融合作用机理推导—融合推进机制构建”的技术路线展开研究，形成乡村振兴战略下城乡高质量融合发展的理论框架和实践路径。

二　研究方法

一是将理论分析与实证分析相结合，把握我国城乡融合过程中的机理缺陷、机制偏差并优化逻辑方向。二是通过系统分析、过程分析、关联分析、

① 徐志远、付求勇：《论习近平新时代中国特色社会主义思想的逻辑结构——基于范畴研究的视角》，《学习论坛》2021 年第 4 期。

聚类分析、比较分析，采取数理模型与软件分析相结合的方法，研究乡村振兴战略下城乡高质量融合发展的作用机理和评价指标体系。三是运用经济地理学、发展经济学、城市经济学、区域经济学、政治经济学、生态经济学以及社会学等相关学科的理论，结合典型案例研究乡村振兴战略下城乡高质量融合发展的推进机制。

第四节　总体框架与主要创新点

一　总体框架

1. 城乡关系演化和城乡融合发展理论与实践回溯

本书系统梳理和总结了国内外关于城乡融合发展的理论研究与实践探索，重点针对三大方面：以西方早期空想社会主义者的城乡关系思想、西方经济学家的城乡发展理论、西方城乡规划学家的城乡发展观为代表的西方城乡平等协调关系学说；以马克思、恩格斯为代表的马克思主义城乡融合发展思想；以毛泽东、邓小平、江泽民、胡锦涛、习近平等为代表的党和国家领导人的马克思主义城乡关系思想中国化，系统阐释城乡关系思想、城乡融合理论的来龙去脉，找出理论与实践之间的因果关联，探究我国城乡融合发展理论的历史脉络，为把握国内外尤其是我国城乡关系演化和城乡融合发展总体趋势奠定思想和理论基础。

2. 中国城乡关系的演进逻辑与价值史观判断

本书梳理了中国城乡关系的演进脉络，对中国城乡关系的演进机理进行了分析，对中国城乡关系变化与演进的逻辑做了推演，即生产力水平提升是城乡关系演进的前提基础、财富和权力的创造和占有是城乡关系演进的根本动因、边际效益递减与文明进步是城乡关系演进的基本逻辑。并进一步对中国城乡关系做了价值史观判断，即从物的集中到人的文明记载城乡关系价值变迁、从利益分割到价值共生演绎城乡关系价值导向、从固化存量到融合增量印证城乡关系价值追求。

3. 中国城乡融合发展质量失衡的实证评价及成因剖析

本书总结归纳了当前我国城乡融合发展的突出问题，主要包括以下五个方面。一是城乡经济建设不平衡，主要表现为产业融合度及乡村三次产业发展及融合度较低，城乡优势产业协同度不高，城乡居民收入差距较大。二是城乡政治建设不协同，主要表现为农村居民政治参与的意愿、能力和实效偏低、成本偏高，农村地区、农民群体参与城乡区域经济一体化发展的战略、规划、实施方案的程度普遍不高，农民参与城乡政策制定的意愿、权益保障偏低，新生代农民工参与社区管理程度低。三是城乡社会建设不均衡，主要表现为城乡居民公共服务发展协同度较低，尤其是进城务工人员及子女的住房、教育、医疗及社会保障等方面的水平差异度较大。四是城乡文化建设不同步，主要表现为乡土文化、文脉、文明在城镇化大潮中逐步弱化、流失和消亡，城市文明的兴起又排斥着乡村文化的进驻，主流价值取向偏重于城市与市场，农耕文明面临遗失的风险。五是城乡生态文明建设不协调，主要表现为城乡两大区域在各自的发展道路上，对生态资源的利用、对生态环境的保护水平和质量不一，城市粗放型发展、乡村粗放型生产等都对城乡生态融合造成了损伤和破坏。本书在此基础上对我国城乡融合发展质量失衡的现象进行了实证评价，经统计数据测算和分析，结果表明目前我国存在城乡人口结构与就业水平差异大、城乡收入水平与消费能力差异大、城乡财政投入与设施供给差异大、城乡公共服务与社会保障差异大、城乡生态环境与治理投入差异大等五个方面的具体问题，并以此为基础做了深入探索，总结出城乡人口发展能力不对等、城乡要素流动基础不对等、城乡政策配置效能不对等、城乡资源交换价值不对等、城乡生态损害成本不对等等五大根本性原因。

4. 乡村振兴与城乡融合发展的耦合关联分析

本书研究了乡村振兴与城乡融合的理论逻辑和实践关系。首先，乡村振兴是实现城乡融合发展的必然要求，即乡村振兴是城乡融合发展的基础前提、城乡融合发展的目标追求、城乡融合发展的任务内容。其次，城乡融合发展是实现乡村振兴的根本途径，即城乡融合发展为乡村振兴提供科学引领、城乡融合发展为乡村振兴注入内生动力、城乡融合发展为乡村振兴创造生长空间。最后，乡村振兴与新型城镇化协同驱动城乡融合发展，即乡村振兴与新型城镇化协同引导农村人口有序转移、促进城乡空间布局协调、加快城乡产业发展互动、实现城乡民生保障均等、推动城乡要素市场统一、推进城乡制度改革创新。

5. 城乡高质量融合发展的时代要求、概念界定、内涵解析与特征阐释

本书分析研判我国立足新发展阶段、贯彻新发展理念、构建新发展格局的时代背景下，在以中国式现代化推进实现中华民族伟大复兴的新征程中，从城乡融合到城乡高质量融合的时代要求，即新发展阶段下城乡融合的背景形势发生转变、新发展理念下城乡融合的目标要求发生转变、新发展格局下城乡融合的立足基点发生转变，从而推导出新时代背景下我国城乡融合发展必须向质量第一、效益优先、更好统筹的质的有效提升与量的合理增长的城乡高质量融合转变。然后对城乡高质量融合发展做了概念界定。之后是城乡高质量融合发展的内涵与特征解析：城乡高质量融合是城乡资源要素双向能动式的融合发展，即以市场在资源配置中发挥决定性作用的城乡双向吸引和自主能动式融合；城乡高质量融合是城乡经济体系互利共生式的融合发展，即以城乡经济、产业、市场交互叠加效益最大化为特征，城乡互促互利、共生共荣的增量式融合；城乡高质量融合是城乡物质精神系统有机式的融合发展，即一种以实现人的物质和精神财富共同富裕为目标的共有发展要素、共建发展格局、共享发展成果的融合。在此基础上，从城乡高质量融合发展的背景、条件、动因、目标、速度、质量、状态等维度出发，阐释了城乡高质量融合发展的基本特征，即城乡高质量融合是城乡之间具有内生融合诉求的自主融合，是城乡之间具有彼此融合需要的双向融合，是城乡之间具有整体融合增益的能动融合。

6. 乡村振兴战略下城乡高质量融合发展的运行机理推导

本书对乡村振兴战略下决定城乡高质量融合发展的核心要素进行研究。阐释“人”作为一切发展要素中的主体、核心与关键性要素，在城乡高质量融合发展中的地位与作用，分析“人”的要素对于其他发展要素流动、集聚、融合的引领作用。本书还对乡村振兴战略下城乡高质量融合发展中影响要素流动的本质原因进行分析。分析我国城镇化进程中人口、资金、信息、技术、资源、产品等发展要素长期片面单向流入城市的内在逻辑，找出决定发展要素流动方向的根本原因——“人”，其本身的流动偏好与抉择因素。乡村振兴战略下城乡高质量融合发展的外部条件构建。一是显化乡村价值。相对于城市价值及其要素集聚效应，基于乡村地域、乡村资源、乡村产品、乡村特色、乡村文化、乡村生态等的物质与精神价值——“乡村价值”，研究其充分显化的条件、目标与路径。二是优化城市价值。基于高效、便利、规模、集聚、多元、创新等属性下的城市价值，在当前土地资源紧张、交通出行拥堵、住房价格高企、生态环境临压的困境下，探讨其进一步优化的条件、目标与路径。乡村振兴战略下城乡高质量融合发展的互诉驱动研究。三是基于显化了的乡村价值和优化了的城市价值共存的背景，两者价值需求的互诉性、要素流动的能动性。城乡价值需求的互诉性主要研究：产业融合的互诉性、收入增长的互诉性、权属交易的互诉性、人居选择的互诉性、文化交融的互诉性等；城乡要素流动的能动性主要研究：人口双向流动的主观能动性、资本双向流动的利益趋向性、信息双向流动的市场自发性、技术双向流动的发展适应性、资源双向流动的供给平衡性、产品双向流动的消费需求性等。

乡村振兴战略下城乡高质量融合发展的基本条件分析。包括：发展机会公平是城乡高质量融合发展的前提；发展能力对等是城乡高质量融合发展的基础；发展水平均衡是城乡高质量融合发展的条件；发展要素共有是城乡高质量融合发展的关键；发展格局共建是城乡高质量融合发展的保障；发展成果共享是城乡高质量融合发展的目的。

乡村振兴战略下城乡高质量融合发展的主要动能建构。包括：人力资源赋能消弭城乡融合的生产差距；绿水青山赋能激活城乡融合的需求动力；规模资本赋能均衡城乡融合的产出效益；财产要素赋能缩小城乡融合的收入差距；数字乡村赋能提升城乡融合的质量和水平。

乡村振兴战略下城乡高质量融合发展的运行模式推导。本课题重点研究和探讨三种模式：一是乡村生态价值力资源驱动型城乡高质量融合发展模式。该模式属于城乡高质量融合初始阶段融合发展模式：乡村生态价值力资源驱动城乡高质量融合发展。乡村生态价值力，是城乡实现高质量融合发展进程中乡村释放的价值吸引力，侧重于从乡村地域系统供给端创生价值、创造需求，激活乡村发展及城乡高质量融合发展的内生动力，即在推动乡村振兴的基础上实现与城市的高质量融合发展。二是城市先进生产力要素驱动型城乡高质量融合发展模式。该模式属于城乡高质量融合发展阶段融合发展模式：城市先进生产力要素驱动城乡高质量融合发展。城市先进生产力，是城乡实现高质量融合发展进程中城市释放的生产驱动力，侧重于从城市地域系统供给端释放价值、扩大供给。优化城市发展及城乡高质量融合发展的内生动力，即在推动城市优化发展的基础上实现与乡村的高质量融合发展。三是城乡融合生命力创新驱动型城乡高质量融合发展模式。该模式是城乡高质量融合发展高级阶段融合发展模式：城乡融合生命力创新驱动城乡高质量融合发展。城乡融合生命力，是当城乡高质量融合进入高阶状态，城乡融合体为实现自身发展演进的需求所释放的生命力。

乡村振兴战略下城乡高质量融合发展的指标体系构建。选取全国和31个省、自治区、直辖市作为研究对象，以2023年官方统计数据为基础开展实证评价。将城乡融合度作为评价城乡高质量融合发展的测度标准。城乡融合度的评价采取二级指标体系。一级指标为城乡融合度评价五大维度指标，由空间融合度、经济融合度、社会融合度、文化融合度、生态融合度五项指标构成，二级指标由具有可操作性的数据指标构成，主要反映和刻画一级指标的特征与内涵，具体采用城市与乡村同类指标的差异比较，通过反映城乡某一指标发展差距的绝对水平，[①] 反向体现城乡高质量融合发展的具体程度。

乡村振兴战略下城乡高质量融合发展的实现路径构建。探讨构建五种城乡高质量融合实现路径：以提高乡村资源变现能力促进城乡功能需求互诉的

① 贾雁飞、申翔：《“四位一体”的城乡融合评价方法及发展路径探讨——以泰州市区为例》，《城市时代，协同规划——2013中国城市规划年会论文集（12-小城镇与城乡统筹）》，2013。

实现路径，以缩小城乡居民收入差距促进城乡富裕协同共进的实现路径，以破解城乡要素市场阻隔促进城乡经济循环互补的实现路径，以消除城乡设施服务落差促进城乡生活品质均等的实现路径，以弥合城乡发展数字鸿沟促进城乡治理高效同步的实现路径。

7. 乡村振兴战略下城乡高质量融合发展的推进机制构建

一是建立城乡空间高质量融合发展的推进机制。在探讨城乡发展规划合一的前提下，研究构建城乡在生态环境共生、土地利用协调、基础设施均衡、人口有机分布等方面的推进机制，使城乡空间有机渗透、嵌套、融合，逐步实现城在乡中、乡中有城、城乡融合的地理空间格局。城乡功能高质量融合发展推进机制，即在制定城乡系统化发展战略的基础上，研究构建城乡在人居自主选择、产业特色配置、设施高效利用、生态环境满足等方面的推进机制，使城乡功能实现差异化、互补性、平衡性、整体性，以此实现城乡价值与功能的效益最大化。二是建立城乡经济高质量融合发展的推进机制。在平等城乡土地、农村集体产权等要素权属交换的前提下，研究构建城乡在人口自主流动、要素能动流通、乡村价值显化、城市价值优化、城乡价值交换等方面的推进机制，使城乡人口和各类要素根据选择偏好与市场机制，自由能动地流向有利于自身发展的区域，实现城乡经济和产业的高效发展、互促融合。三是建立城乡政治高质量融合发展的推进机制。在协调城乡政治资源、平等农民政治权利、公平农民政治权能信息获取与表达渠道的基础上，研究构建农民政治地位平等化、农民自组织政治权利平等化、城乡居民政治权利公平博弈等方面的实现机制，使农民真正地参与国家、社会事务的管理，体现和维护自身利益，形成城乡政治权益表达与实现的新平衡。四是建立城乡社会高质量融合发展的推进机制。在建立健全现代乡村社会治理体制的基础上，研究构建符合乡村生产和生活方式的乡村社会自治法治德治、乡村公共服务有效供给、乡村社会治理公众参与、城乡精神文明共塑融合、城乡社会治理共建共享等方面的推进机制，使城乡社会治理和民生保障共同进步、满足需求、相互匹配。五是建立城乡文化高质量融合发展的推进机制。在努力提高乡村社会文明程度、挖掘乡村文化价值的基础上，研究构建城乡文化差异特色发展、城乡文化价值互利共享、城乡公共文化资源共享、城乡特色文化产业整合、城乡文化人才互动交流等方面的推进机制，使城乡文化各具特色、彼此借鉴、相互促进。六是建立城乡生态高质量融合发展的推进机制。倡导生态文明理念，一体化治理山水林田湖草沙，统筹城乡水环境、空气质量、河湖治理、垃圾处理，推进绿色生产、生活方式，开展资源节约集约行动，共同建设美丽城乡。

二 主要创新点

1. 学术思想创新

一是研究视角创新。将城乡融合发展置于实施乡村振兴战略的视角下考虑，由此分析和推导我国城乡高质量融合发展的作用机理和推进机制，是一种研究视角上的创新。二是分析框架创新。对城乡高质量融合发展的机理研究，着眼要素对城乡发展的内生动力作用，一方面通过构建显化乡村价值和优化城市价值两类要素能动流动的外部条件，另一方面分析两类价值需求在产业融合、收入增长、权属交易、人居选择和文化交融等方面的互诉性，解析城乡要素在人口、资本、信息、技术、资源和产品双向流动的能动性，以此为基础提出城乡高质量融合发展的作用机理，是理论分析框架的创新。三是研究内容创新。从城乡融合发展的核心和关键要素——“人”出发，研究人口的流动偏好与抉择因素，提出城乡高质量融合发展的根本因素、动因动力、外部条件、实现路径、基本模式、评价指标等作用机理，构建城乡空间、城乡经济、城乡政治、城乡社会、城乡文化、城乡生态等六个方面的城乡高质量融合发展体系，以及相应的实现路径和推进机制，在研究内容方面有新的探索。

2. 学术观点创新

城乡高质量融合发展的标志和特征是“能动融合”“自由融合”“有机融合”“全面融合”“合二为一”。“人”是城乡高质量融合发展中的决定性要素。城乡高质量融合发展以充分激活“人”的能动效应、充分满足“人”的选择需求、充分释放“人”的创新活力为核心和关键。城乡高质量融合发展的动因是城乡人口能动流动的价值需求。引发城乡人口能动流动的价值需求包括乡村价值和城市价值两大类别，通过建立这两类价值并形成城乡价值交换的需求和市场，实现人口能动流动并带动其他要素自由流动。显化乡村价值、优化城市价值是实现城乡价值平等交换、要素自由流动、功能一体互补的前提。长期以来我国城乡融合发展质量和水平不高，主要原因是乡村价值没有得到充分显化、城市价值没有得到持续优化，导致城乡价值需求、城乡要素流动双向交换机制无法建立。乡村价值显化需要将其权属化、货币化、资本化、流通化；城市价值优化需要避免规模不经济、推动城市功能和要素有机疏散。同时，本研究立足城乡高质量融合基本概念，创新性提出了“城乡融合体”“城乡融合态”等概念。

3. 评价体系创新

以新发展理念为理论依据，以高质量融合为特色主题，以“人”的发展能力、“人”的生活品质、“人”的权益保障的满足和实现程度作为城乡高质量融合的逻辑起点和评价指征，对应城乡居民的发展能力对等、发展机会公平、发展结果共享的状态水平，分别从城乡空间高质量融合、城乡经济高质量融合、城乡社会高质量融合、城乡文化高质量融合、城乡生态高质量融合五个维度，以城乡融合发展差异度的方式反向印证城乡高质量融合发展的融合度，指向化、多维度、系统化构建城乡高质量融合发展指标体系。

第二章　城乡关系演化和城乡融合发展理论与实践回溯

第一节　西方平等协调城乡关系学说溯源

公元 14 世纪到 16 世纪，伴随欧洲的农业、手工业和商品经济的进一步发展，资本主义工商业开始萌芽，此后欧洲各国逐步进入资本主义时代，城乡关系也进入新的历史发展阶段。在城市，阶级结构发生明显变化，手工业者变为商人和资本家，商业资本的迅速发展开始控制产业的发展；在农村，阶级结构发生变化，在货币地租广泛推行下形成了地主和农场主，控制和剥削着广大农村的土地和劳动力。一方面，由于剩余劳动力和剩余产品的出现，城乡关系也发生了显著的变化，表现为城市对农村的支配、控制和农村对城市的从属和输出，城乡分离、对立、二元结构逐步形成并强化；另一方面，从 18 世纪末期到 20 世纪末期，西方社会历时 200 余年完成了工业化、城市化进程，其间城市规模集聚发展后病态逐渐显现，资本家对工人、农民阶级的剥削不断加深，城乡矛盾、阶级矛盾凸显。以莫尔为代表的西方早期空想社会主义者开始从批判现实社会角度出发，勾勒出一幅幅平等、公平、和谐的城乡发展蓝图，体现了对城乡关系协调发展的美好愿望。从 18 世纪开始，以刘易斯为代表的西方经济学家开始从城乡经济结构、工农业结构等经济学视角出发，构建了城乡二元结构下城乡一体、协同发展的城乡发展理论。19 世纪以来，以霍华德为代表的西方城市规划理论家，从兼顾城乡优点的角度出发，构建了城乡融合发展的城乡发展观。综观西方城乡平等关系学说，无论是从自然和谐还是从经济协同角度，都闪耀着城乡平等、融合发展的理性光辉。

一 西方早期空想社会主义者的城乡关系思想

1. 莫尔“乌托邦”中城乡平等的思想①

托马斯·莫尔，是英国著名的人文主义思想家，也是乌托邦思想的开创者。② 出版于1516年的《乌托邦》是莫尔广为人知的著作。书中虚构的乌托邦，描述了一个理想化的社会，在这个理想国度中的人民享有平等和自由，财富分配公平，生活安定和谐。在乌托邦的世界里，没有私有制，全部劳动财富都归劳动者全体共同所有。乌托邦里的国民没有城市和农村的身份差别，市民轮流到毗邻的农业区从事农业劳动两年，再回到城市从事手工业劳动，因此在乌托邦里的城市居民亦是农村居住，农村居民不会固化为农民，劳动的不同并不意味着身份的差别。该思想源于自由、平等、民主、法治的理念，并强调自由和人权，人人都享有充分的权利，官民之间没有高低贵贱之分。莫尔《乌托邦》中的城与乡，只是人们不同的劳动地点，市民与农民也只是全民劳动中不同的短期身份，基于全民轮换劳动、全民共享财富的模式，城市与乡村的对立矛盾自然瓦解，这正是莫尔关于消灭城乡对立的核心机理。

2. 傅立叶“法郎吉”中城乡和谐的思想

查尔斯·傅立叶，是法国著名的空想社会主义者，身处法国大革命的他出生于富商家庭，从小对金钱、利润、商业乃至资产阶级有着一种与生俱来的憎恶。他认为“商业是谎言的制造厂”，并对劳苦大众有着相当的同情心。他理想中的“和谐社会”，是由无数个名叫“法郎吉”的合作社构成，每个“法郎吉”有1600~2000人，在这个以“法郎吉”为基本单元所组成的社会家庭中，人人都可以按照自己的兴趣爱好、能力长处从事相应的工

① 〔英〕托马斯·莫尔：《乌托邦》，戴镏龄译，商务印书馆，1982。

② 蒲国良：《思想史视阈下的托马斯·莫尔及其乌托邦——纪念托马斯·莫尔殉难480周年》，《党政研究》2015年第4期。

作，且随时可以从体力劳动和脑力劳动中自由变换职业，农业与工业按照3：1的比例协调发展，人们通过劳动、才能、资本入股按比例参与分配，“法郎吉”之间也拥有密切的商业往来，人们可以消费购买其所需要的各种商品，这是一种生产与消费相结合的“农工协作社”。傅立叶设想的“法郎吉”是一种可以消灭阶级对立、消除城乡差别、消除劳动差别的和谐社会，因为不存在资产阶级和工人阶级、农民阶级的矛盾对立，城乡之间的矛盾对立也将消失。

3. 欧文“劳动公社”中城乡一体的思想[①]

罗伯特·欧文，被誉为现代人事管理之父。欧文所处的年代是英国工业革命的鼎盛时期，他对当时许多资本家只关心工厂里的机器而漠视工人的做法提出强烈批评，并采取缩短劳动时间、提供舒适宿舍、提高绿化环境、关注身心健康等多种方式改善工人的劳动条件。欧文主张协调阶级矛盾、共享社会和平。他心目中的理想社会，是由建立在生产资料公有制基础上的众多具有共产主义属性的“劳动公社”集合而成的联盟共和国。每个“劳动公社”依据规模，人口从几百到几千不等，地域大小从1000到1500英亩不等。欧文认为“劳动公社”是工农商学相结合的大家庭，“劳动公社”实行公有制，主要经营农业、兼营工业，人民按要求尽可能地在工农业之间调换工种，通过义务劳动，按需分配财产。他主张将“劳动公社”建设成为工农结合的“新村”，“新村将带有大城市的一切便利，然而却没有大城市的一切祸害和不便。新村还将保持乡村的一切优点，但又没有目前偏僻地区所具有的种种不利条件”[②]。在欧文所设想的“劳动公社”里，城市和乡村的优点相互结合、缺点相互避免，工业和农业相结合、脑力劳动和体力劳动相结合，[③] 城乡之间的矛盾已然不存在。

4. 圣西门“实业制度”下的城乡社会平等思想

克劳德·昂利·圣西门，出生于法国巴黎的一个贵族家庭，作为三大空

① 罗伯特·欧文：《欧文选集》（第一卷），柯象峰、何光来、秦果显译，商务印书馆，1979。

② 徐百军：《空想社会主义：一种被遗忘的共和主义叙事——基于圣西门、傅立叶和欧文乌托邦思想之考察》，《延边党校学报》2012年第4期。

③ 伊承哲：《要重视对空想社会主义学说的研究》，《科学社会主义参考资料》1980年第5期。

想社会主义者之一，其空想社会主义思想形成于欧洲资本主义工业迅速发展和法国大革命的社会历史背景之下，他十分关注法国无产阶级的贫困状况，认为资本主义社会中的利己主义会导致整个社会的分裂和瓦解。在圣西门构想的“实业制度”下，由实业者和学者掌握着社会、经济和文化等各方面的权力，不存在一部分人统治和压迫另一部分人的现象，社会的唯一目的是尽善尽美地运用科学、艺术和手工业的知识来满足人们的需要，尤其是满足人数最多的、最为贫穷阶级的物质与精神生活的需要。在“实业制度”中，人人都要劳动，并将农民、工人、工厂主、商人、银行家视作劳动者，把封建贵族、资产阶级中靠租金利息为生者以及僧侣定义为游手好闲之人，提出“按能力计报酬，按功效定能力”的原则，每个人的收入应当与个人的才能和贡献成比例。“实业制度”是圣西门设想的一个不承认任何特权，具有高度集体主义思想，平等、幸福、和谐的理想社会，在这样的社会中，领导者与人民群众是平等的关系，工人、农民拥有平等劳动和获得回报的权利，城乡社会呈现平等的面貌。

二　西方经济学家的城乡发展理论

1. 亚当·斯密的“自然顺序论”①

斯密是著名的英国经济学家，被誉为“古典经济学之父”和“现代经济学之父”。他于1776年出版的《国民财富的性质和原因的研究》是经济学的“圣经”，该著作对城乡分工、城乡关系等问题是这样分析和表达的：“按照事物的自然趋势，每个处于发展中社会的大部分资本的投入顺序，首先是农业，其次是工业，最后是国外贸易。我相信，在所有拥有领土的社会，投资总是在某种程度上遵循这种极自然的顺序。总是先开垦了一些土地才能建立很多城镇；正是城镇里那些粗糙的制造业的持续经营，才使人们投身国外贸易。”② 斯密从劳动生产效率和投资回报率的原理出发，揭示了产

① 〔英〕亚当·斯密：《国富论》，杨敬年译，陕西人民出版社，2001。
② 武小龙、刘祖云：《城乡关系理论研究的脉络与走向》，《领导科学》2013年第11期。

业和城乡发展的自然顺序（先有乡村、后有城市），认为城乡之间是一种基于产业分工而形成的互为市场的互利关系，揭示了城乡关系的初始状态和演进原理，[①] 强调了城市的发展对农村的辐射带动作用，也为城乡关系奠定了理论基础和分析框架。

2. 约翰·海因里希·冯·杜能的“孤立国”[②]

杜能是德国农业经济学家和地理学家，被誉为农业地理学和经济地理学的创始人，是西方区位理论的先驱者。在其 1826 年出版的代表作《孤立国同农业和国民经济的关系》中，设想了一个位于肥沃平原中心的城市，外围与世隔绝，农业生产则是以城市为中心，由内向外以同心圆方式分布的六个农业圈境，依次为地租最高的水果、蔬菜、牛奶等鲜货产品的自由式农业圈（第一圈），向城市提供木材和燃料的林业生产圈（第二圈）、轮作式农业圈（第三圈），谷草式农业圈（第四圈），三圃式农业圈（第五圈）和畜牧业生产圈（第六圈），再往外围则是荒无人烟的原野，只有以狩猎为生的猎人散居于此。在“孤立国”的生产布局中，杜能不仅探讨了农业、林业、畜牧业的布局，还考虑了工业的布局，揭示了因不同地租而引起的农业生产布局现象的经济原理，创立了著名的农业区位论，他认为成本和价格是“孤立国”确定生产布局的决定性因素，其设定的“杜能圈”成了一个研究城乡联系的模型，这对指导城乡产业布局具有重要的理论意义。

3. 尤斯图斯·冯·李比希的“归还学说”

尽管李比希是德国著名的化学家，但并不影响他以农业、经济学的思维思考城乡关系问题。在他 1800 年出版的《化学在农业和植物生理学中的应用》一书中，提出了以下学说，即人类与土地之间存在相应的物质和能量的交换，传统的生产、消费、废弃、利用模式是人类通过粪肥将土壤原本的养分归还给土地，如此循环往复，使土地的地力不至于衰退。他认为资本主义

---

① 叶超、曹志冬：《城乡关系的自然顺序及其演变——亚当·斯密的城乡关系理论解析》，《经济地理》2008 年第 1 期。

② 〔德〕约翰·冯·杜能：《孤立国同农业和国民经济的关系》，吴衡康译，商务印书馆，1986。

制度之所以造成城乡分离，是因为人口不断从农村进入城市，农副产品等农业产品也日益不断地从农村输入城市，但城市人口并没有将这些来自农村的物质中所蕴含的营养成分归还给土地，人类与土壤之间以往的那种良性循环遭到破坏，由于土壤中的养分日益减少，导致农业发展不断衰退，城乡关系趋于危机，并强调城市尤其是大城市会严重阻碍这一良性循环。李比希的“归还学说”以资本主义掠夺性的生产方式着手，以农业支撑城市可持续发展的相互关联为理论逻辑，从土地要素实现良性循环障碍出发，揭示了在资本主义制度下城乡分离对立的原因事实，为消弭城乡隔阂阻滞提供了科学指引。

4. 阿瑟·刘易斯的“二元经济结构”理论①

刘易斯是英国经济学家，他于1954年在其《劳动无限供给条件下的经济发展》论文中最早提出了二元经济结构理论，并阐释了“两个部门结构发展模型”的概念。刘易斯认为，在发展中国家一般同时存在传统农业部门和现代农业部门这两种性质不同的部门，因此发展中国家并存着传统农业经济体系和城市现代经济体系两种不同的经济体系，而这两种经济体系构成了“二元经济结构”②。他认为“二元经济结构”是发展中国家最基本的经济特征。而“二元经济结构”的核心关键是传统农业经济部门的剩余劳动力向现代农业部门不断转移的问题，经济发展重心也是从传统农业结构向现代工业结构转换。由于发展中国家农业中存在边际生产率为零的剩余劳动力，因此农业剩余劳动力的非农化转移能够促使二元经济结构逐步消减。③刘易斯主张建立以城市为中心，构成城乡区域一体的更大区域平衡城乡发展，通过资源要素在城乡之间的自由流动，带动乡村地区的不断发展。

5. 费景汉、拉尼斯、乔根森对“二元经济结构”理论的发展④

由刘易斯首创的“二元经济结构理论”是区域经济学的奠基性理论之

① 〔美〕阿瑟·刘易斯：《二元经济论》，施炜、谢兵、苏玉宏译，北京经济学院出版社，1989。

② 李亚男：《二元经济结构下我国农村剩余劳动力转移问题探析》，《商业文化》2015年第6期。

③ 薛琛：《城镇化与社会经济内在关系研究》，《内蒙古科技与经济》2013年第21期。

④ 〔美〕费景汉、古斯塔夫·拉尼斯：《劳动剩余经济的发展——理论与政策》，赵天朗等译，经济科学出版社，1992。

一，揭示了城乡由于劳动力要素流动、农业结构向工业结构的转化过程中的“二元经济结构”形成的机理。在此之后，美国经济学家费景汉、拉尼斯进一步完善了刘易斯的“二元经济结构”理论，从动态视角对农业和工业均衡增长进行研究，修正了刘易斯模型中的假设前提，提出了“费景汉-拉尼斯模型”①。在该模型中重视农业对工业增长的促进作用，提出农业劳动力向工业转移流动的前提条件是由于农业生产率提高并导致出现了剩余产品，并将“二元经济结构”的演变划分为三个阶段，包括农业劳动生产率为零的劳动力流出阶段、农业劳动力边际生产率大于零但小于不变制度工资的劳动力流出阶段、农业劳动力边际产品价值大于不变制度工资的劳动力流出阶段。② 在前两个阶段，剩余劳动力必然要从农村和农业部门转移到城市和工业部门，在此过程中，城市掠夺农村资源、资金和劳动力是一种必然需要，而到第三个阶段，社会劳动力在工、农两个部门的流动将由市场竞争性工资水平决定，在农业部门向工业部门提供剩余的同时，工业也要反过来支持农业的发展。“费景汉-拉尼斯模型”从动态的角度完善了农业剩余劳动力转移的二元经济发展思想。此后，美国经济学家戴尔·乔根森提出了“乔根森理论”，对“刘易斯-拉尼斯-费景汉”模型中“劳动力无限供给”等假设进一步思考，认为工业部门的工资等于边际生产力，而农业部门的工资等于劳动的平均产品，农村剩余劳动力转移到工业部门，是人们消费结构变化的必然结果，③ 工资率是随着资本积累上升和技术进步而不断提高的。乔根森认为，基于劳动力从农村和农业向城市和工业流动的必然性，④ 应该从一开始就注重保持工业与农业之间的平衡发展，指出发展中国家农业相对落后

① Karin S., Alexandre R. G., "Urbanization solutions of a thirdworld country's metropolis to its social environment challenges," *Journal of Urban Economics*, 2004: 36.

② Temple, Jonathan, "Growth and Wage Inequality in a Dual Economy," *Bulletin of Economic Research* 57 (2), 2005: 145-169.

③ 张文明：《新型城镇化：城乡关系发展中的“人本”回归》，《华东师范大学学报》（哲学社会科学版）2014年第5期。

④ Graeml, Karin Sylvia and Alexandre Reis Graeml, "Urbanization solutions of a third world country's metropolis to its socialenvironmentchallenges," *Journal of urban Economics* 8, 2004: 36-51.

的主要原因，主要是片面强调对城市和工业部门的投资，忽视了对农村和农业部门的投入。费景汉、拉尼斯、乔根森在对刘易斯“二元经济结构”理论的深化认识中，揭示了城乡发展变化和城乡关系演变的内在原因，提出了促进城乡协调发展的思想和措施。

6. 佩鲁的“增长极”理论

1950年法国经济学家弗朗索瓦·佩鲁，首先提出“增长极”理论，此后法国经济学家布代维尔将该理论引入区域经济理论，之后瑞典经济学家缪尔达尔、美国经济学家弗里德曼、美国经济学家赫希曼、美国经济学家盖尔分别在不同程度上丰富和发展了这一理论，[①] 该理论被认为是西方区域经济学中经济区域观念的基石，是不平衡发展论的依据之一。佩鲁认为，增长并非出现在所有地方，而是以不同强度首先出现在一些增长点或增长极上，这些增长点或增长极通过不同的渠道向外扩散，对整个经济产生不同的最终影响。[②] 根据“增长极”理论，一个国家要从一开始就实现平衡发展只是一种理想，在现实中并不存在这样的发展，经济增长通常是从一个或数个“增长中心”逐渐向其他部门或地区传导，[③] 并强调国家、地区、城市、企业在区域发展中具有支配地位和作用，因而在国家和区域经济发展中，应该有选择性地将某些特定的地理空间作为增长极，以此带动区域经济整体发展。佩鲁认为，经济发展的主要动力源于技术进步与创新，从而形成推进型产业。通过向前和向后的产业关联与连锁效益带动区域的发展，最终实现区域发展的均衡，而这种发展是具有扩散和回流效应的，正是在扩散效应的推动下，区域城乡发展不平衡的状态才得以改善。该理论指出了城市在区域和城乡中的支配地位和作用，城市的发展速度和水平在最初阶段必然快速、高于乡村，这些原理和机制对充分发挥城乡两大地域系统的优长和功能，并最终促进城乡协同一体发展提出了重要的理论依据。

① 黄新平：《建设伊-霍城市经济带的思考与建议》，《兵团党校学报》2015年第5期。

② 田艳平、秦尊文：《我国省域副中心城市的兴起与发展》，《湖北社会科学》2022年第7期。

③ 杨朝峰、赵志耘、许治：《区域创新能力与经济收敛实证研究》，《中国软科学》2015年第1期。

7. 赫希曼的“极化-涓滴效应”学说[①]

阿尔伯特·赫希曼是著名的美国发展经济学家，在对国家和各区域之间的经济发展关系进行深入研究后，于1957年发表的《不发达国家中的投资政策与“二元性”》文章中提出了“极化-涓滴效应”[②]，并在1958年出版的《经济发展战略》著作中深入阐述。“极化-涓滴效应”揭示了经济发达区域与欠发达地区之间的经济相互作用、相互影响的过程与原理。赫希曼认为，一个国家的经济增长率先在某个区域发生和发展，那么这个率先发展的区域将会对其他区域产生相应的“极化-涓滴”作用。他将经济发达地区称为“北方”，欠发达地区称为“南方”，极化效应就是发达的北方地区吸收欠发达的南方地区劳动力、资源、人口的过程，涓滴效应就是发达的北方地区将产品、技术、资金等要素扩散到欠发达的南方地区并促进南方地区经济发展、社会进步的过程，在区域经济发展中，随着南北地区的不断演化和发展，涓滴效应最终会大于极化效应而居于主导地位。而在北方的涓滴效应下，南方经济的不断发展，也将促进北方经济的持续增长，达到共同发展、共同进步的效果。赫希曼的这一学说，从发达地区和欠发达地区的发展动力、相互作用、最终效应等规律层面解释了现实中区域和城乡发展不平衡的原因，指出城市对乡村的辐射带动作用，乡村发展将反作用于城市的进一步发展，对城乡协调发展具有重要的理论和实践意义。

三　西方城乡规划学家的城乡发展观

1. 霍华德的“田园城市”设想[③]

埃比尼泽·霍华德是英国城市学家，在其1898年出版的著作《明日——通向真正改革的和平道路》中提出，应倡导建设一种兼有城市和乡

① Dennis A. Rondinelli, *Applied Methods of Regional Analysis: The Spatial Dimensions of Development Policy* (Boulder: Westview Press, 1984).

② Puga, Diego, "Urbanization Patterns: European versus DevelopingCountries," *Journal of Regional Science* 38 (2), 1998: 231-252.

③ 〔英〕埃比尼泽·霍华德：《明日的田园城市》，金经元译，商务印书馆，2000。

村两者优点的理想城市，即他设想的“田园城市”。他指出“城市和乡村都各有其优点和相应缺点，而‘城市-乡村’则避免了二者的缺点……”① 霍华德设想的“田园城市”，是一个占地面积为6000英亩的圆形城市，城市处于圆心位置，占地1000英亩，城市外围是占地为5000英亩的农业用地，农业用地作为绿带永远不得改为其他用途。他提出“城市和乡村必须成婚，这种愉快的结合将迸发出新的希望，新的生活，新的文明”②，并标明“城市”、“乡村”和“城市-乡村”的三块磁铁同时作用于“人民”，明确倡导“用乡城一体的新社会结构形态来取代城乡对立的旧社会形态”③。霍华德“田园城市”的设想，提出了城市规模、布局结构、人口密度、绿带、城乡优点相互结合等具有先驱性的规划思想，是最早展现“城乡一体化”思想的规划理念和实践探索。

2. 沙里宁的“有机疏散”理论④

埃列尔·沙里宁，芬兰学者，针对20世纪之初，大城市由于过度膨胀所引发的城市弊端，提出了城市规划中有机疏导大城市功能和产业的理念，其实质是城市分散发展。在他1943年出版的《城市：它的发展、衰败和未来》中对其设想进行了详细地阐述。他认为，应将城市中心的重工业、轻工业搬迁出城市，迁移腾出的空地应规划为公共绿地，城市中心区主要供在中心区工作的行政管理人员、技术人员、商业从业人员使用，以便就近生活和工作。该理论还提出，要按照城市是一个有机生命体的思维，将原本密集不堪的城区分散为一个个的集镇，集镇之间用保护性的绿地隔离开来，从而提升城市的功能秩序和运行效率，并从土地产权、土地价格、城市立法等方

① 田毅鹏、于涵：《乡村振兴背景下我国城乡交流政策的演进及评价》，《中国农业大学学报》（社会科学版）2023年第3期。

② 王中：《让人本主义在现代城市规划中闪光——中西方人本主义规划思想对现代城市规划的影响》，《北京规划建设》2007年第2期。

③ 徐克弘：《城乡一体化过程的规划体制创新》，苏州大学硕士学位论文，2011。

④ 〔美〕伊利尔·沙里宁：《城市：它的发展、衰败与未来》，顾启源译，中国建筑工业出版社，1986。

面论述了有机疏散理论的必要性和可能性。[①] 沙里宁的“有机疏散”理论针对解决大城市、特大城市、超大城市人口、功能过于集中的弊病提出了超前的构思，对于发挥乡村承载部分城市功能与人口，从而实现更高水平城乡一体发展具有重要的理论借鉴意义。

3. 赖特的“广亩城市”构想

弗兰克·劳埃德·赖特是美国当代建筑大师，“广亩城市”是其 1932 年出版的著作《正在消灭中的城市》以及 1935 年发表于《建筑实录》上的论文《广亩城市：一个新的社区规划》中提出的一种城镇设想。由于赖特所处的年代是美国 20 世纪 30 年代城市化、工业化大发展时期，出于对工业化城市环境的不满和对工业化以前人与自然环境和谐共生状态的怀念，他提出了“广亩城市”这一具有强烈田园风光、郊野气息和舒适氛围的人居城市。在他所设想的“广亩城市”中，每个家庭拥有自己独立的住所和建立于住所四周一英亩的土地，自给自足生产所需食物，汽车是出行的交通工具，居住区之间拥有高速公路连接，公共设施沿公路设置，为整个区域服务的商业中心设有加油站。他认为现代城市并不适应现代生活的需要，应该创造一种分散的城市文明，这种主张分散布局的规划思想同瑞士建筑大师勒·柯布西耶主张集中布局的“明天城市”设想相对立，但赖特的“广亩城市”理论，强调乡村环境、乡村生活与城市现代文明的融合性，展示了城乡发挥各自优越性、推动城乡协调发展的前景。

4. 盖迪斯的“进化城市论”

帕特里克·盖迪斯是苏格兰人文主义规划大师，西方区域综合研究和区域规划的创始人。早在 19 世纪末期，盖迪斯就意识到工业化、城市化造成的一系列城市问题对人类社会产生了消极和负面的影响，由此他从人类生态学的视角研究人与环境之间的关系，以及决定城市生长和变化的动力因素，主张要通过公众参与把城市变成一个活的有机体。在 1915 年出版的《进化

① 谢非：《中国城市化发展道路评析——以国外大城市“多中心空间模式”为基点》，《福州大学学报》（哲学社会科学版）2013 年第 2 期。

中的城市》一书中，盖迪斯以人本主义规划思想提出了区域规划理论，该思想超越城市的界限分析聚落的模式和区域的经济背景，将自然地域作为规划基本要素，强调“按照事物的本来面貌去认识它……按事物的应有面貌去创造它”①，盖迪斯以其独特的理念创造性地论证了城市与其所在区域的相互关联，指出“自然区域”是规划的基本框架。其“先诊断后治疗”的规划理念以及“调查-分析-规划”的规划法则一直影响至今。正是在盖迪斯“进化城市论”中论述的城市与其所在区域的有机关系的基础上，人们认识到城市郊区化趋势使许多城镇逐渐结合起来并形成巨大的城镇连绵集聚区，为城市与区域、城市与城市、城市与乡村有机进化发展提供了重要的理论支撑与理念借鉴。

5. 芒福德的“城乡发展观”②

刘易斯·芒福德是美国著名的城市规划理论家，被称为“城市规划与社会哲学家”和“城市建筑与城市历史学家”，在其1961年出版的《城市发展史——起源、演变和前景》一书中，阐释了其“人文城市”、“区域城市”和“生态城市”的理念。芒福德认为，城市应当与其周围的自然环境和周边区域的社会经济环境建立联系，以此保持供求平衡可持续发展。他从生物学中汲取思想灵感，认为在考虑城市与工业布局时，应充分考虑城市周围的地理地貌、农业基础等客观因素，并结合当地历史、人文传统因素，促进城市与区域动态平衡发展。芒福德继承和发展了霍华德“田园城市”的主张，认为城市与乡村密不可分、同等重要，同时也赞同赖特城市有机分散理念，通过疏散大城市中心功能和人口形成新的城市中心，并以此形成一个更大的区域城市体系，促进区域协调发展和城乡平衡发展，避免单纯追求规模体量而造成的“大城市病”。这种分散发展、平衡发展的城乡发展观，对于推动城乡协调发展具有一定的借鉴和指导意义。

---

① 王中：《让人本主义在现代城市规划中闪光——中西方人本主义规划思想对现代城市规划的影响》，《北京规划建设》2007年第2期。

② 〔美〕刘易斯·芒福德：《城市发展史——起源、演变和前景》，宋俊岭、倪文彦译，中国建筑工业出版社，2005。

第二节　马克思、恩格斯城乡融合发展思想回顾

马克思、恩格斯虽没有对城乡融合问题做过专门的论述，但其城乡融合发展的思想散见于《资本论》《德意志意识形态》《共产党宣言》等著作和论述之中。[①] 马克思、恩格斯的城乡融合发展思想，有其形成的时代背景和理论渊源，在对资本主义社会工业革命背景下城乡对立的种种现象进行研究，在吸收、批判与继承包括空想社会主义家、古典经济学家等相关城乡关系学说之后，形成了马克思、恩格斯关于城乡同一、分离对立和融合发展的思想，阐释了城乡融合发展的演进规律、科学内涵、基本特征与实现路径。在马克思、恩格斯对城乡关系的归纳概括、城乡融合的发展描述和趋势预测中，始终运用了辩证唯物主义和历史唯物主义的世界观和方法论，坚持主观与客观相统一、历史与未来相统一、人与自然相统一，从人类社会的发展、生产力水平的发展、城乡关系的发展中描绘和定义了人类文明的高级形态——共产主义社会中城乡融合的美好图景。

一　马克思、恩格斯城乡融合思想的形成过程

1. 马克思、恩格斯城乡融合理论形成的时代背景

马克思、恩格斯所处的时代是第一次工业革命发展的时期，他们目睹了资本主义城市化形成和发展的全过程，洞察到资本主义发展过程中城乡关系由相互依存到彼此分离直至矛盾对立的过程是一个随着生产力发展、社会分工、阶级对立而形成的必然过程，这期间，工业革命和由此产生的城市化深刻改变了社会分工和阶层，产生了城乡之间经济、社会和环境矛盾，正是在这样的历史背景和时代特征下，马克思、恩格斯城乡融合的思想和理论得以形成。一方面，工业革命促进了城市化的发展，但也加剧了城乡关系的对立，城乡差距不断扩大。工业化以机器大生产代替了传统的家庭手工业生产

---

① 谢小飞：《马克思恩格斯城乡关系思想及其当代启示》，温州大学硕士学位论文，2021。

方式，破坏了农村的经济体系，同时由于工业化对产业工人的大量需求，乡村劳动力脱离农村进入城市，[①] 乡村沦为城市劳动力、原材料、资本的来源地，尽管工业化、城市化进程下对农村基础设施有所改善，但总的趋势仍然是城乡发展基础、发展效率、发展水平差距不断扩大，城市剥夺了农村的发展机会，城乡对立矛盾的关系加剧。[②] 另一方面，随着城市化进程的不断推进，城市的聚集效应和规模效应，诸如阶级利益冲突、人口数量激增、城市交通拥挤、卫生环境恶劣、居民住房短缺等一系列的“城市病”不断显现。马克思、恩格斯认为，城乡对立是资本主义工业化的产物，城乡分离是城乡融合发展的障碍，必须消除。随着工业革命的发展，资产阶级与无产阶级的矛盾日益激化，城市化、工业化的快速发展造成了一系列自身发展的弊病，资本主义的生产方式加剧了城乡之间的差距和矛盾，种种状况使马克思、恩格斯开始从消灭资本主义、资本主义私有制这个根源上思考消除城乡对立矛盾，以此实现人的自由全面发展和生产力的进一步解放。

2. 马克思、恩格斯城乡融合思想形成的理论来源

马克思、恩格斯关于城乡融合发展的思想并不是凭空产生的，而是基于对前人理论的吸收借鉴、批判继承的基础，结合自身所处时代在资本主义制度下城乡关系对立的现实而形成的。总体来说，马克思、恩格斯批判吸收了早期欧洲空想社会主义学家关于城乡平等、协调发展的理念设想，[③] 深入研究了英国古典经济学家关于产业分工、城乡互惠发展的思想理论，充分借鉴了德国农业化学家李比希的“归还学说”，从社会学、经济学、生物学、物理、化学等多角度开启了自身关于城乡融合思想的思考和创新。对空想社会主义者城乡结合思想的批判和继承主要体现在以下几方面。首先，对莫尔“乌托邦”思想中关于消除“农业与工业、脑力和体力、城市与乡村”之间的差别，实现“人的自由全面发展”“城乡关系平等、和谐共处”的朴素化

① 刘淑芳：《马克思恩格斯城乡关系思想研究》，长春理工大学硕士学位论文，2019。

② 孙建欣、唐魏、王伟：《马克思主义城乡关系理论视域下推动我国城乡融合发展探析》，《桂海论丛》2022 年第 4 期。

③ 李雪：《马克思的城乡融合理论及其当代启示研究》，重庆工商大学硕士学位论文，2020。

的城乡融合理想的批判与继承；对傅立叶“法郎吉”协作社构思中关于“废除私有制”“消除工农阶级”，达到城乡平衡发展状态的城乡对立矛盾化解观的批判与继承；对欧文“劳动公社”中兼具城乡优点、工农结合等消除城乡对立思想的批判与继承。其次，对斯图亚特关于剩余农业、城市产生和城乡分工三者之间关联并形成“城乡互惠”原则，对斯密关于工商业与农业关系和城乡发展演变历程中城乡对立的观点，对李嘉图关于城乡差距是由于工农业收益成反比的观点的继承与吸收。最后，马克思、恩格斯对李比希在其著作《化学在农业和植物生理学中的应用》中关于“归还原理”的高度评价与认可。所有这些前人关于城乡关系、城乡分工、城乡矛盾、城乡发展的观点、理论和思想，都为马克思、恩格斯在资本主义制度下，城乡矛盾、阶级矛盾空前对立的现实背景下，形成独创的城乡融合思想体系奠定了坚实的理论基础。

3. 马克思、恩格斯城乡融合思想形成的发展阶段

马克思、恩格斯城乡融合思想产生于 19 世纪 40 年代，经历了思想萌芽、思想形成、思想成熟几个阶段，在此过程中其城乡融合发展的思想不断深化。[①] 首先是思想萌芽阶段（1842～1844 年）。这期间，马克思针对普鲁士的专制制度中权贵特权、等级制度、城乡居民权利不平等现实问题，通过发表系列文章的形式加以抨击，虽然没有对城乡对立矛盾关系的直接表述，[②] 但他已经发现了现实中存在城乡不平等的问题，提出了“人人平等，市民和农民平等”的口号。恩格斯则于 1842～1844 年，在对英国工人的工作生活进行深入考察的基础上，撰写了《英国工人阶级状况》等著作，针对工人阶级受到的压榨、生活工作环境的恶劣等情况进行了描述和分析，认为这是城乡对立的后果。其次是思想形成阶段（1845～1866 年）。在 1845～

① 李邦铭：《马克思恩格斯城乡关系思想及其当代价值》，中南大学博士学位论文，2012；张琳、郑兴明：《新时代实现“人的城镇化”的现实困境与路径选择——马克思、恩格斯城乡融合思想的启示》，《云南农业大学学报》（社会科学版）2021 年第 3 期。

② 桂行艳：《马克思恩格斯城乡关系思想及其当代价值研究》，吉林大学硕士学位论文，2019。

1846年马克思、恩格斯合著的《德意志意识形态》一书中，第一次提出了“城乡对立”的概念，并旗帜鲜明地指出城乡对立的根本原因正是源于私有制。1847年，马克思在其著作《哲学的贫困》中提出了“城乡关系”的概念并指出城乡关系的重要意义，他指出“城乡关系一改变，整个社会也跟着改变”①。1847年，恩格斯首次在《共产主义原理》中提出“城乡融合”的概念，② 并将其作为共产主义的主要特征。这一时期，马克思、恩格斯明确提出了“城乡对立”“城乡融合”“城乡关系”等重要概念，为城乡融合理论的深化发展奠定了基础。最后是思想成熟阶段（1867~1894年）。这一时期，马克思从政治经济学的原理出发，提出通过教育和劳动、农业与科技相结合的方式促进城乡融合发展，恩格斯则在其《反杜林论》中提出，要想实现城乡融合，必须消灭旧的劳动分工，并指出城乡融合发展是一个循序渐进、长期的过程。马克思、恩格斯对城乡融合实现的条件、措施、过程的研究标志着他们的城乡融合思想不断完善成熟。

二　马克思、恩格斯城乡融合思想的主要内容

1. 城乡融合发展的演化规律

马克思、恩格斯在西方工业化、城市化发展的现实背景下，基于对前人关于城乡关系的理论继承与批判，提出了城乡融合发展的美好图景，他们从历史唯物主义和人类社会发展规律出发，提出城乡融合发展不是一蹴而就的，而是一个循序渐进的历史过程，需要经历城乡同一、城乡对立、城乡融合三个发展阶段。首先是城乡同一阶段。这一阶段，人类处于原始社会，生产力水平低下，过着群居和洞居的生活，随着石器和木质工具的利用，人类开始聚居并逐步形成了部落、聚落和村落，恩格斯认为“我们的确就可以看到，已经有定居而成村落的某些萌芽”。之后以“制陶”“冶铁”技术的应用为标志，人类开始建造防御性质的“城堡”，这就是城市的雏形。但早

① 《马克思恩格斯选集》（第1卷），人民出版社，2012。

② 齐勇：《新型城镇化背景下农业转移人口价值观研究》，北京科技大学博士学位论文，2019。

期的城市是基于安全和军事防御用途的，相对于乡村的城市还没有真正出现，并无城乡之别，总体上依然处于城乡混沌一体状态。其次是城乡对立阶段。人类进入奴隶社会后，工商业从农业中分离，马克思、恩格斯在《德意志意识形态》中指出，“一个民族内部的分工，首先引起工商业劳动和农业劳动的分离，从而也引起城乡的分离和城乡利益的对立”①。进入封建社会，农业生产效率的提升促使农业人口向城市转移，城市手工业得到进一步发展，城乡在分工、产业、地位上逐渐开始分离。进入资本主义社会，资本主义制度的本性使然，农村的资源和人口都被城市吸附进来，农村自给自足的家庭生产方式被工业化大生产所冲击和瓦解，城乡矛盾不断加深，城乡之间分离、对立、二元的局面彻底形成。最后是城乡融合发展阶段。由于城乡对立所产生的社会经济矛盾将制约生产力的进一步发展，马克思、恩格斯运用辩证唯物主义、历史唯物主义，指出城乡关系将从城乡同一、城乡对立，以否定之否定的螺旋发展规律最终走向城乡融合。他们认为随着生产力的极大发展，私有制将会不复存在，旧的分工差别和工农差别消失后，城乡之间的对立也必将消失。恩格斯在《共产主义原理》中描述了城乡关系发展的最终趋势就是城乡融合。

2. 城乡融合发展的科学内涵

马克思、恩格斯认为，城乡融合应该立足于实现人口在生产生活方式、经济利益、政治权益、精神文化、价值取向、人与环境上的充分融合。最终的目的是要达到城乡在文化、生产、生活上的全面融合，实现人自由而全面的发展，实现人与自然和谐共生的城乡社会关系。首先，工农业实现有机结合。马克思、恩格斯在《共产党宣言》里指出：“把农业和工业结合起来，促使城乡对立逐步消灭。”② 在资本主义生产方式下，城市变为对农村的支配，工业变为对农业的剥削，城市越来越发达，农村越来越凋敝，资本主义下的社会分工导致了城乡的对立和工农业的失衡。而当工业发展到一定程度

① 车放：《中国特色社会救助体系建设研究》，东北师范大学博士学位论文，2014。

② 贺龄慧：《马克思恩格斯社会建设思想研究》，南华大学硕士学位论文，2010。

时，要反过来帮助农业发展，包括提供先进的工具和技术，提高农业生产效率和收入水平，因此城乡融合发展首先要消除工农业社会分工所导致的对立。到了共产主义阶段，随着对生产力的统筹布局，促进工农业的有机结合，工农业社会分工被消灭，城乡才能真正实现融合。其次，城乡文化和生活方式的融合。马克思、恩格斯提出，要充分发挥城市与乡村各自的优势，实现城乡在生产生活方式和文化上的对接。具体来说，一方面，要充分利用城市精神文明的丰富性、多元性、创新性，带动提升农村相对落后、闭塞、愚昧的文化观念，实现城乡文化文明共进；另一方面，要借鉴农村优美生态环境，生态循环型生产模式，将生态文明理念融入城市的生产生活方式，使城乡人口素质、精神文化、价值理念和生产方式实现文明互鉴、相互融合。最后，城乡人口均衡分布。恩格斯高度评价欧文、傅立叶空想社会主义者以小规模人口为单位构建社会基本单元的设想。在资本主义社会，农村人口大量转移到城市和产业部类中，农村人口日渐稀少的同时，城市人口高度集中，生产生活环境条件日趋恶劣。与此同时，资本主义掠夺性的生产方式也对自然环境产生了严重的后果。因此，工业、农业等产业人口要均衡分布，同时要在生产中优化与环境的关系，形成良好的人居、工作环境。

3. 城乡融合发展的基本特征

马克思、恩格斯关于当城乡融合实现后具有怎样的基本特征并无太多专门的表述，只是从他们对未来共产主义社会的描述以及城乡融合实现途径中可以总结归纳为以下几点。首先，城市与乡村之间的边界消融。① 随着生产力的不断发展，全部人口可以在所有生产部门中自由流动，一切生产部门都是按照自身发展需要布局在世界范围内任何地点，实现了工农业结合发展、人口均衡分布。与此同时，发挥城市和乡村各自优长，生态绿化遍布整个地区，城市和乡村之间已无明显的界限，城乡从形态和功能上实现了融合一体。其次，生产力高度发达。由于生产力得以不断解放和发展，社会生产水

① Bengs Christer, "Urban-rural Relations in Europe," in Collections of Inter-regional Conference on Strategies for Enhancing Rural-Ur-ban Linkages Approach to Development and Promotion of Local Economic Development, http: //www. upo2 planning. Org/detail. asp? article ID =219, 2004.

平得以发展到相当高的水平，社会生产不仅能够满足所有社会成员的全部消费需求，还能为社会长期可持续发展提供充足的物质储备。与此同时，由于生产力的不断发展，社会分工逐渐消亡，无论是脑力劳动还是体力劳动，都不会制约个人发展。每个人都能普遍接受教育并熟练掌握整个生产部门所需要的全部技能。人们可以在整个社会生产部门之间实现自由劳动，劳动已不再成为剥削人、控制人的手段，而是成为解放人、发展人的手段，人们能够实现自由和全面发展。最后，私有制和旧的社会分工被消灭。私有制虽然促进了人们对财富创造的追求，并在一定程度上推动了社会发展，但是由于私有制的存在，资本主义制度下的城乡对立矛盾、城乡分离程度会越来越凸显，将日益成为制约社会生产力发展的关键因素。因此，在城乡融合发展的社会，私有制是必须消灭的。同样地，旧时的社会分工造成城市与农村的分离，并导致市民和农民的片面和畸形发展，在城乡融合发展阶段，旧时社会分工即劳动的差异所形成的分工，因为没有阶级之分，其基础已经不复存在，没有脑力劳动和体力劳动的差别，每个人都不再为生存所压迫，不再为职业所束缚，[①] 社会全体成员以劳动联合体的形式共同创造财富、实现自身价值，所有人都能获得自由全面发展的机会。

4. 城乡融合发展的实现途径

首先，大力发展生产力。解放和不断发展生产力，不仅为城乡融合提供了充分的物质条件，还为劳动者实现自身全面发展提供基础前提。马克思、恩格斯认为，当工农业进入繁盛时期时，社会产品将因为生产力的发达而极大丰富，能够满足全体人民的消费需要，“从事农业和工业的将是同一些人，而不再是两个不同的阶级”[②]，少数人占有生产资料剥削大多数的阶级压迫不再存在，阶级矛盾、城乡差距均被消灭，这时城市和乡村实现了真正的平等。其次，逐步废除私有制。马克思、恩格斯认为，社会分工产生了资本主义私有制，私有制进一步促进了社会分工的发展，在私有制和社会分工

① 钟涛：《马克思恩格斯城乡关系思想及其当代启示》，广西大学硕士学位论文，2018。
② 《马克思恩格斯选集》（第 1 卷），人民出版社，2012，第 308 页。

的相互作用下，城乡对立矛盾不断激化。他们指出“城乡之间的对立只有在私有制的范围内才能存在”①，并认为私有制是导致城乡对立的根本原因。而资本主义制度本身不可能消灭私有制，因而资本主义制度下的私有制是城乡融合发展的关键障碍。他们认为只有依靠无产阶级，通过建立全体社会成员共同所有社会资料的公有制，剥夺资本家对生产资料的所有权，实行按需生产和分配，才能消除私有制下的城乡对立现象。再次，促进工农业有机结合。马克思、恩格斯在《共产党宣言》中明确提出“把农业和工业结合起来，促使城乡对立逐步消灭”，具体包括通过全国统一的生产计划把工业同农业结合起来，并将工业采用的先进技术和机器广泛应用于农业生产，提高农业生产率，实现农业生产的规模化、科技化，促进工农业相结合。以工业化的生产经营模式变革农业的生产经营模式，实现工农业资源互补、和谐发展。最后，重视科学技术和教育的推动作用。马克思、恩格斯认为，要通过提升劳动者的教育文化水平来提高全体人民的劳动技术能力，通过提高全社会的科学技术水平来促进农村生产力发展、改善乡村落后的面貌，从而缩小城乡差距。主张通过将劳动和教育结合起来，使劳动者有能力熟悉和掌握包括工农业在内的整个生产部门的工作，即通过教育摆脱劳动分工对人们劳动造成的片面性，让脑力劳动和体力劳动都得以充分发挥，促进人的自由全面发展。

三　马克思、恩格斯城乡融合思想的哲学意蕴

1. 城乡关系的辩证唯物主义

马克思、恩格斯在研究城乡关系、城乡融合时，始终运用辩证唯物主义的世界观和方法论，将城乡融合思想建立在唯物辩证法的基础上。唯物辩证法指出了矛盾的普遍性，矛盾无时不在、矛盾无处不在，它反映了事物内部和事物之间的矛盾对立关系。辩证唯物主义认为物质是第一性的，在此基础上物质世界的一切都是按照其本身的固有规律在运动、变化和发展的。它揭示了事物发展的根本原因在于事物内在的矛盾性，事物矛盾双方既对立又统

① 《马克思恩格斯选集》（第1卷），人民出版社，2012，第184页。

一，双方在矛盾对立中斗争和统一，促进事物不断地由低级向高级发展，这是物质世界运动、变化和发展的最根本规律。首先，城乡关系之间有着明显的“对立统一”的辩证逻辑。城市与乡村作为矛盾的双方，既有对立的地方，也有联系的地方，是对立统一的矛盾关系。在马克思、恩格斯的城乡关系思想中，城市与乡村之间自诞生之日起就一直存在相互依存和相互斗争的关系。一方面，城市先进的生产方式与农村落后的生产方式形成对立，城市资产阶级与农村农民阶级形成对立，城市统治农村从而形成对立；另一方面，支撑城市运行的粮食、农副产品、生产资料源自农村，支撑城市化、工业化进程的劳动力来自农村，城市的商品出售给农村、城市的技术扩散到农村，城市与农村之间形成了劳动力、资金、技术、商品的相互流动和关联。其次，城乡关系的发展同样遵循“从量变到质变”的规律。马克思、恩格斯看到了资产阶级制度下城乡分离的种种弊端与局限，包括资产阶级对无产阶级的剥削、城市产业对农村资源的掠夺、社会不断分工下城乡之间的差距与矛盾，指出资本主义社会不能消除城乡对立，提出城乡融合是未来社会发展必然趋势，揭示了由城乡差距的“量变”到城乡矛盾的“质变”的必然性。最后，城乡关系发展的“否定之否定”规律。“否定之否定”规律是唯物辩证法的实质，其特点是事物在变化发展中实现自我否定，并朝对立面转化。事物的辩证发展，都要经过两次否定（否定和否定之否定）和三个阶段（原始阶段、否定阶段和否定之否定阶段）。① 马克思、恩格斯关于城乡关系演变的三个阶段，即城乡同一、城乡对立、城乡融合完全符合“否定之否定”规律，这期间生产力的发展是形成城乡对立的根本动因，生产力的限制是形成城乡融合的动因。基于三大辩证法规律，马克思、恩格斯城乡融合思想充分体现了辩证唯物主义的哲学意蕴。

2. 城乡关系的历史唯物主义

马克思、恩格斯在研究城乡关系、城乡融合时，同样始终运用历史唯物主义的世界观和方法论，将城乡融合思想建立在人类社会历史发展进程的逻

① 李邦铭：《马克思恩格斯城乡关系思想及其当代价值》，中南大学博士学位论文，2012。

辑中考察。历史唯物主义指出，社会历史的发展有其自身固有的客观规律，其根本原因在于物质的丰富程度。社会存在决定社会意识，社会意识反过来又可以塑造和改变社会存在；① 生产力决定生产关系，经济基础决定上层建筑。马克思、恩格斯通过考察人类社会演进的历史过程，从原始社会开始到奴隶社会，再到封建社会直至资本主义社会，一方面，人类每一次生产力的解放都引致了新的生产关系的产生，新的生产关系的产生又形成了新的社会分工，在此基础上形成农业与工业的劳动差别；另一方面，伴随国家、阶级的出现，尤其是资产阶级和无产阶级的矛盾形成根本对立，阶级斗争成为资产阶级社会和城乡在对立中发展的主要动力，通过废除私有制、建立公有制，合理布局工农业生产力，促使工农业结合发展，发挥科学技术教育的推动作用等一系列举措，城市与乡村双方在矛盾统一中不断向更高层级的形态、结构、功能的统一体发展，经由社会主义社会的协同发展，最终将在共产主义社会走向融合。马克思、恩格斯研究城乡关系时十分注重吸收、批判和继承包括空想社会主义者、西方古典经济学家和相关学者关于城乡关系、城乡融合的历史观点，不仅考察了欧洲的资本主义社会城乡关系，而且还研究了以古代中国、古代印度、古代中东以及阿拉伯世界等为主要代表的城乡关系，得出了“城市与乡村无差别的统一”② 的判断。马克思、恩格斯通过对人类历史上城乡关系的演变予以规律性的总结，预测了未来社会城乡融合发展的趋势，充分体现了历史唯物主义的哲学意蕴。

3. 城乡融合的最终目的与终极意义

在城乡融合的目的上，马克思、恩格斯提出城乡融合发展将实现人的自由全面发展，指出城乡矛盾运动的最终形态是消灭了阶级差别、城乡差别、工农差别、劳动差别的城乡融合状态。他们认为，人的发展程度必然是与城乡关系演进程度联系在一起的，人的原始、共有的发展，是与城乡同一混沌联系在一起的；人的片面、畸形的发展，是与城乡分割对立联系在一起的；

---

① 唐晓峰：《关于新时代传承发展马克思主义宗教学的几点看法》，《中国宗教》2021 年第 9 期。

② 《马克思恩格斯全集》（第四十六卷），人民出版社，1979，第 480 页。

人的自由、全面的发展，是与城乡融合一体联系在一起的。马克思、恩格斯认为，人的自由全面发展是共产主义社会的基本特征，[①] 也是人类发展的最高阶段。因为生产力水平不够，无法消除劳动差别和阶级对立，人缺乏全面发展的物质基础和制度环境。当社会生产力高度发达的时候，私有制和旧的分工被消灭，工农业有机结合，劳动者在不同部门中实现自由移动，每个人都能充分发挥自身体力和脑力方面的能力，人人都能在社会中获得自由全面发展的机会，从而实现城乡融合发展，实现人的全面而自由的发展，这是马克思、恩格斯对于城乡融合发展的最终的出发点和落脚点。在城乡融合的终极意义上，马克思、恩格斯提出城乡融合发展将实现人与自然和谐发展的最终状态，[②] 城乡融合的基本特征是人口、产业的发展顺应自然、融入自然。他们认为，人与自然的关系随着生产力水平的提升、人类改造和利用自然的能力和方式的改变，不断地演变和发展，人类发展早期，敬畏自然，受自然支配，城乡关系处于同一状态；人类通过制造工具、利用自然规律，征服和破坏自然，城乡关系处于对立状态；人类通过文明发展，尊重自然，顺应自然，与自然和谐统一，城乡关系形成融合状态。也只有进入共产主义社会的城乡融合形态，人类文明进入高级发展阶段，意识到并以实践证明了人与自然和谐统一才是生产力得以最大解放的实现道路。因而，蕴含在城乡融合发展状态的终极意义是实现人与自然和谐共生、生生不息。

第三节　马克思主义城乡关系思想中国化概述

马克思主义城乡关系思想中国化的过程，是一部中国城乡关系发展规律认识不断深化、中国城乡关系不断改善的城乡建设和发展史。历经毛泽东、邓小平、江泽民、胡锦涛、习近平等党和国家领导人的不断探索和实践。在继承和发扬前人关于我国城乡关系科学思想的基础上，在国民经济和综合实

① 李邦铭：《马克思恩格斯城乡关系思想及其当代价值》，中南大学博士学位论文，2012。

② 陈永芝：《马克思恩格斯城乡发展理论与商洛城乡一体化发展》，《〈资本论〉与新型城镇化问题研究——陕西省〈资本论〉研究会2013年学术年会论文集》，2014。

力不断提升的大背景下，随着工农关系、城乡关系不断变化和演进，他们始终高度重视农业、农村、农民问题在国家发展战略全局中的重要地位，不断增加农业投入、改善农村发展条件、持续提高农民收入，通过一代接一代领导人城乡发展思想的深化，接续努力推动城乡兼顾、互动、均衡、统筹和融合发展，展现了中国共产党领导人马克思主义者的思想光辉、实事求是的理论态度，打开了“马克思主义城乡关系中国化”的新篇章。

一　毛泽东的城乡兼顾发展思想

毛泽东继承和发展了马克思、恩格斯和列宁的城乡关系思想，[①] 在革命时期和建设时期对城乡发展形成了自己的思想体系。首先，在革命时期，毛泽东曾指出“在经济方面，城市与乡村之间的矛盾，在资本主义社会里（这种社会资产阶级统治的城市残酷地掠夺乡村），在中国的国民党统治区域里面（这个区域里外帝国主义和本国买办大资产阶级所统治的城市极其野蛮地掠夺乡村），那里是具有一定对抗的矛盾”[②]。他指出“城市虽带着领导性质，但不能完全统制乡村，因为城市太小，乡村太大，广大的人力物力在乡村不在城市”[③]。基于对城乡矛盾的深刻认识，他提出“敌据城市我据乡村”“乡村能够最后战胜城市”，正是利用城乡的阶级矛盾和自然的区别，充分发挥乡村地域广阔、人口分散、生产自给、回旋余地大等优势，开展“农村包围城市”武装斗争，最终夺取作为敌人据点的城市和革命的胜利。同时，他还辩证地指出：“着重农村根据地上的工作，不是说可以放弃城市工作和尚在敌人统治下的其他广大农村中的工作；相反，没有城市工作和其他农村工作，农村根据地就处于孤立，革命就会失败。而且革命的最终目的，是夺取作为敌人主要根据地的城市，没有充分的城市工作，就不能达此

① 李永第：《城乡统筹发展问题研究》，山东大学硕士学位论文，2010。

② 丁宁：《中国特色城乡关系：从二元结构到城乡融合的发展研究》，吉林大学博士学位论文，2019。

③ 张延曼：《新时代中国特色城乡融合发展制度研究》，吉林大学博士学位论文，2020。

目的。"[1] 这是城乡矛盾对立统一的必然要求，体现了毛泽东在革命斗争时期城乡兼顾的思想。其次，在新中国成立初期，毛泽东同志主张将城市作为城乡关系的中心，并多次强调经济建设要以城市工业为中心，优先发展重工业，同时强调农业和轻工业也要占一定比例，注重发挥农业的基础性作用。在城乡兼顾发展的思想上，毛泽东还提出"发展工业必须和发展农业同时并举"的思想。[2] 1956 年，在《论十大关系》的讲话中，毛泽东重点阐释了统筹兼顾重工业、轻工业和农业的关系，指出在优先发展生产资料的同时不能忽略生活资料特别是粮食的生产，还提出要适当调整工业、轻工业和农业的投资比例。1957 年在《正确处理人民内部矛盾的问题中》阐述了要正确处理国家、合作社和农民的关系，指出"我们的方针是统筹兼顾、适当安排"。此后，在"大跃进"和随后的国民经济调整时期，毛泽东针对前期城乡关系的曲折变化，提出"把领导重点放在农业生产上，吃饭第一，市场第二，建设第三。总的说来，缩短工业战线，延长农业战线"。"文化大革命"后，毛泽东等党的领导人统筹城乡阶级斗争，城乡关系遭到扭曲和疏离，表现为城乡之间生产互不能满足对方生产、生活的需要，城乡之间经济联系受阻，工农差别拉大。总的来看，毛泽东在兼顾城乡建设发展、统筹工农协调发展、兼顾工人和农民利益上，体现了城乡并进、工农并举、统筹兼顾的城乡关系思想，是推动我国国民经济和社会发展在短时期内取得令世人瞩目成就的成功经验，对中国新民主主义革命胜利、对新中国成立和社会主义改造、对当时的社会主义建设都具有重要的指导作用，也为我国之后正确处理城乡、工农关系奠定了坚实的理论基础。

二　邓小平的城乡互动发展思想

邓小平结合毛泽东的城乡兼顾发展思想，针对计划经济时期我国城乡差距和矛盾日益严重的状况，提出了社会主义市场经济理论，并于 1978 年开

① 赵天娥：《中共第一代领导人的城乡关系思想研究》，东北师范大学博士学位论文，2013。
② 郭旭红、武力：《新中国城乡关系的理论与实践》，《当代中国史研究》2022。

始改革开放，坚持以经济建设为中心，通过优化城乡要素资源配置、推动科学技术发展、促进农业朝现代化发展、保护生态环境等举措，推动城乡实现互动协调发展。首先，通过农村改革促进农村经济发展。他提出“只要生产发展了，农村的社会分工和商品经济发展了，低水平的集体化就会发展到高水平的集体化，集体经济不巩固的也会逐渐地巩固起来。关键是发展生产力，要在这方面为集体化的进步发展创造条件”①。党的十一届三中全会后，以家庭联产承包责任制为标志的农村改革，极大地调动了农民的生产积极性，促进了我国农村经济的复苏和发展。② 邓小平指出，农村工作应解放思想，以“集体化的组织形式”“因地制宜发展生产”，伴随集体经济和乡镇企业的不断发展，持续改善农村经济并推动国民经济增长。乡镇企业改善了农民的就业问题，在农村实现了农村劳动力向非农领域的转移。在推动农村改革的同时，邓小平也加快布局推进城市改革，经济特区的建立加快了中国扩大开放、融入世界的进程，城乡经济逐步发展的同时，具有开放特征的市场经济促进了文化、科技、劳动力在城乡之间加速互动起来。邓小平一直高度重视科学技术作为第一生产力对于城乡发展的推动作用，他强调“如果没有现代化的科学技术，就不可能建设现代化的农业、现代化的工业以及现代化的国防”③。提升科技和教育水平是实现四个现代化的关键所在，“尊重知识、尊重人才”是邓小平一贯坚持和倡导的理念，他说“农业的发展一靠政策，二靠科学”。在推动农业现代化的过程中，邓小平坚持“科教兴农”的思想，并将提高农民的科学文化素养作为提高农业生产效率和质量的重要举措。在经济建设高速推进的同时，邓小平也十分重视对生态环境的保护，他指出，工业、农业发展得再快，经济建设成就再大，如果没有一个健康的生态环境，一切都是泡影，提出人口、资源、环境要协调发展。④ 综

① 孙迪亮：《改革开放以来中国共产党的农民物质利益思想研究》，曲阜师范大学博士学位论文，2012。

② 阳斌：《新时代中国共产党乡村治理研究》，西南交通大学博士学位论文，2019。

③ 黄祖辉、傅琳琳：《建设农业强国：内涵、关键与路径》，《求索》2023 年第 1 期。

④ 蒋明雨：《邓小平城乡关系思想研究》，长春理工大学硕士学位论文，2018。

上所述，邓小平在改革开放和市场经济推进过程中，坚持以改革作为手段、以强化科技教育作为引领、以城乡要素优化配置作为基础、以良好的生态环境作为保障，坚持市场化的道路、科技化的手段，推动城乡经济社会互补互动，不断缩小我国的城乡差距、工农差距，这是对新中国成立以来城乡关系理论和实践的创新，为中国特色社会主义建设指明了方向和路径。

三　江泽民的城乡均衡发展思想

江泽民在继承邓小平城乡互动的思想上，从我国改革开放和社会主义现代化建设的全局出发，面对国际国内环境的变化与发展，尤其是针对城乡、工农差距扩大化趋势，提出了城乡均衡发展思想。在中国共产党第十四次全国代表大会上，江泽民强调农业农村问题是我国社会发展过程中最主要的问题，是关系国家全局的问题。在 1993 年召开的中央农村工作会议上，江泽民指出“‘三农’问题始终是一个关系我们党和国家全局的根本性问题”。在 1998 年党的十五届三中全会上，他再次强调“三农”问题是关系到改革开放的重大问题，并深刻指出：农业现代化是国民经济现代化的前提，抓住农业才能握住社会主义建设的主动权。2002 年，江泽民在党的十六大报告中提出统筹城乡经济社会发展的概念，提出建设现代农业，发展农村经济，增加农民收入，是全面建设小康社会的重大任务。① 江泽民始终从党和国家的战略高度，重视“三农”问题，重视农业的基础性地位，重视工业和农业发展的矛盾，他认为农业是“社会效益大而比较效益低的产业，必须通过国家的宏观调控加以扶持和保护”，“市场经济越发展，工业化程度越高，越需要加强对农业的保护和扶持”。② 他强调“如果农村发展长期滞后，城乡差别持续存在，就会大大威胁到农村的稳定”。为切实提高农民收入、维护农村社会稳定、促进城乡关系均衡和谐发展，江泽民提出了解决我国城乡

---

① 朱海强：《马克思主义城乡融合理论与西部中小城市带动城乡一体化研究》，广西师范大学博士学位论文，2014。

② 杜曙光、孙迪亮：《江泽民与中国特色农业现代化道路》，《当代世界与社会主义》2009 年第 3 期。

发展问题的基本思路。首先，要健全农村统分结合的“双层经营体系”，在家庭承包经营的前提下加入“社会化服务”，促进农民家庭经营和集体经济的积极性发挥，不断促进农村经济体制适应新阶段的市场化要求，引导和规范农村市场体系的建设。其次，要坚持以小城镇建设辐射带动乡村发展，促进城乡协调发展。他认为“发展小城镇是一个大战略”①，坚持“大中小城市和小城镇协调发展，走中国特色的城镇化道路”②。江泽民认为农业现代化程度的不断提高，乡镇企业的不断发展，将促进农村劳动力向非农产业和城镇流动、转移，通过小城镇建设，能够吸纳农村剩余劳动力转移，促进小城镇投资、消费，形成更多的就业机会，从而带动农村进一步发展。他还指出，小城镇建设应与农业产业化相结合、与乡镇企业互动联系，通过合理规划、布局和发展小城镇，可以有效促进城乡经济均衡发展。江泽民的城乡均衡发展思想，不仅促进了城乡协调发展，而且也为今后城乡由经济均衡向经济、社会、生态等全面协调发展创造了良好的理论和政策环境，为小康社会的早日实现作出了历史性的贡献。③

四 胡锦涛的城乡统筹发展思想

胡锦涛在对邓小平城乡互动思想和江泽民城乡均衡思想进行深入思考后，立足当时我国城市化、工业化的基础与进展，以及城乡关系总体向好的基本态势，在新旧世纪之交，敏锐并深远地提出了我国城乡关系今后调整的战略和方向。党的十六大以后，胡锦涛多次强调“三农”问题是全党工作的重中之重，在2003年党的十六届三中全会上他提出要按照“统筹城乡发展、统筹区域发展、统筹经济社会发展、统筹人与自然和谐发展、统筹国内

① 高岳峰：《马克思主义农村发展理论与社会主义新农村建设》，武汉大学博士学位论文，2014。

② 赵秀玲：《马克思主义城乡统筹理论的中国化进程》，《福建论坛》（人文社会科学版）2015年第9期。

③ 王韬钦：《中国现代化进程中实现城乡一体化发展的历史逻辑演进》，《西安财经大学学报》2023年第3期。

发展和对外开放”的要求推进各项事业的改革和发展,[①] 并在如何落实科学发展观上提出坚持城乡协调发展，要站在国民经济发展全局的高度研究解决“三农”问题，实行以城带乡、以工促农、城乡互动、协调发展，逐步改变城乡二元经济结构。2004 年，在党的十六届四中全会上，胡锦涛明确提出“两个趋势”的重要论断，指出“在工业化初始阶段，农业支持工业、为工业提供积累是带有普遍性的趋向；在工业化达到相当程度后，工业反哺农业、城市支持农村，实现工业与农业、城市与农村协调发展，也是带有普遍性的趋向”[②]。2005 年，在党的十六届五中全会上，胡锦涛提出建设社会主义新农村是我国现代化进程中的重大历史任务。2006 年，我国废除了延续上千年的农业税制度，进一步减轻了农民的负担、提高了农民的收入。同年出台的《国民经济和社会发展第十一个五年规划纲要》明确将实现城乡区域协调发展作为经济社会发展的主要目标，提出坚持统筹城乡经济社会发展的基本方略，在积极稳妥地推进城镇化的同时，按照生产发展、生活宽裕、乡风文明、村容整洁、管理民主的要求，扎实稳步推进新农村建设。[③] 2012 年，胡锦涛在党的十八大报告中提出要推动城乡发展一体化，加大统筹城乡发展力度，增强农村发展活力，逐步缩小城乡差距，促进城乡共同繁荣。坚持工业反哺农业、城市支持农村和多予少取放活方针，加大强农惠农富农政策力度，让广大农民平等参与现代化进程、共同分享现代化成果，加快形成以工促农、以城带乡、工农互惠、城乡一体的新型工农、城乡关系。[④] 回顾胡锦涛的城乡关系思想，从高度重视“三农”问题在党和国家全局中的地位，到提出“五个统筹”，再到“两个趋势”的重要论断，直至开启“社会主义新农村建设”，最后到提出实现城乡一体发展的目标任务，可以看出这

---

① 秦中春：《城乡一体化发展：面向未来的国家战略》，《人民论坛·学术前沿》2016 年第 8 期。

② 赵夫鑫：《马克思主义城乡一体化思想概述》，《中国〈资本论〉年刊》（第十二卷），2014。

③ 李永第：《城乡统筹发展问题研究》，山东大学硕士学位论文，2010。

④ 吴香雪：《农村老年贫困人口社会救助问题研究》，《重庆工商大学学报》（社会科学版）2014 年第 6 期。

一时期城乡统筹的思想已不局限于城乡经济协调发展目标，而是从政治、经济、社会、文化、生态等全方位统筹推动城乡协同发展，为我国加快建成小康社会、实现城乡一体发展指明了方向，打下了良好的理论和实践基础。

五　习近平关于城乡融合的论述

习近平在继承马克思主义城乡思想基础上，立足新中国成立以来党和国家领导人关于城乡关系思想理论基础，结合自己的知青经历、河北正定县的工作经历和福建、浙江的主政经历，面对“百年未有之大变局”的国内外复杂环境演化，自党的十八大以来，在马克思主义城乡发展理论基础上，结合中国特色社会主义城乡建设的实践，立足中国国情实际，提出一系列关于城乡发展的新理念新思路新举措，不断开辟我国城乡发展工作新局面。在党的十八届三中全会上，习近平指出：城乡二元结构是制约城乡发展一体化的主要障碍。必须健全体制机制，形成以工促农、以城带乡、工农互惠、城乡一体的新型工农城乡关系，让广大农民平等参与现代化进程、共同分享现代化成果。要加快构建新型农业经营体系，赋予农民更多财产权利，推进城乡要素平等交换和公共资源均衡配置，完善城镇化健康发展体制机制。[①] 2015年，习近平在十八届中央政治局集体学习时指出“推进城乡发展一体化，是工业化、城镇化、农业现代化发展到一定阶段的必然要求，是国家现代化的重要标志”[②]。在2015年党的十八届五中全会上，习近平提出“创新、协调、绿色、开放、共享”的新发展理念，其中坚持协调发展是要注重解决发展不平衡问题。2017年，在党的十九大报告中习近平提出“人民日益增长的美好生活需要和不平衡不充分的发展之间的矛盾”，他多次强调“我国发展最大的不平衡是城乡发展不平衡，最大的不充分是农村发展不充分”[③]。

---

① 岳文海：《中国新型城镇化发展研究》，武汉大学博士学位论文，2013年11月1日。

② 《建立健全城乡融合发展体制机制和政策体系，加快推进农业农村现代化——习近平关于“三农”工作论述摘编》，《中国农业文摘-农业工程》，2019。

③ 汪晓东、李翔、刘书文：《谱写农业农村改革发展新的华彩乐章——习近平总书记关于“三农”工作重要论述综述》，《农村工作通讯》2021年第19期。

党的十八大以来，党和国家下决心调整工农关系、城乡关系，采取了一系列举措推动“工业反哺农业、城市支持农村”。党的十九大提出，要坚持农业农村优先发展，建立健全城乡融合发展体制机制和政策体系，并首次提出实施乡村振兴战略，标志着从全局和战略高度来把握和处理城乡、工农关系。乡村振兴战略包括乡村产业振兴、人才振兴、文化振兴、生态振兴、组织振兴等五大振兴任务，[①] 是全方位、系统化、长远性提升农村内生动力，促进城乡融合发展的重大战略举措。2017 年 12 月，习近平在中央农村工作会议上强调“走中国特色社会主义乡村振兴道路，必须重塑城乡关系，走城乡融合发展之路，坚持以工补农、以城带乡”[②]。2018 年 9 月，习近平在十九届中央政治局集体学习时再次强调，“要把乡村振兴战略这篇大文章做好，必须走城乡融合发展之路”。2020 年 10 月，党的十九届五中全会提出：“强化以工补农、以城带乡，加快形成工农互促、城乡互补、协调发展、共同繁荣的新型工农城乡关系。”[③] 2022 年 10 月，习近平在党的二十大报告中强调：“坚持以推动高质量发展为主题，着力推进城乡融合和区域协调发展，推动经济实现质的有效提升和量的合理增长。”2022 年 12 月，习近平在中央农村工作会议上强调：“要顺应城乡融合发展大趋势，破除妨碍城乡要素平等交换、双向流动的制度壁垒[④]，促进发展要素、各类服务更多下乡，率先在县域内破除城乡二元结构。把县域作为城乡融合发展的重要切入点，推进空间布局、产业发展、基础设施等县域统筹。”2023 年 1 月，习近平在二十届中央政治局集体学习时强调：“充分发挥乡村作为消费市场和要素市场的重要作用，全面推进乡村振兴，推进以县城为重要载体的城镇化建设，推动城乡融

① 黄承伟：《新时代乡村振兴战略的全面推进》，《人民论坛》2022 年第 24 期。

② 袁绍光：《新时代中国共产党农业发展的战略思想研究》，华中师范大学博士学位论文，2019。

③ 穆军全、杜馨儿：《习近平关于乡村振兴重要论述的逻辑理路探析——基于发展哲学的视角》，《太原理工大学学报》（社会科学版）2022 年第 2 期。

④ 习近平：《高举中国特色社会主义伟大旗帜 为全面建设社会主义现代化国家而团结奋斗——在中国共产党第二十次全国代表大会上的报告》，《中国人力资源社会保障》2022 年第 11 期。

合发展，增强城乡经济联系，畅通城乡经济循环”①。总体来看，习近平在我国城乡关系上始终把握城乡融合发展的主基调，在把握新发展阶段、贯彻新发展理念、构建新发展格局中，始终坚持以人民为中心，打赢脱贫攻坚战，实施乡村振兴与新型城镇化双轮驱动战略，坚持从体制机制等深层次障碍出发消除城乡融合发展矛盾，推动农业农村优先发展，加快推进农业农村现代化，增强城乡产业经济循环，着力构建新时代新型工农城乡关系，我国城乡融合发展取得了实质性、突破性的重大进展。在中华民族伟大复兴的伟大征程中，在实现中国式现代化的目标进程中，习近平强调的“城乡融合发展”，是我们党关于城乡发展理论的最新成果，必将以其真理伟力不断解放和释放城乡融合发展的生产力，逐步消除我国城乡发展不平衡、不充分的深层次障碍，加快推进农业农村现代化，推动城乡走上共同富裕、融合发展的康庄大道。

第四节　国内外城乡融合发展的实践与启示

学习借鉴国内外城乡融合发展的实践探索，有利于从历史的纵向视角和空间的横向视角理解城乡融合发展的一般规律，有利于厘清有为政府和有效市场的边界。综观美国、德国、日本、韩国的城乡融合发展历程，给予我国的借鉴包括要坚持以人民为本、城乡教育先行、基础设施投入、农民主体参与、城乡社会保障投入和建设均衡、财政税收支持农业、法律制度保障城乡一体发展。而对比我国北京、广州、武汉、成都的城乡融合发展进程，给予我国的启示包括应坚持顶层设计引领、城乡要素双向流动和平等交换、农业农村优先发展、大力发展生态型现代都市农业、以党建引领乡村治理现代化、以城乡融合发展试验区为载体和示范探索城乡融合发展。总体而言，无论是国外发达国家还是国内东中西部具有代表性的城市，其推进城乡融合发展都注重强化规划引领、提升农业价值、增加农民收入、完善社会保障、夯实基础设施、推动现代治理，不断消弭城乡差距。

① 江涛：《习近平城乡融合发展思想研究》，西南科技大学硕士学位论文，2020。

一　国外城乡融合发展实践

1. 美国的城乡均衡模式

美国在1870~1920年历时50年完成工业化进程，钢铁、机械、汽车、化工等传统工业快速发展起来，形成了底特律、纽约、华盛顿、芝加哥、休斯敦、旧金山、洛杉矶等工业城市，此间大量的农业人口流向城市，城市化率超过50%。此后到20世纪70年代，随着工业化、城市化的快速推进，美国乡村出现了一定程度的衰败，农民收入一直低于非农人口收入。20世纪末期到21世纪初，美国开始应用一系列措施缓和城乡落差直至基本消灭城乡差别，根据2012年全美城乡居民生存调查状况数据，城市郊区和农村居民年均收入已略高于城市居民年均收入，但城乡收入差距保持在10%以内，也就是说美国城乡居民劳动和收入差距很小的同时，农村建设和发展水平也得到相应提高，城乡差别被逐步和基本消灭。① 美国促进城乡融合发展的主要做法如下。一是注重基层民主。美国城市和乡村具有相同的民主传统和自治模式，在城乡规划阶段规划师、市民和政府官员都需参与规划，不同主体共同参与规划制定和实施过程，确保了规划的科学性和民主性。二是重视农民教育。在城乡教育上注重均衡发展，常年持续加大投入，教师没有城乡收入差别。2002年立法并签订《不让一个孩子掉队》法案条约，旨在保障城乡儿童受教育的权利，同时注重对农民的成人教育、职业教育，鼓励农民兼业发展。三是加大科技支农。充分利用现代科学技术和管理知识加大对农业发展的扶持，推动农业机械化、信息化、自动化、规模化高效、精准发展。四是强化基础设施。美国高度发展的铁路、公路特别是高速公路网络，加强了城市和乡村人流、货物流联系，促进了城乡经济社会交往融合。五是重视农业保护。美国政府一直采用直接补贴和税收优惠保护农业生产，采取高额补贴、低率税收，从生产、消费等环节提升农村农民的生产积极性，平抑城乡之间收入差距。六是强化法律保障。包括《农业与消费者保护法》《农村

---

① 李倩：《新时代我国城乡融合发展的问题与对策研究》，东南大学硕士学位论文，2022。

电气化法》《粮食、保育和能源法案》《分区规划》《清洁水法》《清洁空气法》《濒危物种法》等多重多领域法律保护和支持农业农村发展。七是构建大都市区。通过建设城乡区域经济一体化的大都市区，充分发挥空间的集聚和辐射功能，促进大中小城市、区域和城乡协调发展。

2. 德国的城乡等值模式

二战之后，德国城乡生产力受战争破坏严重，城乡差距问题日益严峻，发展至今城乡关系历经“城市化、逆城市化、再城市化”多个阶段，当前德国已成为工业高度发达国家和农业生产出口大国，城乡之间形成了布局合理、功能融洽、产业互补的良好发展格局，而且在“城乡等值化”发展理念引领下，形成了城乡生活价值等值化的独特发展模式。① 德国促进城乡融合发展的主要做法如下。一是倡导和实行“城乡等值化”发展理念。1950年，德国汉斯赛德尔基金会提出“城乡等值化”发展理念，旨在确保城乡居民拥有享受等值化生活价值的权利，包括社会层面享有同等的公共服务和社会保障，经济层面建设双向互动的市场经济体系，生态方面树立共同的保护意识。值得注意的是，德国的城乡等值化理念并非城乡等同化、一样化，不是要消除城乡固有的自然景观、生产方式和产业结构，而是要确保不同地域的城乡居民享有同等的生活品质、生活质量，即“和而不同”。二是建立科学合理的城乡规划体系。目前德国实施的是“联邦-州-地方政府”三级一体化规划体系，规划只对政府职责领域进行规划，对市场调节领域不做规划，在规划编制过程中充分征求公众意见和建议，之后再次征求意见并作进一步修改完善，经议会通过后赋予其实施的法律效力。与此同时，德国每四年编制一次空间发展报告，主要对乡村居民点、乡村商业和服务设施、乡村绿色开放空间保护、乡村基础设施等方面内容进行规划，统筹社会效益、经济效益和生态效益。三是构建和促进乡村多功能发展模式。德国通过制定《村庄改造条例》，引导乡村发展居住、教育、休闲、就业和生活等多种功

① 张沛、张中华、孙海军：《城乡一体化研究的国际进展及典型国家发展经验》，《国际城市规划》2014年第1期。

能，同时发展多功能型农业，重点利用乡村景观文化，促进乡村旅游业、手工业、餐饮业、娱乐业等多元业态发展，壮大乡村经济，缩小城乡经济差距。四是加强政府对农业农村的直接支持。包括给予农民大规模的财政补贴，加大农民职业教育和培训力度，负责解决农民就业、住房和教育等方面的问题，健全社会保障机制等。五是加强城乡等值化发展的法律制度保障。德国将全国区域平衡发展和共同富裕写入联邦宪法，并制定一系列促进城乡均衡发展的法律，包括《联邦德国空间规划》《联邦土地利用条例》《土地整理法》《土地交易法》《农业法案》《农地用益租赁交易法》《合作社法》等。

3. 日本的综合开发模式

二战后日本工业化、城市化快速发展，1950~1975 年的 25 年中，城市化率由 37%上升为 76%，大量农村人口涌入城市，农村人口持续下降，形成了大阪、东京、名古屋三大都市，日本用近三十年的时间完成了欧美国家上百年的城市化、工业化进程，但这一进程也直接导致了日本乡村人口的流失和乡村经济的衰落。日本政府于 20 世纪 70 年代开始重视农村的发展，通过实行“造村运动”全面协调城乡经济和社会发展。[①] 日本促进城乡融合发展的主要做法如下。一是制订并实施“全国综合开发计划”。日本政府通过先后五次制订并实施《全国综合开发计划》，通过合理布局城乡产业、弥合城乡基础设施差距、发掘乡村发展潜力、保障地区居民享有各种设施权益、制定村镇发展规划等一系列举措，逐步解决城乡发展失衡问题。二是实施市町村合并发展模式。日本为了强化市町村的治理效率和内生动力，120 年来持续推动市町村合并，特别是二战后的昭和大合并，进一步强化市町村的角色，出台了“二地域居住”政策，城乡居民实现了居住的自由流动，并以此建设了许多田园城市，既保持了乡村特色，又吸收了城市现代化，促进了城乡融合发展。三是开展“一村一品”运动。1979 年日本大分县知事平松守彦提出，充分利用各地乡村特色资源推动乡村经济振兴发展。在此运动下，日本乡村富有特色的文旅产品、农林产品、水产品、传统手工艺品、制

① 张春波：《中国特色城乡融合发展的理论与实践研究》，吉林大学博士学位论文，2021。

造加工品得以创新进入市场。政府还成立了“一村一品”扶助基金，以低息贷款、品牌帮扶、人才培训确保“一村一品”项目建设，不仅促进了乡村经济的发展，而且对于保护和传承日本传统文化具有积极的作用。四是成立农业协同工会（以下简称农协）保障农民权益。1947年颁布的《农业协同组合法》将农协确立为农民资源参与合作经济组织，农协既是生产者又是经营者，农民将定价和议价权掌握在自己手中，农协对于日本农业生产经营具有重要的支撑和保护作用。五是建立城乡一体化的社会保障体系。持续加大对农民教育的投入，保障农村教育设施、教师工资与城市相同，并不断提高农民生产技能。六是制定系列促进农业发展的特别政策，包括《农业基本法》《向农业地区引进工业促进法》《山区振兴法》《国民年金法》《生活保障法》等，通过法律政策的支持和保护，促进了城乡之间、农业与非农产业之间利益均衡、平等。

4. 韩国的新村运动模式

由于韩国地少人多，农业生产约束明显，20世纪60年代，韩国采取了“出口型导向”的发展战略，创造了举世瞩目的“汉江奇迹”，一举成了“亚洲四小龙”之一的发达国家。伴随这一结果的是农村人口大量流入城市，首尔曾在20世纪90年代集聚了韩国一半的国民人口，农业现代化水平落后，农业与工业之间的差距不断拉大，乡村空巢、农业衰败的现象开始出现，粮食安全问题日益凸显，城乡发展严重失衡。由此，韩国政府开始重视工农、城乡均衡发展。有“贫民之子”称号的韩国总统朴正熙发起了著名的“新村运动”，通过三个阶段的改革，即初期的改善乡村基础设施和发展环境阶段、中期的增加农民收入阶段、后期的乡村社会事业发展和文化建设阶段，韩国乡村面貌得到大幅改观，农民收入明显提高，甚至有些年份收入增长快于城市居民，农业和农村发展环境得到明显改善。韩国促进城乡融合发展的主要做法如下。一是重视农民的主体地位。通过培育农民良好的精神风貌、强化农民自我发展意识，强调“勉励、自助、协作”的民族精神促进农民自力更生、互助发展，农民自我发展的意愿强烈。二是发挥政府主导推动作用。由韩国中央内务部直接领导和设立“新村运动”中央协议会，并成立“新村运动”中央研修院，负责新村运动的具体实施。将全国村庄分为“自立、自助、基础”三个等级，实行不同的激励政策，并在初期免费给广大农村提供水泥、钢筋等用于乡村房屋、道路、桥梁、堤岸等基础设施建设原材料。实现领导和指导构建“政府+农业+企业+工厂+学校+城市等”全社会一体促进新村建设的大好局面。三是鼓励农民自主参与新村建设。通过成立农业协会、鼓励村庄集资等方式，整合农业资源、集中农民优势，大力创办“新村工厂”“农协超市”，提高农民种植积极性、保障农民收入水平。四是大力实施农业机械化。推行“农业机械化五年计划”，积极采用现代科学技术提升农业生产效率。五是优化调整农业产业结构，重点发展养殖业和渔业，创新发展乡村生态、文化、旅游产业，形成城乡产业和市场一体化发展格局。六是注重对农民进行道德教育和法治教育。注重4H（head、heard、health、hand），即头脑、心理、身体、动手四方面的教育，并对农民开展各类型的免费职业培训，包括农民渔民后继者教育、专业农民教育，提升农民的整体文化素质。七是推行城乡一体化的社会保障制度。实现乡村居民在健康医疗、产业保险、农民年金、养老保险、公共救济等方面与城市居民无差别待遇。

综观以上国家成功走过的城乡融合发展道路，其共性特征对我国的借鉴有以下七大方面。一是坚持以人为本，即正视城乡居民生活与发展水平差异，为追求并实现人的平等发展权而从国家层面推动城乡均衡、平等发展。二是坚持教育先行，扶贫先扶智，提升农民的知识文化素养和职业技术能力，是实现农民适应农业现代化的必由之路。三是坚持基础设施投入，构建城乡均衡化的道路、交通、能源等基础设施，提高城乡通达性、生活均质性。四是坚持农民主体参与，让农民成为农业和“农业+”产业的实际生产者、经营者和利益获得者，提高农民收入水平。五是坚持城乡统筹、一体化的社会保障制度，实现相同的国民待遇，免去农民的后顾之忧。六是坚持财政税收支持，加大农业农民直接补贴力度、提高对农业税收减免额度，释放农业生产力、提高农民生产积极性。七是坚持法律制度保障，出台实施各类型、各领域支农、惠农法律和政策，支撑城乡融合发展。

二 国内城乡融合发展实践模式

1. 北京的新城建设模式

北京既是我国的首都、直辖市、超大城市，也是中国政治、文化、科技创新、国际交往中心。2022 年末，全市下辖 16 个区，总面积 16410.54 平方千米，常住人口 2184.3 万人，城镇化率达 87.6%，居全国各省、市、区之首。[①] 推进北京市城乡融合发展，不仅有利于首都高质量发展，而且有助于探索我国特大、超大城市城乡融合发展模式，为全国城乡融合发展做出样板和示范。北京市在党的十六大提出统筹城乡融合发展战略任务之后，开启了加快推进城乡融合发展之路，城乡融合发展取得了明显的成效，[②] 农村基础设施显著改善，农村公共服务设施水平大幅提升，[③] 农民生活水平不断提高。北京市的具体做法如下。一是强化顶层设计。2004 年北京市出台了《北京城市总体规划（2004 年-2020 年）》，从规划原则、空间布局、新城建设等方面统筹城乡一体发展。同时编制了北京市及远郊区县的村庄规划体系，之后出台了《北京市“十一五”时期功能区域发展规划》，提出打破行政区划，建成首都功能核心区、城市功能拓展区、城市发展新区、生态涵养发展区等四大城市功能区域，统筹城乡融合发展。2008 年出台《中共北京市委关于率先形成城乡经济社会发展一体化新格局的意见》，从空间布局、基础设施、产业发展、公共服务等多维度推进城乡融合发展。二是强化设施一体。以“绿化、美化、硬化、净化、亮化”为标准，重点改善农村供水管网、污水管网、垃圾收运处理网、电网、乡村路网、互联网等“六网”状况。三是推进服务联通。以教育医疗等基本公共服务为重点，推动城乡之间接轨、并轨发展，促进城市优质资源向新城区、乡村转移，建立健全农村

① 北京市统计局：《北京市 2022 年国民经济和社会发展统计公报》，2023 年 3 月 21 日，https：//tjj. beijing. gov. cn/bwtt_ 31461/202303/t20230321_ 2940949. html。

② 张月瀛：《以城乡融合发展推进农业农村现代化路径探析》，《中共郑州市委党校学报》2019 年第 6 期。

③ 吴宝林：《乡村振兴背景下农村宅基地“三权分置”制度研究》，江西财经大学博士学位论文，2022。

社会保障体系。四是推动土地流转。通过实现集体土地权益货币化、股权化，土地承包权收益化和土地权益社会福利化，实现了资产变股权、农民变股东的资源转化。五是发展现代农业。大力发展生态农业、观光农业、休闲农业，为市民提供体验农村生活的场所。同时，加大对农业的科技投入，优化农业产业结构，推动农业与二、三产业融合发展，提高农民收入水平。六是改造城乡接合部。通过新村建设、制度创新、产业发展、社会保障相互配套、协同发展，形成多种改造模式，提高农民市民化和农业产业化水平。

2. 广州的都市农业模式

广州是华南地区重要的政治、经济、文化、创新、国际贸易中心，是国家中心城市、副省级市、超大城市。2022 年末，全市下辖 11 个区，总面积为 7434.40 平方千米，常住人口为 1873.41 万人，城镇化率为 86.48%。[①] 推进广州市城乡融合发展，有利于探索形成我国东部沿海发达地区和省份城乡融合发展道路，加快城乡居民整体迈向共同富裕。进入 21 世纪，广州相继出台了《关于贯彻〈中共中央、国务院关于推进社会主义新农村建设的若干意见〉的实施意见》《关于加快形成城乡经济社会发展一体化新格局的实施意见》《关于加强我市农村扶贫开发工作的实施意见》《广州市统筹城乡发展第十三个五年规划》等一系列指导性文件和规划，旨在为推动城乡融合发展构建并形成完善的政策体系。当前广州正在发力打造高标准城乡融合发展示范区，城乡融合发展取得了积极的进展和显著的成效。广州市的具体做法如下。一是坚持规划先行。推动城乡规划一体化，编制城乡总体规划和市域城镇体系规划，编制城市规划、乡镇规划和村规划，推动城乡规划法规一体化，同时推动城乡规划管理一体化，通过这些规划确保城乡发展的整体协同性。二是深化体制机制创新。以建立健全有利于城乡发展要素合理配置的体制机制为引领，促进乡村经济多元化和农业全产业链发展，健全城乡基本公共服务普惠共享的体制机制，形成城乡一体的基本公共服务体系。[②] 三

---

① 广州市统计局：《2022 年广州市国民经济和社会发展统计公报》，2023 年 5 月 12 日，http://tjj.gz.gov.cn/stats_newtjyw/tjsj/tjgb/qstjgb/content/post_8972753.html。

② 刘牧晨：《“十四五”时期合肥市城乡融合发展研究》，安徽建筑大学硕士论文，2022。

是大力发展都市现代农业。在提高农业科技水平的基础上，实施“农业+”战略，推动“农业+旅游+康养+文化”融合发展，促进广州花卉产业、蔬菜产业、水产业高质量发展，依托广州特色农产品优势区、省级现代农业产业园及农产品加工集聚区等载体，形成一批农产品精深加工示范基地及产业融合载体，不断实现农业强、农民富、农村美。四是改善农村基础设施并提升基本公共服务。大力推进城乡基础设施一体化，行政村道路硬化率、自来水普及率、卫生厕所普及率、光纤覆盖率等都实现了100%。同时，不断加大对农村教育、医疗、文化、社会保障等领域的财政投入和配套建设，保障“新广州人”子女教育等基本公共服务权利。五是坚持党建引领统筹城乡治理，推进广州乡村善治、共建共享。

3. 武汉的城市圈模式

武汉市是全国重要的工业基地、科教基地和综合交通枢纽，是国家中心城市、副省级市、超大城市。2022 年末，全市下辖 13 个区，总面积 8569.15 平方千米，常住人口 1373.90 万人，城镇化率为 84.66%。① 推进武汉市城乡融合发展，有利于探索形成我国中部内陆地区和省份城乡融合发展道路。近年来，武汉市把推进城乡融合发展作为实施乡村振兴战略、实现共同富裕的重要途径，突出城乡功能融合，加快推动城乡产业发展、基础设施、公共服务、生态环境等统一规划实施，突出城乡要素融合，加快推动人才、土地、资本等要素在城乡间双向流动和平等交换，突出城乡服务融合，尽力补齐农村教育、医疗、文化等公共服务短板，突出城乡产业融合，提升传统农业、延长农业链条、丰富农业业态，探索出一条具有武汉特色的城乡融合发展道路。武汉市的具体做法如下。一是以城市圈带动促进城乡融合发展。以《武汉城市圈总体规划纲要（2007—2020 年）》为引领，将武汉市划分为机遇地区、生态地区和乡村地区，以“圈层+轴向”的城乡空间拓展模式，强化城乡之间交通和产业联系。二是强化城乡基础设施协调发展。大力建设武汉城市圈公

① 武汉市统计局：《2022 年武汉市国民经济和社会发展统计公报》，2023 年 3 月 30 日，https://tjj.wuhan.gov.cn/tjfw/tjgb/202303/t20230330_2177979.shtml。

路、铁路、水运、航空交通基础设施网络，实现“1+8”城市 1 小时通达，强化了城乡经济社会联系。同时，加快补齐乡村基础设施短板，实现 5G 网络村村通、城乡基础通信同网同速。持续改善农村人居环境，开展行政村生活污水治理，建立乡村生活垃圾分类收集点。① 三是促进城乡人才土地要素流动。通过引导人才下乡入乡就业创业，激活壮大乡村振兴人才力量。深化土地住房制度改革，引导农村承包土地经营权规范有序流转，探索完善宅基地分配、使用、流转、抵押、退出、收益等机制，保障乡村产业发展和建设用地。四是大力发展乡村产业。推进都市型优势产业链建设，创新推进智慧农业建设，扎实推进品牌农业建设，以现代种业、“菜篮子”、“农业+”、农科创等四大产业链为重点，加快实现乡村一二三产业全产业链融合发展。五是完善乡村治理体系。构建以基层党组织为领导的乡村治理体系，建立健全村务监督委员会，推动村民说事、议事、主事，不断完善村民自治、德治、法治机制。

4. 成都的产城一体化模式

成都市是西南地区的科技中心、商贸中心、金融中心和交通、通信枢纽，也是成渝地区双城经济圈核心城市。成都市是四川省会、副省级市、国家中心城市，是超大城市。2022 年末，全市下辖 12 个市辖区，总面积 14335 平方千米，常住人口 2126. 8 万人，城镇化率 79. 9%。2003 年，成都市开始了城乡一体化的探索之路，2007 年获批国家统筹城乡综合配套改革试验区，2021 年成都西部片区获批国家城乡融合发展试验区，成都市着力打造生态品牌、实施建圈强链、坚持市场化配置等，积极为国家层面上的城乡融合发展改革探索路子、积累经验。成都市的具体做法如下。一是推动城乡要素双向流动。发挥市场在资源配置中的决定性作用，畅通阻碍城乡要素双向自由流动的“堵点”，形成人才、土地、资金汇聚的良性循环。在户籍制度改革领域，实现市内农村人口进城“零门槛”，引导“四类人才”返乡就业创业。在农村土地制度改革领域，探索集体经营性建设用地入市。在农村金融制度改革领域，

① 程用文：《政府工作报告——二〇二三年一月五日在武汉市第十五届人民代表大会第二次会议上》，《武汉市人民政府公报》2023 年第 3 期。

推进城乡金融服务均等化创新实践，探索经营权直接抵押、“经营权+地上附着物”抵押和第三方全程参与市场化风险处置等模式。二是以制度创新推动城乡融合。成都发挥公园城市生态价值转化的经验，提出探索建立生态产品市场机制，构建产业生态圈创新生态链，打破行政区划、统筹产业布局，建立绿色低碳产业体系，探索产业功能区协同共建机制，推动城乡产业差异化融合发展。三是以空间集中推动城乡融合。推动包括土地向规模经营集中、工业向工业集中区集中、农民向城镇和新型社区集中，实现提高农业生产效率、发挥产业集聚效应、有效转移吸纳农村剩余劳动力、提高农村人口生产生活水平的目标。四是推动城乡公共基础设施一体建设，加大乡村公共资源投入，利用县城补短板强弱项工作和城市有机更新等契机，开展基础设施建设和农村人居环境攻坚行动，提高农民生活质量，为农业农村现代化提供支撑。五是推动基本公共服务普惠共享，实施城乡无差异户籍制度，建立基本公共服务清单管理和动态调整制度，农村教育、医疗、社保等“七有两保障”九大类 25 小类 104 项基本公共服务实现城乡制度并轨、标准统一。

国内城乡融合发展实践对我国的启示。综观国内超大城市以及东、中、西不同区域的代表城市城乡融合发展实践，对我国推进城乡高质量融合发展的启示包括以下几个方面。一是坚持发挥规划引领作用，制定城乡融合发展规划，有效引领城乡空间、产业、服务、生态、治理一体化发展。二是坚持推进城乡资源要素双向流动、平等交换，充分发挥市场在资源配置中的决定性作用，实现资源变资产、资金变股金、农民变股东。三是坚持农业农村优先发展。将更多财政资源、优质要素向乡村倾斜，统筹城乡基础设施一体均衡和公共服务普惠均等，加大农业科技投入力度，推进农业现代化。四是坚持大力发展生态型现代都市农业，发挥农业多种价值、农村多元功能，加快农村一二三产业有机融合发展，实现城乡产业互动融合发展。五是坚持以党建引领乡村治理现代化，巩固农村基层党组织战斗堡垒地位和作用，深化乡村自治、德治、法治机制，构建城乡一体化现代治理格局。六是以城乡融合发展试验区为载体和示范，探索城乡融合发展。鼓励先行先试，改革创新，以试验区为载体率先建立起城乡融合发展体制机制和政策体系，重点建立城乡有序流动的人口迁移制度[①]、建立进城落户农民依法自愿有偿转让退出农村权益制度、建立农村集体经营性建设用地入市制度、完善农村产权抵押担保权能、建立科技成果入乡转化机制、搭建城中村改造合作平台、搭建城乡产业协同发展平台、建立生态产品价值实现机制、建立城乡基础设施一体化发展体制机制、建立城乡基本公共服务均等化发展体制机制、健全农民持续增收体制机制等 11 项体制机制，为全国提供可复制、可推广的典型经验。

三 国家城乡融合发展试验区实践探索

1. 国家开展城乡融合发展试验区改革试点

2019 年 12 月 19 日，国家发展改革委、中央农村工作领导小组办公室、农业农村部、公安部、自然资源部、财政部等 18 个部门联合印发了《关于开展国家城乡融合发展试验区工作的通知》（发改规划〔2019〕1947 号），公布了国家城乡融合发展试验区改革方案、国家城乡融合发展试验区名单，这标志着城乡融合发展上升到国家战略层面。在国家城乡融合发展试验区改革方案中，明确在 2022～2025 年，试验区要实现基本打通城乡生产要素双向自由流动的制度性通道，基本建立城乡有序流动的人口迁移制度，全面形成城乡统一的建设用地市场，基本建成城乡普惠的金融服务体系，基本建立农村产权保护交易制度，农民持续增收体制机制更加完善，城乡发展差距和居民生活水平差距明显缩小，充分释放试验区的引领示范带动效应，形成一批可复制、可推广的典型经验和体制机制改革措施。与此同时，明确了 11 项试验任务，具体包括：建立城乡有序流动的人口迁移制度，建立进城落户农民依法自愿有偿转让退出农村权益制度，建立农村集体经营性建设用地入市制度，完善农村产权抵押担保权能，建立科技成果入乡转化机制，搭建城中村改造合作平台，搭建城乡产业协同发展平台，建立生态产品价值实现机制，建立城乡基础设施一体化发展体制机制，建立城乡基本公共服务均等化

① 《中华人民共和国乡村振兴促进法》，《农村经营管理》2021 年第 5 期。

发展体制机制和健全农民持续增收体制机制等。

本轮国家立足四大板块，共部署了11个国家城乡融合发展试验区，含东部地区（5个）、中部地区（2个）、西部地区（3个）、东北地区（1个）。具体包括：浙江嘉湖片区、福建福州东部片区、广东广清接合片区、江苏宁锡常接合片区、山东济青局部片区、河南许昌、江西鹰潭、四川成都西部片区、重庆西部片区、陕西西咸接合片区、吉林长吉接合片区。不同的试验区具有不同的试验范围和试验重点，具体见表2-1。

表2-1　国家城乡融合发展试验区试验范围及重点任务

四大板块	片区	试验区事项
东部地区（5个）	浙江嘉湖片区	试验范围：嘉兴市全域，湖州市全域。面积约10043平方千米。 试验重点：建立进城落户农民依法自愿有偿退出农村权益制度；建立农村集体经营性建设用地入市制度；搭建城乡产业协同发展平台；建立生态产品价值实现机制；建立城乡基本公共服务均等化发展体制机制
	福建福州东部片区	试验范围：福州市仓山区、长乐区、马尾区、福清市、闽侯县、连江县、罗源县、平潭综合实验区、霞浦县。面积约8935平方千米。 试验重点：建立城乡有序流动的人口迁移制度；搭建城中村改造合作平台；搭建城乡产业协同发展平台；建立生态产品价值实现机制；建立城乡基础设施一体化发展体制机制
	广东广清接合片区	试验范围：广州市增城区、花都区、从化区，清远市清城区、清新区、佛冈县、英德市连樟样板区。面积约9978平方千米。 试验重点：建立城乡有序流动的人口迁移制度；建立农村集体经营性建设用地入市制度；完善农村产权抵押担保权能；搭建城中村改造合作平台；搭建城乡产业协同发展平台
	江苏宁锡常接合片区	试验范围：南京市溧水区、高淳区，宜兴市，常州市金坛区、溧阳市。面积约6361平方千米。 试验重点：建立农村集体经营性建设用地入市制度；建立科技成果入乡转化机制；搭建城乡产业协同发展平台；建立生态产品价值实现机制；健全农民持续增收体制机制
	山东济青局部片区	试验范围：济南市历城区、长清区、市中区、章丘区、济南高新技术产业开发区，淄博市淄川区、博山区，青岛市即墨区、平度市、莱西市。面积约12846平方千米。 试验重点：建立进城落户农民依法自愿有偿退出农村权益制度；建立农村集体经营性建设用地入市制度；搭建城中村改造合作平台；搭建城乡产业协同发展平台；建立生态产品价值实现机制

续表

四大板块	片区	试验区事项
中部地区（2个）	河南许昌	试验范围：许昌市全域。面积约4979平方千米。 试验重点：建立农村集体经营性建设用地入市制度；完善农村产权抵押担保权能；建立科技成果入乡转化机制；搭建城乡产业协同发展平台；建立城乡基本公共服务均等化发展体制机制
	江西鹰潭	试验范围：鹰潭市全域。面积约3557平方千米。 试验重点：建立农村集体经营性建设用地入市制度；完善农村产权抵押担保权能；建立城乡基础设施一体化发展体制机制；建立城乡基本公共服务均等化发展体制机制；健全农民持续增收体制机制
西部地区（3个）	四川成都西部片区	试验范围：成都市温江区、郫都区、彭州市、都江堰市、崇州市、邛崃市、大邑县、浦江县。面积约7672平方千米。 试验重点：建立城乡有序流动的人口迁移制度；建立农村集体经营性建设用地入市制度；完善农村产权抵押担保权能；搭建城乡产业协同发展平台；建立生态产品价值实现机制
	重庆西部片区	试验范围：重庆市荣昌区、潼南区、大足区、合川区、铜梁区、永川区、璧山区、江津区、巴南区。面积约15323平方千米。 试验重点：建立城乡有序流动的人口迁移制度；建立进城落户农民依法自愿有偿退出农村权益制度；建立农村集体经营性建设用地入市制度；搭建城中村改造合作平台；搭建城乡产业协同发展平台
	陕西西咸接合片区	试验范围：西安市高陵区、阎良区、西咸新区、富平县，咸阳市兴平市、武功县、三原县、杨凌农业高新技术产业示范区。面积约4215平方千米。 试验重点：建立进城落户农民依法自愿有偿退出农村权益制度；建立农村集体经营性建设用地入市制度；建立科技成果入乡转化机制；搭建城乡产业协同发展平台；建立城乡基础设施一体化发展体制机制
东北地区（1个）	吉林长吉接合片区	试验范围：长春市九台区、双阳区、长春新区、净月高新技术产业开发区，吉林市中新食品区、船营区、昌邑区、丰满区、永吉县。面积约11081平方千米。 试验重点：建立进城落户农民依法自愿有偿退出农村权益制度；建立农村集体经营性建设用地入市制度；完善农村产权抵押担保权能；搭建城乡产业协同发展平台；健全农民持续增收体制机制

资料来源：《关于开展国家城乡融合发展试验区工作的通知》（发改规划〔2019〕1947号）。

2. 国家城乡融合发展试验区建设稳步推进

自2019年国家城乡融合发展试验区改革方案公布之后，11个列入国家城乡融合发展试验区的片区相继出台了各地实施方案，稳步推进城乡融合试验区各项任务。

浙江嘉兴市提出实施“1235”行动——锚定“1个目标”，促进城乡一体化高质量发展这一目标；实施“2大战略”，协调推进乡村振兴战略和新型城镇化战略；夯实“3个支撑”，强化全域土地综合整治、城乡要素有序自由流动、城乡产业转型升级三个支撑；培育“5个动力”，激活进城落户农民依法自愿有偿转让退出农村权益、农村集体经营性建设用地入市、城乡产业协同发展平台、生态产品价值实现、城乡基本公共服务均等化发展等五个重点领域体制机制改革动力。

福建省福州市通过健全城乡一体化发展机制，城乡居民收入比十年来缩小0.44，人均地区生产总值居全国省会第五。福州新区体制机制改革加快推进，福州进入东进南下、沿江向海的“六区时代”，中心城市能级进一步提升。党建引领乡村全面振兴，产业带动、美好家园、文明铸魂、网格治理、强基固本等“五大工程”加快实施，2021年福州实现全省乡村振兴考核“三连冠”。

广东广清结合片区纳入国家城乡融合发展试验区以来，增城区聚焦东部枢纽主战场，建设综合立体交通枢纽，坚持制造业立区谋划高质量发展，出台“百千万工程”实施方案打造城乡融合发展示范区。清远市积极稳妥地推进各项试验任务，研究确定了“1221”工作思路，即突出改革1条主线，抓住城乡要素自由流动和公共资源合理配置2个关键，建立以探索乡村振兴为主要内容的“连樟标准”和以探索城乡融合为主要内容的“广清一体标准”2类标准体系，建设1批推动城乡融合发展的示范项目。目前，广清接合片区清远（片区）10项试验任务、148个重点项目扎实推进。

江苏宁锡常接合片区加快探索“富庶之城”和“鱼米之乡”融合的江南实践。2022年，江苏省农村居民人均可支配收入达2.8万元，城乡居民收入比缩小至2.11∶1，是全国城乡收入差距最小的地区之一。溧水区出台以农村集体经营性建设用地入市管理办法为主导，以收益调节金征收、收益管理、使用权抵押贷款等规则为配套的“1+3”政策体系，保障了土地入市规范有序。在调查摸底和确权登记颁证的基础上，健全完善入市制度体系，形成就地入市、异地调整入市、宅基地集中整治入市等多种灵活入市模式，多元实现入市土地价值。高淳区以“绿色标尺”为引导，探索建立生态产品价值实现机制，发布了全国首个县区级生态系统生产总值（GEP）核算标准体系，成为唯一参与GEP核算国家标准制定的区县，被生态环境部正式命名为“绿水青山就是金山银山”实践创新基地。

山东青岛莱西市于2020年6月率先出台了《莱西市国家城乡融合发展试验区实施方案》和《莱西市国家城乡融合发展试验区攻坚作战方案》，为破解城乡要素流动障碍，推动城乡要素合理配置，激活土地要素流转，莱西建立了“1+12”经营体系，即在市级成立农业投资开发有限公司，在12个镇街成立分公司，推行“党组织+公司+合作社、村集体、农户”模式，引导农村土地经营权有序流转、农业适度规模经营，2019年新增土地流转面积2.5万亩，把农民带到市场经济的大潮中去，有力促进了村集体、农民“双增收”。

河南许昌着力推动建设国家城乡融合发展试验区，加快农业转移人口市民化。实行城镇零门槛落户政策，进城务工农民随迁子女与本地学生实行统一管理、统一编班、统一教学、统一安排活动。深入推进“人人持证、技能河南”建设，2022年开展农村劳动力技能培训6.1万人次，全市新增城镇就业12.9万人、新增农村劳动力转移就业9.1万人。[①] 扎实推进基础设施城乡一体，所有建制行政村全部实现通硬化路、通客车目标，乡镇二级以上公路连通比例达到96.1%。完善县、乡、村三级物流体系，梯次推进县域城乡供水一体化，建成覆盖城乡的生活垃圾收运处理体系。促进基本公共服务优质均等，形成“高中向县城集中、初中向县城或较大乡镇集中、小学向镇或规模较大行政村集中”办学模式。深化集团化办学，推广“强校+弱校”等办学模式，校际差距持续缩小。统筹推进市级“四所医院”、

① 《城乡融合的“许昌实践”——许昌城乡融合共同富裕现行试验区建设综述》，《许昌日报》2023年10月17日。

县级“三所医院”、乡镇卫生院和村卫生室建设，在中心城区形成15分钟“阅读圈”。

江西鹰潭市，举全市之力全面推进改革试验，制定了农村集体经营性建设用地入市管理办法、交易办法、监管办法、收益分配办法、异地入市管理办法等文件，建成“VR看景、一码管地、全域一体、覆盖乡镇”的全业务网上运行入市交易管理系统。依托农村产权流转交易平台、公共资源交易平台、不动产登记管理平台，建成“数字乡村+普惠金融”管理服务平台，助力整合乡村各类资源资产。全面建设紧密型县域医共体，统筹管理县、乡、村三级医疗机构的人财物，完成医生“乡聘村用”改革，让乡村居民就地就近便捷享有更好的医疗服务。

四川成都温江区打造了产权交易中心和收储公司等多层次产权交易平台和“农贷通”农村金融综合服务平台，探索形成了农村产权融资服务机制、农村产权价值评估机制、融资风险缓解机制、涉农抵贷资产处置机制，构建起“两平台四机制”的农村金融改革体系，形成了农村产权抵押融资“贷款申请—交易鉴证—价值认定—资产备案—资产处置”的金融服务闭环模式。温江区14家商业银行先后推出强村贷、专合贷、花木贷、应收账款、土地经营权直接抵押贷款、惠农E贷、领头贷等19个特色信贷产品，对各类新型农业经营主体提供信贷支持。把农民增收作为首要任务，构建起了惠农利益联结机制的“四大模式”——盘活存量的“资源入股”模式、做强优势产业的“产供销一体化”模式、突出项目带动的“辐射引领”模式、遵循人本逻辑的“产居共生”模式，依托惠农利益联结机制助农增收，形成了企业有发展、农民有赚头的局面。

重庆市扎实推进国家城乡融合发展试验区各项改革试验，围绕“人、地、钱”等要素，畅通阻碍城乡要素双向自由流动的“堵点”，在乡村形成人才、土地、资金汇聚的良性循环。在户籍制度改革领域，重庆全面放开落户限制，仅中心城区要求就业年限达到2~3年，对大中专毕业生、留学回国人员、具有初级以上专业技术职称人员不设就业年限门槛。在全市推进“互联网+”户政服务，川渝黔三省市户口迁移“跨省通办”逐步推进，城市落户“无条件”、办理落户“无梗阻”初步实现，农业转移人口市民化步伐加快。在农村土地制度改革领域，重庆探索多种形式放活土地经营权，稳步推进宅基地制度改革试点，深化集体经营性建设用地试点，扩面推进“三变”改革，全面推开“三社”融合。

陕西西咸新区推出包括加快培育城乡融合发展的创新动能、搭建城乡产业协同发展格局、建立科技成果入乡转化机制、打造城乡融合发展示范项目、推进城乡社会建设实现共治共享、提升城乡建设品质、大力推进城乡基础设施一体化、创新完善城乡融合发展体制机制等 8 个方面 28 条具体举措。围绕重点改革试验任务贡献了一批具有代表性、典型性及示范引领作用的改革创新案例，如科技特派员制度案例、泾河新城园艺示范园案例、茯茶镇案例、西安农链互联网科技有限公司案例、陕西供销协同创新中心案例、太平镇“一宅两房”模式案例等。

吉林长吉结合片区双阳区打造协同发展平台，推进鹿乡省级特色产业小镇、山河东北旅游名镇、太平乡村旅游强镇、齐家现代农业重镇等城镇群建设，引导神鹿峰旅游度假区、齐家绿色食品供应基地和鹿业、果蔬 2 个省级现代农业产业园辐射带动周边产业上下游联动发展，打造“一区多园”的经济开发区城乡产业协同发展先行区，有效地促进了城乡生产要素跨界流动和高效配置，全区市级以上农业产业化龙头企业、联合体发展到 61 家，农旅融合项目发展到 20 余个。多元化增加农民收入。统筹“双创”行动、“三乡工程”，引导社会资本与农民合作发展共享农庄、精品民宿、休闲采摘、农情体验等融合型新业态，培育家庭农场、农民合作社等新型农业经营主体，增加农民工资性、财产性、经营性收入。农村创业创新主体达到 3300 多家，观光采摘园 60 余个、乡村民宿 20 余家，三年中农村常住居民人均可支配收入年均增长 6.9%。系统化推进基层治理。依托“1+3+X”基层治理模式系统推进“1331”治理体系建设，全域推行德治积分制管理，获评第三批全国乡村治理典型县区。

3. 国家城乡融合发展试验区实践探索经验借鉴

从 2020 年开始至今，浙江嘉湖片区、福建福州东部片区、广东广清接合片区、江苏宁锡常接合片区、山东济青局部片区、河南许昌、江西鹰潭、四川成都西部片区、重庆西部片区、陕西西咸接合片区、吉林长吉接合片区等 11 个国家城乡融合发展试验区根据国家城乡融合发展试验区改革方案的总体要求、试验任务，结合自身的试验区具体事项，对标开展了一系列卓有成效的实践，形成了一系列改革经验，为全国其他地区开展改革探索提供了有益借鉴。归纳起来，主要有以下几个方面的经验探索值得借鉴。

一是坚持以习近平新时代中国特色社会主义思想为指导，深入贯彻落实党中央、国务院决策部署，把试点引路作为重要改革方法，推动国家城乡融合发展试验区坚持城乡融合发展正确方向，坚持农业农村优先发展，以缩小城乡发展差距和居民生活水平差距为目标，以协调推进乡村振兴战略和新型城镇化战略为抓手，以促进城乡生产要素双向自由流动和公共资源合理配置为关键，突出以工促农、以城带乡，破除制度弊端、补齐政策短板，率先建立起城乡融合发展的体制机制和政策体系，为全国提供可复制、可推广的典型经验。

二是坚持将畅通城乡生产要素双向自由流动作为城乡融合的关键动能。以实现城乡要素自由双向高质量流动作为破解城乡发展不平衡、乡村发展不充分的内生动力，进而促进城乡人口有序流动，城乡建设用地市场统一，城乡金融服务体系普惠，农民持续增收，通过促进城乡生产要素双向自由流动和公共资源合理配置，加快形成工农互促、城乡互补、全面融合、共同繁荣的新型工农城乡关系，最终实现城乡发展差距和居民生活水平差距明显缩小的目标。

三是坚持将协同城乡产业发展作为城乡融合发展的重要支撑。顺应城乡居民消费扩容提质的趋势，深入发掘生态涵养、休闲观光、文化体验、健康养老等新区农业农村新功能新价值，加快推进农业农村与旅游、文化、教育、健康养老等产业深度融合，打造消费新热点。围绕构建以现代农业为基础、新产业新业态为补充的多元化乡村经济体系，建立适应城乡融合需求的新产业新业态，通过探索农产品个性化定制服务，拓展农业多元化功能，全面提升农业附加值。

四是坚持将推进城乡基础设施一体化作为促进城乡空间融合的重要抓手。通过统筹规划道路、供水、供电、供气、信息化基础设施、广播电视、防洪、垃圾污水、消防等各项设施，实现城乡公共服务设施和基础设施均等化和全覆盖。统筹规划重要市政公用设施，推动向新区偏远乡村和街镇延伸。构建形成城乡基础设施统一规划、统一建设、统一管护体制机制，在实现城乡地理空间物理融合的同时，一体化提升城乡生产、生活、生态品质。

五是坚持将建立城乡基本公共服务均等化发展作为增强城乡居民获得感、幸福感和安全感的根本保障。按照共建共享城乡优质公共服务的要求，全面推进城乡教育、医疗卫生、公共文化、社会保障、乡村治理等各项公共服务体制机制创新、全域覆盖。重点促进城乡教育一体化发展、健全城乡医疗卫生服务体系、完善城乡统一的社会保险制度、统筹城乡社会救助体系、健全城乡养老服务体系，推动基本公共服务全覆盖、不断增强城乡治理能力，构建城乡社会生活、社会保障无落差融合发展局面，不断提升城乡居民的获得感、幸福感和安全感。

六是坚持将创新和完善城乡融合发展的体制机制作为推进城乡融合的内生动力。深入贯彻落实《中共中央　国务院关于建立健全城乡融合发展体制机制和政策体系的意见》，通过坚决破除体制机制弊端，促进城乡要素自由流动、平等交换和公共资源合理配置，着力破除户籍、土地、资本、公共服务等方面的体制机制弊端，为城乡融合发展提供全方位制度供给，通过一系列体制机制创新和改革推动，从政策、制度和规则层面释放城乡融合发展的内生动力，并通过充分发挥地方积极性，形成符合实际、各具特色的改革路径和城乡融合发展模式。

第三章　中国城乡关系的演进逻辑与价值史观判断

第一节　中国城乡关系的演进脉络梳理

城市是以非农人口和非农产业聚集为主要特征的人类活动空间，乡村（rural）则是与城市（urban）相对而言的，包括村庄和集镇等各种规模不同的居民点。城乡关系是城乡地域关系、城乡社会关系、城乡经济关系、城乡文化关系、城乡政治关系的总和。在我国漫长而悠久的历史长河中，城与乡的关系随着生产力、生产关系、人口流动、技术进步、国际关系等各方面因素的变化而发生了深刻、复杂的改变。系统梳理我国城乡关系演进的脉络，将为理解我国城乡关系的演进逻辑提供现实依据。从历史发展的总体视角看，我国城乡关系演进按照时间脉络，大致可以划分为三大阶段，每一个大阶段又可以分化为几个对应的小阶段。

一　中国古代城乡关系溯源

1. 原始聚落时期

早在距今三百万年至一万年的原始聚落时期，亦即旧石器时代，人们便懂得选址在地势高、临水源的石洞中居住生息，天然的石洞为人类群居提供了良好的自然条件。而至距今一万年到五千多年的新石器时代，得益于人们对石斧等工具的创造和运用，人类的农业、冶铸技术、制陶、纺织业水平大大提高，生产力也大幅提升，城市的雏形开始显现。在我国，仰韶文化（母系）（距今7000~5000年）渭水流域的半坡遗址，显示了当时的居民点已呈现居住区、仓储区和墓葬区的功能分区；而浙江余姚河姆渡遗址（距今7000~5000年）考古发掘的榫卯结构揭示了古人对建筑材料和技术的掌握进入新时代；而城头山遗址（距今约6000年），从规模、功能和工程规划布局施工看，可谓“城市”的雏形，先后出土有古城遗址、氏族墓葬、大型祭坛、灌溉设施完备的水稻田等众多珍贵文物和遗迹，堪称城乡融合发展的典范；而至龙山文化（父系）（距今5000~4000年），则开始出现具有防御功能的墙，即在聚落外围区域修筑土城墙，“城”的功能与形态日渐成熟。综观原始聚落时期的城乡发展历程，可以看出随着生产力水平的不断提高，人类聚居点开始出现，生产方式、生活方式开始由游猎转向定居，供人们居住和生活的建筑物开始成型，后期出于防御、私有化的需要，城墙开始出现，城与乡的概念正式在人类社会中产生并形成鲜明的表观对照。

2. 夏商时期

夏商时期城市数量多、规模大，城市种类丰富，可分为都城、方国都邑、一般城市，出现了夏邑、西河、阳翟、阳城、斟鄩、老丘、平阳、帝丘、商丘、纶城等一批都城。这一时期，还出现了二里头、殷墟这样的没有大型城垣的大城市，与此同时，商业经济开始在城市孕育。商朝建立时都城在亳，而后由于河患和战乱，频繁迁都，至盘庚迁殷后，国都才稳定下来。商朝的都城有：亳、嚣、相、耿、庇、奄、殷。其中，殷墟是中国历史上第一个文献可考的都城遗址。①

3. 周朝时期

西周是我国奴隶制社会发展的重要时代，形成了完整的社会等级制度和宗教法礼关系，其城市布局模式也有相应的严格规定。②《周礼·考工记》记载，“匠人营国，方九里，旁三门，国中九经九纬，经涂九轨。左祖右

① 史金波：《中国少数民族地区城市文化遗产刍议》，《河北学刊》2021年第5期。

② 李凯歌、刘宁彬：《周代王城制度持久的根源探析》，《商情（教育经济研究）》2008年第6期。

社，面朝后市，市朝一夫……”[①] 西周王城的形制体现了皇权至上的理念。而东周的春秋时代和战国时代是从奴隶制向封建制的过渡时代，受“诸子百家”社会变革思想的影响，城市规划和营建步入多元化的时代，既有儒家思想，又有以管子为代表的变革思想，强调“因天材、就地利，故城郭不必中规矩，道路不必中准绳”，体现了自然至上的城乡地理融合理念，该理念也融入了古代哲学思想。

4. 秦汉时期

秦统一中国后，发展了“象天法地”的城市规划理念，布局呈现灵活的特点。秦代城市也出现了城市交通系统，以复道、甬道为代表。交通效率的提升为城市功能和效益的改观奠定了基础，具有开创性的意义。而汉代长安城将宫殿、闾里、市肆、园林等集中布局在都城之内，城市布局并不规则，没有贯穿全城的中轴线，宫殿区与居民区交互穿插，形成了多功能的整体布局形态。该时期城乡功能已呈现明显区分，城市的政治性、社会性、文化性日益强化。

5. 三国、两晋、南北朝时期

魏王曹操对邺城的规划建设，采取了城市功能分区的布局方法，邺城分区明确、交通顺畅，集成了战国时期以宫城为中心的规划思想。而吴国国都金陵，以石头山、长江为天险和界限，依玄武湖为防御，其“形胜”是对周礼制城市空间规划思想的发展，体现了城市与自然结合的精髓。两晋时期，洛阳、长安、建康成为都城，此时庄园经济发展起来，手工业和商业兴盛。南北朝时期，由于佛教和道教的空前发展，城市布局中出现大量的寺庙和道观，城市的文化与信仰功能日渐显现，城市人工环境和自然环境趋于整体和谐。

6. 隋唐、五代十国时期

隋唐安城采用了“官民不相参”和便于管制的指导思想，总体布局继承和发展了中国都城建设传统，采用更为严整的中轴对称格局，皇城宫城偏

① 杨宏烈：《城市规划问答实录》，机械工业出版社，2008。

北居中，东、南、西三面为居住的里坊，城内东西设置两“市肆”作为商业交易中心，城市人口达百万之多。后周开封，分为中心的大内皇城，二重里城和最外围的罗城。当时商业、手工业发展迅速，市民居住区也演变为坊巷，生活方式也趋于多样化，反映了封建社会中城市经济的进一步发展。这一时期，城乡经济联系日益密切，城乡交往日益频繁。①

7. 宋元明清时期

随着商品经济的不断发展，从宋代开始，中国城市延续了上千年的里坊制逐渐废除，取而代之的是北宋开封城的街坊制。元大都则是中国历史上一个全部按城市规划修建的都城，强调中轴对称，显示了“左祖右社”“前朝后市”的典型格局，进一步体现并发展了《周礼·考工记》的规划布局思想。② 明清时期我国城市的手工业商业进一步取得了发展，出现了丝绸、陶瓷等作坊，商业设施和交通设施也相应呈规模化发展，发展出了如汉口、重庆、扬州等交通重镇，以及景德镇、自贡等矿业、手工业型城镇。这一时期，市镇数量越来越多，相对应的村的数量越来越少，随之而来的则是乡村人口向市镇流动的“城市化”过程已经开始显现。与此同时，城乡之间形成了乡村原材料生产供给和城市手工业加工、销售、流通、运输等密切的经济联系。

在中华民族漫长的历史长河中，历经夏、商、周、秦、汉、隋、唐、宋、元、明、清等朝代，共建设过近百个国都以及众多城市。“城”和“市”的出现表明了城市发展脉络由军事功能向经济功能的不断丰富，“城”是指有防卫围墙的地方，具有防守的军事据点，而“市”，则指商品交换的地方，后来随着经济社会的发展，“城”与“市”逐渐融合为一个整体。透过中国古代城市的出现、发展和集聚的历史，我们可以通过以下特点理解古代中国城乡关系：首先，古代的城乡关系是不同功能的区分。最初出现的“城”“郭”，用于军事防御作用，后来演化的“市”“井”，成为人口集聚

① 任致远：《解析城市与城市科学》，中国电力出版社，2008。
② 邹德慈：《城市规划导论》，中国建筑工业出版社，2002。

和商品交易的地方，具有经济社会功能。其次，古代的城乡关系是不同阶级地位的区分。城市是王公贵族、达官贵人、商贾巨富生活的地方，而乡村则是广大农民、牧民生存的地方，是统治与被统治的关系。最后，古代的城乡关系是不同生产方式的区分，城市的出现伴随着人类三次社会大分工：第一次是原始社会末期，畜牧业从农业分离，生产效率的提升促进了商品交换。第二次是手工业与农业分离，成为独立的生产部门，私有制进一步强化。第三次是出现了不从事生产而专门经营商品买卖的商人。城市为生产、加工、经营、交易、运输等不同生产方式提供了载体和资源。与此同时，古代的城乡关系是不同文化信仰的区分，自我国古代城市诞生之后，孕育在广袤农村的农耕文明，与包括城市规划建设、城市社会阶层、城市宗教文化等在内的城市文明形成了鲜明的对比，自城市出现以来，科学技术人文发展的速度随着信息交换的效率提升得以飞跃，文化交流、文明互鉴也由此开启了一个全新的时代。

二　中国近代城乡关系考察

自1840年鸦片战争以来至新中国成立，中国处于半殖民地半封建社会，随着开埠运动的开启，中国与西方贸易往来关系日渐加深。一方面，中国的许多城市也由此不断形成。1842年，第一次鸦片战争失败后，中国历史上第一个不平等条约《中英南京条约》签署，开通了广州、厦门、福州、宁波、上海等五个通商港口。至1860年，第二次鸦片战争失败后，又开放了牛庄、登州、台南、淡水、潮州、琼州、汉口、九江、南京、镇江等十个城市为通商口岸。与此同时，随着19世纪后期的洋务运动，工业文明开始进入中国，开矿建厂、修路建港与通商开埠共同促进了中国近代城市的发展。如江西安源、河北唐山由于煤矿开采、铁路通车，成了矿务重镇。又如石家庄，则由于京汉、正太两条铁路干线与此交会，工商业日益发达，逐步成为中转市场和枢纽城市。再如山东青岛、威海、烟台开埠后，迅速崛起为港口贸易城市。另一方面，在城市崛起的背景下，中国乡村也开始步入被动牵引和融入发展阶段。据统计，鸦片战争之前，由乡村生产的粮食、棉布、盐、茶叶等农副产品成为中国市场上的主要流通商品，乡村向城市提供上述产品，而随着开埠运动的兴起，城市人口消费增长，带动城市周边农村改变农业生产结构，转为种植和生产以供给城市消费市场为目的的蔬菜、水果、畜禽、渔业产品，如上海、汉口、重庆等。此外，随着国内外进出口贸易的发展，农业和手工业开始呈现商品化、流通化和网络化发展，全国农村中小集镇，开始担负起“进口—集散—零售—收购—集中—出口”等各个环节的功能和角色，农村经济深度嵌入城市经济当中。总的来看，在西方资本主义入侵下，打破了中国相对封闭的城乡自然经济形态，传统的城乡社会经济结构逐步分解，城乡关系由松散转为相互关联、相互依赖和相互影响，这一时期中国城乡关系表现为同一性和独立性并存的特点。

1. 城乡同一性

城乡之间的依存性、互补性和流动性不断加强。伴随沿海城市开埠的兴起和城市工商业的发展，城市对农村的物质依赖和商品往来更加频繁。一方面，受外来资本的入侵和实业救国思潮的影响，中国的城市贸易嵌入国际贸易市场体系，城市成为内外商品流通、交易和消费的中心，在城市的辐射带动下，周边农村亦被逐步纳入城市市场和国际贸易体系当中，开始大量生产与市场需求相应的农副产品和手工业品。另一方面，广大农村地区作为城市经济原材料的重要供应地，如棉花、烟草、小麦的生产，为纺织、卷烟、面粉行业持续提供原料，一部分农村还成了城市商品的初级加工场所，促进了城市轻工业快速发展。城乡之间都因生产彼此需要的产品而获得利益与发展，城乡之间的互补性持续提高。与此同时，在近代城市工业和国际贸易的发展过程中，对廉价劳动力的市场需求也持续扩大，大量农民开始脱离农村进入城市，[①] 人口由乡村进入城市的流动成为趋势。如洋务运动时期，全国各地的商埠、码头、工厂、私营企业吸纳了大量的农村闲散劳动力。因此，中国近现代时期，城乡之间这种原料、商品和人口的依存性、互补性和流动

① 吴莹：《新中国成立七十年来的城镇化与城乡关系：历程、变迁与反思》，《社会学评论》2019 年第 6 期。

性得以不断加强。

2. 城乡对立性

城乡之间的剥削性、差距性和分工性日益拉大。近代中国开埠通商后，一方面，帝国主义列强从中国的通商城市到广袤的农村腹地，构建了一个买办和商业高利贷的剥削体系，通过抬高工业产品价格、压低农产品收购价格，即利用工农业产品“剪刀差”的方式剥夺广大中国农民的劳动成果和商品价值，这种残酷的剥夺与被剥夺压榨着中国农村的农民和资源。另一方面，由于通商城市的快速发展形成了一种畸形的繁荣，城市的物质设施、交通设施也不断改善改观，相比之下，被严重剥削的农村地区日渐衰败和凋敝，因此，近代中国城乡之间在基础设施、技术水平、社会服务、住房条件、教育卫生、生活质量、精神文化方面的差距日渐拉大。乡村农业技术与城市工业技术相差悬殊，乡村农业经营投资大、周期长、回报风险高，且农村缺乏资金和技术更新，发展长期停滞不前，生产力水平与城市的差距越来越大。与此同时，城乡之间的社会分工也呈进一步扩大和深化之势。由于资本和技术高度集中于开埠通商的城市，形成了更高的生产力，过去传统的农村家庭手工业被城市工业所代替，乡村自然经济逐渐瓦解，如洋纱替代土纱、手工磨面被机器磨面代替、家庭手工纺织被机器纺织代替，城市工业（轻工业商品）、农村农业（初级原材料）的社会分工进一步固化。

三　中国当代城乡关系梳理

新中国成立以来至今 70 余年，我国城乡关系在曲折中变化和发展，主要经历了三个较大的发展阶段，分别是城乡二元固化阶段、城乡统筹互动阶段和城乡融合发展阶段。三个阶段中城乡关系的变化与发展，也体现了党和国家随着国情国力的改善，统筹协调部署城乡发展战略，最终促进城乡融合发展的国家意志。[①]

① 禹怀亮、王梅梅、杨晓娟：《由统筹到融合：中国城乡融合发展政策流变与规划响应》，《规划师》2021 年第 5 期。

1. 城乡二元固化阶段（1949年新中国成立之初到1978年改革开放之前）

新中国成立之初，我国面临着工业化、城市化建设资金来源问题，当时国家推行"以重工业为中心"的倾斜发展战略，由于国民经济基础十分薄弱，建设资金来源主要依靠农业剩余。在此背景下，国家出台了统购统销、人民公社和户籍制度三大政策，用以支撑农业农村经济运行，以此推动农业支持工业、农村支持城市发展，城乡二元经济体制正式建立形成。特别是通过设置农业与非农业户口的方式，极大地限制了城乡人口自由流动，城市与农村在两种户口管理体制下，形成了城乡两种不同的商品粮供应、就业、教育、医疗、福利等相关制度，形成了城乡二元经济体制和城乡二元社会体制并存的局面，并不断强化、固化了这种格局。

2. 城乡统筹互动阶段（1978年改革开放至2012年党的十八大前）

第一阶段：1978~2000 年。1978 年改革开放的大幕开启，家庭联产承包责任制、放开粮食市场、提高农产品收购价格等一系列市场经济的方式极大地解放了农业生产力，农民收入快速提高，城乡收入差距不断缩小。随后，农业改革进入农产品价格和流通环节，实行农产品市场收购。随着家庭联产承包制改革的推进和农产品市场价格的全面放开，自 20 世纪 90 年代开始，中央和地方政府出台了相应促进劳动力流动的政策措施,[①] 农村劳动力开始向城市流动，"农民工"成为城市建设和发展的主力军，城乡要素流动开始加快。第二阶段：2000~2012 年。进入 21 世纪，中国国情国力有了较大改观，国家初步具备工业反哺农业、城市支持农村的经济实力,[②] 中央开始对城乡关系作出重大调整。从 2000 年开始逐步推行了农村税费改革至 2005 年废止农业税。2004 年至今，中央连续出台 21 个中央一号文件，高度重视和着力解决农业农村农民发展问题，城乡关系由二元、分化向协调、统筹发展。2002 年，党的十六大明确提出"统筹城乡经济社会发展"，首次以统筹城乡为手段缓解城乡矛盾对立。2003 年，党的十六届三中全会提出

---

① 张海鹏：《中国城乡关系演变 70 年：从分割到融合》，《中国农村经济》2019 年第 3 期。

② 刘俊杰：《我国城乡关系演变的历史脉络：从分割走向融合》，《华中农业大学学报》（社会科学版）2020 年第 1 期。

“五个统筹”并将统筹城乡发展作为五个统筹之首。[①] 2005年，党的十六届五中全会确定“建设社会主义新农村”的重大历史任务。[②] 2007年，党的十七大提出必须建立“以工促农、以城带乡”长效机制，形成城乡经济社会发展一体化新格局。[③]

3. 城乡融合发展阶段（2012年党的十八大至今）

党的十八大召开后，中央始终把解决好农业农村农民问题作为全党工作重中之重，[④] 把城乡发展一体化作为解决“三农”问题的根本途径，[⑤] 统筹推进工业化、信息化、城镇化、农业现代化同步发展。2013年，党的十八届三中全会指出：“城乡二元结构是制约城乡发展一体化的主要障碍。必须健全体制机制，形成以工促农、以城带乡、工农互惠、城乡一体的新型工农城乡关系，让广大农民平等参与现代化进程、共同分享现代化成果。”这是中央首次明确提出新型城乡关系的概念，并且将“城乡一体”作为新型城乡关系的最终目标。2017年，党的十九大明确提出“建立健全城乡融合发展的体制机制和政策体系”，并首次提出实施“乡村振兴战略”[⑥]，标志着我国全面进入城乡融合发展阶段。2021年，国家“十四五”规划和2035年远景目标纲要首次提出“实施乡村建设行动”，建设美丽宜居乡村。2022年，党的二十大明确提出：“坚持城乡融合发展，畅通城乡要素流动，全面推进乡村振兴。”[⑦] 2023年，中央一号文件指出，要举全党全社会之力全面推进乡村振兴，加快农业农村现代化。

回顾新中国成立以来70余年我国城乡关系走过的历程，从城乡对立到城乡

---

① 刘晓明：《我国中部地区城乡融合的比较分析与策略选择》，《生产力研究》2020年第4期。

② 谢双明：《构建社会主义和谐社会建设新农村》，《社科纵横》2016年第7期。

③ 贾秀飞：《重塑多维空间正义：中国城乡关系的演进实践与未来延展》，《中国地质大学学报》（社会科学版）2021年第4期。

④ 吴忠权：《“三农”发展困境与城乡二元体制破解论析》，《理论界》2022年第7期。

⑤ 陈锡文：《推动城乡发展一体化》，《中国合作经济》2012年第12期。

⑥ 张廷银：《优先发展农业农村，全面推进乡村振兴》，《黄河科技学院学报》2021年第10期。

⑦ 钟洋、李嘉奇、孙铭悦等：《城乡融合区乡村地域系统的空间结构识别与优化路径分析——以湖南省长沙县为例》，《自然资源学报》2023年第8期。

流动，再到城乡统筹，最后到城乡融合发展，说明党和国家一直高度关注城乡发展的命脉，一直高度关切农业农村农民的生存与发展利益，并以持续加大对农业农村的投入来缓解城乡矛盾、改善城乡关系。一方面，政府通过减轻农民生产负担、促进农民增产增收来提高农业的比较优势和生产积极性；另一方面，政府提高财政支出与投入的方向与重点，大力改善城乡基础设施、公共服务水平，促进两者均衡化发展、普惠化共享。由于我国城乡关系的特殊性在于建立在国土地域宽广、人口数量众多、区域发展不平衡、综合国力贫弱的基础上，多年的发展历史和实践经验表明，只有协调处理好城乡关系、维护好最广大人民的根本利益，才能更好地推动国家的全面整体进步和民族的伟大复兴。

第二节　中国城乡关系的演进机理分析

城乡关系，是社会生产力发展和社会大分工的产物。社会生产力的发展取决于人类掌握改造自然界的能力和水平的提升，社会大分工则诞生于基于不同人群的在不同劳动下的比较收益回报率，效率的提升、利益的驱使、阶级的分异、技术的进步、价值的剥削都在不同的时期以不同的作用和方式推动着城乡关系的演进。在我国，不同历史阶段下的城乡关系，在其演进过程中具有不同的特点和内在逻辑，随着生产力和生产水平的提高，城市功能的日益壮大，伴随乡村人口向城市流动的加快，城乡关系开始发生系统而深刻的转变，通过对我国城乡关系演进机理的分析和认识，将有助于理解我国城乡关系演进的现实机理和历史逻辑。

一　中国古代城乡关系的形成机理

1. 原始社会时期

人类由散群生存方式逐步进入穴居或巢居方式，由于生产力水平低下，氏族成员共同劳动和生活，聚居在一定的场所，并无城乡之分。伴随生产力的发展，开始出现劳动剩余财产和私有制，私有制的产生一方面导致了部落成员之间的矛盾和分化，另一方面催生了各部落、民族之间的掠夺与防卫，于是部落之间开始修筑设防城堡和邑落，这便是原始形态的城市。中华始祖黄帝通过战争打败九黎部落和炎帝部落定居中原，其后裔尧、舜、禹在部落战争中生存下来并出于战争防卫的需要修筑城邑，直至中国历史上第一个王朝——夏朝的建立，由此诞生了最初形态的国家。国家的出现进一步强化了统治集权与阶级分化，出于政治和军事的需要，人口与财富集中的城市开始正式步入人类社会，而此时的乡村仍然处于隔绝和分散①的状态，综观这一历史时期的城乡关系，表现为城市与乡村开始出现分化，其形成机理可以概括为：人类开始聚居、形成氏族部落、修筑城郭防御、形成国家统治、导致城乡分离。城乡分离关系形成的逻辑在于：在人类由散居走向定居、由部落走向聚落、由城郭走向国家的过程中，随着生产力水平的提升，物质与财富加快积累，剩余价值导致私有制的产生，催生了氏族部落系统防御和扩大统治的内在需要，因此形成了城堡、城市乃至国家，天然催生了城市与乡村不同地域功能区，从而自然产生了城市与乡村的分离。

2. 商周时期

伴随国家的建立和巩固，都邑开始兴起，城乡关系步入城乡分离的起步时期。据考古发现，商代安阳殷墟作为国都，拥有较大规模的手工业作坊和相对固定的集市，但商代都邑基本仍以农业生产活动为主，手工业与农业的分离并不明显，都邑的军事功能是最为重要的城市功能。由于地域范围的扩大和大量封国的出现，商代之后的周代都邑大范围兴起，此时都邑的城市色彩更为浓郁，人口的性质也出现了较大变化，军事人员大量驻扎的同时，由于周代的工商业不断发展，非农活动人口数量开始增多。此时，城市人口主要是权贵统治者和不从事农业生产的人口，农村人口主要从事农业生产，并处于社会下层，具有阶级的对立性质，城乡关系进一步分裂。春秋战国时期，城市工商业得到长足发展，独立的市民阶层开始出现，与此同时，大批依附贵族的农民在战乱中逃往乡野成为小自耕农，一些国家授予他们土地形成新兴地主阶级。这期间，秦国开始实施郡县制，直至秦王统一中国并严格

① 《马克思恩格斯选集》（第1卷），人民出版社，2012，第184页。

实行户籍制度，人为地将人口严格限制在城市和乡村，城市以非农人口为主，乡村则居住农业人口，自此，城市与乡村在地域上相隔离、在社会分工上相区别，而且在阶级利益上相对立，城市与乡村分离并对立的格局由此定型。综观这一历史时期的城乡关系，表现为逐渐明显的分离与对立。其形成机理可以概括为：军事功能日益强化的城市催生出城市基本的工商业功能，城乡分裂日益加速，战乱加剧了地主和农民阶层的矛盾，户籍制度的推行使城市与农村的人口流动受到极大限制，城市工商业的发展与农村农业生产的社会分工进一步扩大，城乡阶级对立矛盾形成。城乡对立关系形成的逻辑在于：国家作为统治集团的出现，强化了政治和军事功能，在以国都、都邑和郡县为代表的城市日渐增多，随着城市工商业日益发展，形成了与农业生产截然不同的非农业人口，“士农工商”的阶级分化加剧了城乡关系的对立。

3. 汉唐时期

统治阶级实行“重农抑商”，绝大多数城市都邑，尤其是县城并不是经济发展的直接产物，而是为加强对乡村统治所设置和建立起来的，更大意义在于对广大乡村地区实行政治和军事的管理。且在经济管理与产业布局中，城乡都遵从政府重农抑商的管理理念，城内虽有从事手工业、商业的民众，但商业活动被限制在市坊之内，而乡村地域中，农民是绝对优势数量的劳动群体，从事耕种、纺织等农业经营。这期间，城市的存在是以君主为核心的强大的国家权力的载体，由于权力高度集中并通过都城层层掌控至郡县城市，自上而下传递到底层的乡村社会，为乡村社会的稳定和存续贡献了积极的作用。回顾这一历史时期的城乡关系，表现为剥削与被剥削、统治与被统治的经济和社会关系。其机理可以概括为：重农抑商的理念强制更多的国民人口从事农业生产，并将其限制在乡村，使乡村成为专制统治阶级强有力的经济基础，与此同时，抑制甚至打击城市商业发展，以此来弱化城市的经济功能，在此双重作用下城市的统治功能得到充分强化。城乡对立关系加剧的逻辑在于：国家出于安全与发展的需要，统治阶级出于既得利益的需要，出于维持不断增加的城市运转的需要，必须以统治和剥削的方式转移农村经济价值，然而这种剥削与被剥削、统治与被统治的关系必然导致城乡阶级矛盾的加深和城乡对立关系的加剧。

4. 宋元明清时期

由于城市经济和农村商品经济的发展，城市的经济职能得到进一步加强，这一时期不少以前以政治职能为主的城市逐渐演化成为以政治和经济职能并重的城市。《清明上河图》充分说明了当时城市经济的发达和市井文化的繁盛。由于宋代草市的兴起强化了城市商业功能，宋代城市市郊已开始出现批发商业发达的沿交通干线的草市，还有为城市提供农副产品的种植基地，具有城乡结合、交错发展的形态与功能特点。城市商业的繁荣相应地带动了农村商品经济的大发展，城市消费也为农副产品开辟了广阔的市场空间。到元明清时期，随着集镇数量越来越多，村落的数量相对减少，乡村人口开始向市镇涌动，呈现一定程度上的“城市化”趋势。这一时期还有一个显著现象是，城市与其周围地区以经济作物地区专业化生产为纽带，促进了农村自给性农业、自给性家庭手工业与商业性手工业的结合，形成了城乡结合型经济联系，由此形成的城乡市场网络涵盖流通枢纽城市、中等商业城镇和农村集市三大层级，遍布全国各州县的农村集市，与小农形成了密切的经济关系，城乡市场经济开始步入历史舞台。考察这一历史时期的城乡关系，表现为日益加强、频繁密切的城乡经济与人文关系。其机理可以概括为：农村商品经济嵌入了城市经济体系，城乡经济联系密切，城乡之间无论是商品、货物、市场的往来，还是人员、文化、制度之间的联系都空前繁盛起来，城乡联动关系逐渐形成。城乡联动关系形成的机理可以概括为：随着唐宋以来农业生产力、商品经济的不断发展，伴随人口持续增长、商品货物交易频繁的背景，得益于草市和市镇的勃兴，一方面城市的需求有效促进了农村经济持续发展，另一方面农村经济有力地支撑了城市工商业的发展，在经济利益的驱动下，城乡关系步入一体统一发展时期。

二　中国近代城乡关系的演化机理

1. 鸦片战争之后

西方资本主义开始入侵中国，开埠通商重塑了中国近代城乡关系，从

1843 年五口通商开始直至 1912 年中华民国建立，中国先后被迫对外开放了 40 多个口岸，东部沿海地区开放口岸达 22 个，长江流域开放口岸为 12 个。开埠通商开启了中国商业化的历史，使中国原本稳定的农业经济体系瞬间遭到商业经济的冲击，由此，农业逐渐成为商业的附属产业，乡村经济开始高度依附于城市经济。与此同时，开埠通商还促使中国人口特别是农村人口向各大通商口岸城市流动和转移，中国近代城市化进程由此拉开。由于通商贸易的发展，一方面，口岸城市繁荣发达，与落后贫穷的广大乡村形成了强烈的反差和对比，城乡两极分化严重，农民为改善生活向城市转移的欲望日益强烈。另一方面，由于通商开埠，城市商品需求和出口贸易不断发展，增加了对农产品的市场需求，许多农民开始选择相较粮食生产投入产出效益更好的经济作物和园艺作物种植生产，包括畜禽养殖、编织等产业，一些农村地区农业开始呈现专业化、商品化和区域化的特点。随着农业专业化和生产力的提升，农村劳动剩余产品和剩余劳动力开始出现，晚清时期，长江下游、广东、浙江、福建等农业专业化、商品化程度较高的地区，农村人口向城市转移的趋势和数量不断扩大，同时城市的商品也开始销售到乡村中去。回顾这一历史时期的城乡关系，表现为供给与被供给、吸附与被吸附的关系。其机理可以概括为：开埠通商、出口贸易和城市消费的发展，动摇了“以农为本”“重农轻商”的传统观念，人们开始“重商重利”，农村的文化和思想也开始与传统出现分化，大量的城市商品交易对原材料的需要催生了农村专业化、商品生产方式，现实的资本逐利冲动驱使了农村人口向城市有意识地转移，伴随商品经济的不断发展和城乡分工的不断扩大，城乡关系以商品经济为纽带，步入城市大量吸收乡村资源和要素、深度盘剥乡村剩余价值的发展时期。

2. 晚清至民国时期

由“洋务运动”引发的中国近代工业进程，在城乡交通、商贸、产业、文化等方面都产生了较大影响。由于城镇开始出现大量的工厂，城市机械工业的发展对中国传统的农村手工作坊产生了巨大的影响，与此同时，工厂所需的大批劳动力从农村来到市镇。由于生产效率的不对等和市场进口商品的冲击，江南一带农村地区之前的自给自足的小农经济遭受重创，以丝、棉出口的传统城市经济也严重衰退。民国时期，铁路和公路修建增多，使农村的活动半径进一步扩大，城市与农村的经济社会交往日渐密切。但由于这一时期国内城乡总体上过分依赖国外市场，致使城市和乡村发展的整体实力不足，城乡关系表面上联系加强，实质是建立在外来资本、外部市场剥削之上的非内生发展的城乡关系。民国至新中国成立之前，这一段时期近40年政权更迭、战乱不断，经历了军阀混战、国内革命战争、中国抗日战争、解放战争等不同时期的摧残，包括1928~1930年的陕西大旱灾、1931年湘鄂六省的大洪灾、1936年苏浙皖的大旱灾等自然灾害的侵袭，城乡发展都受到严重打击，致使这一历史时期的城乡收入水平、城乡生活水平、城乡生产方式都形成了巨大的差异。回顾这一历史时期的城乡关系，表现为商品经济联系加强、人员流动加强、社会分工加强、文化交流加强。其机理可以概括为：中国近代工业化和城市化进程加速，促进了乡村小农经济的瓦解并朝城市商品原材料生产供应转型，覆盖城乡的大中城市和通商口岸、市镇和集镇、广大农村三级市场开始形成，随着城市贸易的不断发展，交通运输、金融、通信、市政等行业领域新兴部门开始出现，中国农村人口开始规模化流向城市，导致城乡差距不断扩大的同时城乡联系也进一步深化与加强。

三　中国当代城乡关系的发展机理

1. 从1949年新中国成立之初到1978年改革开放之前

这一阶段由于国家百废待兴，在工业化、城市化的进程中，需要大量的建设资金，国家以战略、政策和制度的方式，在城市与农村发展之间，选择了牺牲农村支援城市、牺牲农业支持工业的发展模式，通过按照计划配给城乡发展要素，实施偏向城市建设与发展的投入机制，对农村进行计划性、管控性等非常规的生产和生活方式，并以户籍制度为基础建立起城乡分立的社会福利制度，这些均导致城乡关系形成二元体系的对立与生产生活的固化。这一时期的城乡关系表现为：城乡地位不平等、生产价值不对等、社会保障不同等。其形成机理可以概括为：政府直接干预、限制人口流动、资源要素管控、优先发展城市导致农村输血式发展城市，以牺牲农村发展机会、农村发展资金、农村发展要素、农村发展剩余来实现城市与工业的快速崛起。从现在来审视这种模式，是一种畸形的城乡关系，但受当时国情国力的制约和当时的城乡发展基础与环境的影响，这种利用农村剩余财富和价值、片面支持城市化和工业化进程的模式，也是一种历史的必然选择。

2. 从1978年实行改革开放政策到20世纪末期

城乡之间紧张、扭曲、对立的关系开始出现缓和、互动、协调发展的态势，以家庭联产承包责任制为起点的农业生产激励机制，彻底将农民从人民公社体制中解放出来，粮食大幅增产、农民收入快速增加，城乡居民收入比从 1978 年的 2.57 降至 1984 年的 1.84，[①] 城乡收入差距得以明显下降。随之开启的农产品市场体制改革进一步理顺了农村与城市之间的市场经济关系。这一时期城乡关系得以改善，其机理在于在改革推动下政府的顺势而为，改革之下农村农业农民获得了制度性收益，激发了农村活力，最终以经济收益的核心方式改善了城乡关系。进入 20 世纪 90 年代之后，在国企改革背景下，城市经济的发展需要巨大数量的农村劳动力，中央政府面对农村人口流入城市的趋势，采取了放宽流动限制，并为进城务工的农民工提供生活、居住等方面的政策安排的方式。农民在改善自身命运前途的同时，也促进了经济社会的发展进步。但在这一时期，政府对农村投入总体上依然呈下降趋势，其结果导致农村公共服务严重不足，城乡居民福利水平差距进一步拉大。这一时期的城乡关系可以概括为：城乡互动加强的同时城乡差距拉大，表现为尽管城乡劳动力要素开始发生大规模单向流动、城乡协调发展政策相对友好，但城乡建设投入差距拉大并导致社会福利待遇差距进一步拉大。其形成机理可以概括为：政府赋予农民更多发展权，并以农产品市场改革的形式赋予了农产品平等的市场价格实现机制，这在一定程度上缓解了城

---

① 雷娜、卞艳艳、张芳：《河北省城乡居民收入差距分析及对策》，《北京农业职业学院学报》2014 年第 5 期。

乡经济发展权力不平等的局面，进城务工人员通过人口流动的方式在城市化进程中获取了超过农业平均收益的市场价值，并推进了中国城市化的进程，这是一种改革赋权、政策让利、市场交换、相对协调、各取所需的城乡互利发展的城乡关系变革发展机理。

3. 从2000年开始到2012年党的十八大召开前

这一时期城乡关系进一步优化发展，改革开始从城乡经济二元体制逐步扩大至城乡社会二元体制，这是由于2000年后我国综合国力不断提升，政府改善城乡矛盾、城乡二元结构的决心和实力不断增强，开始从根本上减轻农民负担，通过废除农业税并出台一系列支农惠农政策，着力改善城乡关系。事实上，从2004年开始，中央年年出台中央一号文件，步步为营、久久为功破解“三农”发展问题，从党的十六大提出“统筹城乡经济社会发展”[①]到党的十七大提出“形成城乡经济社会发展一体化格局”，充分体现了党中央高度重视城乡关系，务求不断缓解城乡二元对立矛盾的执政理念。一方面，政府对“三农”的投入日益增加，包括新型农村合作医疗制度、农村义务教育经费保障机制、农村最低生活保障制度、新型农村社会保险试点等在内的一系列政策相继出台，农村公共服务水平得到了大幅改善和提升。另一方面，城市对农村转移人口表现出越来越友好、包容的政策环境，方便农民工及子女就业、就学、就医、居住等一系列相关政策改革持续推进，2009年之后农民工工资普遍上涨，表明农民工在劳动力市场的地位也得到了提高，城乡劳动力市场一体化进程加快。应该说，得益于政策与制度的红利，象征着农村人口流动主力军的农民工对中国城市化、工业化进程加快贡献了重要的人力资源作用。这一时期的城乡关系可以概括为：城乡统筹发展、城乡发展一体化，城乡要素流动、经济关联、社会互动日益密切。其形成机理可以概括为：随着国情国力的改善，城乡改革的不断推进，政府的执政理念发生了重大转变，开始把城乡协调发展提上党和政府工作的政治日

① 陈小玮：《新世纪以来中国“三农”政策演变及绩效研究——以西部地区为例》，《新西部》2020年第16期。

程上来，由于对“三农”的财政投入不断增加，农村生产生活环境面貌得到了较大改观，而现实中以农村人口劳动力向城市转移并推动中国城市化、工业化进程的事实也充分体现了农村剩余劳动力的社会价值。城乡开始逐步走上统筹、协调、互利、共享的发展道路。

4. 从2012年党的十八大召开至今的10年

这十年是我国城乡关系全面改善、深刻变革、融合发展的重要时期。习近平总书记深刻指出，“我国发展最大的不平衡是城乡发展不平衡，最大的不充分是农村发展不充分”①。党的十八大以来，党中央高度重视城乡关系，着力推进城乡全面融合发展。党的十八大提出新型城乡关系的概念，即必须健全体制机制，形成以工促农、以城带乡、工农互惠、城乡一体的新型工农城乡关系，让广大农民平等参与现代化进程、共同分享现代化成果。2015 年，党的十八届五中全会提出“创新、协调、绿色、开放、共享”的新发展理念，其中协调发展注重的是发展不平衡不充分，共享发展注重的是解决社会公平正义问题。2017 年，党的十九大明确提出要“建立健全城乡融合发展的体制机制和政策体系”，并首次提出实施乡村振兴战略。2022 年，党的二十大指出：“坚持农业农村优先发展，坚持城乡融合发展，畅通城乡要素流动，推进乡村振兴发展。”② 从新型工农城乡关系到新发展理念，再到乡村振兴战略实施，直到城乡融合发展，我国城乡发展面貌焕然一新，我国城乡关系深刻变革，“三农”问题取得实质性进展，乡村活力不断激发。这一时期的城乡关系可以概括为：城乡差距极大改观、要素双向流动加速、城乡融合发展效益显现。其形成机理可以概括为：党和国家从高质量发展的战略高度，从实现中国式现代化进程、实现中华民族伟大复兴的历史进程的角度，以高度的政治责任感、强烈的历史使命感，从健全城乡融合发展体制机制和政策体系的根本性制度出发，促进城乡要素自由流动、平等交换

① 孙祥栋、王红雨、刘锐剑：《中国式城乡融合政策演化、理论框架及其突破进路研究》，《区域经济评论》2023 年第 1 期。

② 孙博文：《坚持城乡融合发展，持续缩小城乡差距，促进实现共同富裕——学习阐释党的二十大精神》，《生态经济》2023 年第 2 期。

和公共资源合理配置，推动形成工农互促、城乡互补、全面融合、共同繁荣的新型工农城乡关系，[①] 在这一重大战略、体制机制和乡村振兴的合力下，我国城乡关系得以重塑，城乡融合发展全面推进。

第三节　中国城乡关系变迁与演进的逻辑推演

从古至今，中国城乡关系发展、变化与演进的历史就是一部国家文明进步史。从蒙昧的原始社会，到古代中国的奴隶社会和封建社会，再到近代中国的半封建半殖民地社会，直到当今的社会主义社会，随着生产力水平的不断提升，五次社会化大分工深刻地改变了中国城市与乡村的功能角色、阶级阶层、人口分布、产业类别、文化内核，城乡关系经历了“形成—分离—分割—对立—互动—协同—融合”的发展阶段，城乡关系在按照“否定之否定”的哲学规律，呈现波浪式前进和螺旋式上升的演进轨迹。在此过程中，城乡关系的价值变化表现为：从物的集中到人的文明，从利益分割到价值共生，从固化存量到融合增量。总体逻辑可以理解为：生产力水平的不断提升是城乡关系演进的大逻辑，人类对财富创造和占有的原始欲望是城乡关系分化对立的大动因，城乡二元发展的边际递减效应与人类精神与文明的自身进步是城乡关系走向融合共生的大前提。

一　生产力水平提升是前提基础

生产力水平的不断提升是城乡关系演进的大前提。由于生产力水平的不断解放和提升，发生了人类第一次社会大分工，由此从农业中分化出畜牧业，各个部落的产品各不相同，为经常性交换创造了现实需求和有利条件。而到了第二次社会大分工，得益于金属工具的制造和使用，劳动生产率有了较大提升，手工业从农业中分离出来，这时出现了金属加工、皮革加工、制

① 陈小玮：《新世纪以来中国“三农”政策演变及绩效研究——以西部地区为例》，《新西部》2020 年第 16 期。

陶、纺织、酿酒、榨油、造船等活动，并出现了以交换为目的的商品生产，而用于商品交换的地方逐渐演变为集市，随着商品生产规模的扩大和商品交易的发展，集市开始演变为城市。至此，城市在乡村、农业、畜牧业、手工业的孕育下诞生了。之后，第三次社会大分工出现专职商品交换的商人阶层，第四次社会大分工出现了知识分子阶层，第五次社会大分工出现专门为官的官僚阶级。通过五次社会大分工，城市和乡村的区别已经越来越大，城市是市民、建筑、商品、交易、信息、技术、创新的集中地，乡村是农民、田地、村落、牲畜、传统、自然的集中地，城乡的生产对象、生产方式、生产效率、生产门类、生产产品大不相同，乡村是农副产品原材料供应地，城市是手工业、加工业、商业承载地，城乡功能、城乡地位、城乡面貌具有显著区别，是人类劳动生产力水平的不断提升形成了城与乡的人为差别。

二　财富与权力的创造和占有是根本动因

人类对财富和权力的创造与占有的原始欲望是城乡关系分化对立的大动因。原始社会末期，由于人类劳动工具、技术的持续改进，生产力效率得以提升，由此产生了剩余劳动产品，进一步推动了私有制的形成。在这种制度下，生产资料进行个人或集体的排他性占有。私有制是剥削社会（以奴隶社会、封建社会、资本主义、特权主义和专制社会为代表）的基本标志之一。私有制产生之后，人类对财富的创造和保护、贪婪和侵略欲望被不断激发，氏族部落之间的战争因此频发，出于对财产的保护，出现了用于军事防御作用的城郭，诞生了统治、奴役民众的国家，催生了代表统治阶级的王公贵族，为了创造更多，其实质为剥削更多的劳动剩余产品和价值，国家、军队、官僚、商人、士大夫等机构和阶层开始出现，农村成了支撑权力机构、军事机构和城市运转的输血地，广大农民阶级成了支撑统治阶级、王公贵族、商贾巨富享受的压榨对象，城乡关系开始步入分离、分化、分割、分裂的道路，即使是进入城市化、工业化阶段，城市剥削农村、牺牲农村发展城市也是一种源于城乡财富创造效益不同、国家稳固发展需要下的一种不对等的城乡关系的体现。城乡冲突、城乡对立、城乡二元的矛盾一直伴随着人类对财富的创造及占有模式和对国家统治的维护模式而存在，城市由于集聚了优质的资源要素、先进的科学技术、丰富的知识信息，其生产效率、附加价值、产出回报都远高于农村，因此在人类创造积累财富、维系国家统治权力、享受舒适生活的进程中，城市总是处于强势和支配地位，农村总是处于弱势和被盘剥地位，直至城乡对立趋于崩溃。

三 边际效益递减与文明进步是演进逻辑

城乡二元发展的边际效益递减与人类自身文明进步的觉醒是城乡关系走向融合共生的大逻辑。当城乡关系冲突对立无法调和时，乡村开始出现衰败，城市的繁荣难以持续。这是由于片面强调城市发展、忽视农村发展，片面强调工业发展、轻视农业发展，片面强调市民待遇、歧视农民身份，将不可避免地导致城乡发展难以为继，将致使城市和乡村两大地域系统都呈现“病态”，“城市病”和“乡村病”并存，且互为病因。① 这时，城市、乡村、城市与乡村这三大系统的发展显现边际递减效应，乡村的停滞发展必将制约城市的进一步发展，城市的发展后续无力必将反过来阻滞乡村的发展。所幸，人类自身有自我完善、自我救赎的意识和能力，在我国，自 20 世纪 70 年代末改革开放以来，党和国家意识到城乡差距日益扩大，已不利于我国四个现代化发展目标的实现，已不利于社会稳定、长治久安，已不利于国家经济社会的可持续发展，因此开启了城乡互动发展、城乡统筹发展、城乡协调发展、城乡一体发展、城乡融合发展的伟大历史进程，对严重失衡的城乡关系进行人为纠偏，不断增加“三农”投入，不断改革农业弊病，不断增加农民收入，不断改善农村面貌，特别是党的十八大，提出要从体制机制着手，形成以工促农、以城带乡、工农互惠、城乡一体的新型工农城乡关系，让广大农民平等参与现代化进程、共同分享现代化成果。② 从 2014 年国家出台《国家新型城镇化规划（2014—2020 年）》，到党的十九大明确

① 方创琳：《城乡融合发展机理与演进规律的理论解析》，《地理学报》2022 年第 4 期。

② 于韬：《新乡贤参与下的民间信仰重塑研究》，天津大学硕士学位论文，2018。

提出要“建立健全城乡融合发展的体制机制和政策体系”，加快形成工农互促、城乡互补、全面融合、共同繁荣的新型工农城乡关系，并首次提出实施乡村振兴战略，再到党的二十大指出“坚持农业农村优先发展，坚持城乡融合发展，畅通城乡要素流动，推进乡村振兴发展”。这些重大理念、重大论述、重大战略、重大规划、重大举措，都充分证明了党和国家高度重视和关心城乡关系和谐稳定发展，这是人类文明进入新时代基于现实中城乡关系发展不优的自我纠偏、自我革命、自我超越，城乡关系从分离走向对立，再从对立走向协同，最后从协同走向融合，实现从存量萎缩到增量发展的飞跃，这是人类文明新形态在城乡发展上具体生动而伟大的实践，历史将会证明城乡融合发展是实现中国式现代化的必由之路。

第四节　中国城乡关系的价值史观判断

翻开我国城乡关系发展的历史画卷，审视城乡关系的形成、演化和发展脉络，在城乡分立、城乡分离、城乡对立、城乡互动、城乡协调、城乡融合的表观现象背后，始终存在人类为实现自身发展的价值判断和价值追求的影子，这种蕴含在人类发展史当中的理性和非理性交互的价值逻辑，成了城乡关系变迁、演进的逻辑和动力。城乡作为两大地域系统，伴随着人类社会的发展与进步，也在人类的意志影响下开启了自身关系的进化，以生产力水平提升为驱动、以统治阶级意志为方向、以不同阶级利益博弈为动因、以财富价值最大化为目标，城乡关系历经了价值创造、价值偏斜、价值平衡、价值共生和价值融合的历史阶段。

一　从物的集中到人的文明记载城乡关系价值变迁

原始聚落时期，人类为实现自身的生存和发展，从满足食物获取、休息补充能量、群居相互依靠的需求出发，开始倾向性地寻求稳定、安全的相对舒适的生活场所，穴居、巢居、群居应运而生，这时人类得以从游猎、游牧、忍饥挨饿状态转向拥有固定的居所，在性别分工和劳动分工的基础上，人类开始利用身边最常见、最可获取也最经久耐用的自然产物——石头、木头制作狩猎工具，随着狩猎能力和效率的提高，人类基本温饱问题得以解决，劳动剩余开始逐步出现。随后，在氏族部落的领导下，以私有制为核心的统治阶级开始出现，生产力进一步得到发展，农业、冶炼、制陶、纺织业开始兴起，人类掌握了大自然的初级规律，赢得了生存环境、食物来源等物质条件的较大改善，由于各种工具、技术的发明诞生，物质占有、物质运用的水平和程度也大幅提升。

从夏朝开始，国家作为统治阶级的工具开始出现，城市由此诞生并迅速发展成为具有军事防御和政治统治的客观载体。商周之后，都城成为当时国家城市营建的最高形式，集聚了规划思想、建筑技术、城和市的功能、居民人口，文化开始孕育而生。春秋战国时期，城市大力发展工商业，占有大量土地的地主阶级开始出现，为了固化阶级利益，开始实行户籍制度控制城市和乡村人口管理。秦汉时期，城市相对于乡村发展显著快速，园林、市肆、城市交通系统等功能的出现和发展，使城市的政治性、社会性和文化性日益体现。三国、两晋、南北朝时期，城市手工业和商业开始兴旺，伴随着佛教、道教的发展，寺庙、道观也在城市中出现，庄园经济不断发展，城乡关系进一步发展，隋唐、五代十国时期，皇城宫殿、商贸市肆、坊巷民居形成规模化、体系化、功能化发展，乡村作为底层社会缓慢发展，少数王公贵族和商贾巨富享受着物质和文明的供给，绝大多数民众特别是广大农村农民依旧只占有很少的生产工具、生产资料和精神文化成果。宋元明清时期，由于城乡手工业技术得到了较大发展，城市开始从功能上演化为矿业、手工业、交通型等功能城镇，乡村成为城市工商业发展的原材料供应地。近代以来，开埠通商贸易活动极大地强化了城市的商品、交易、流通、文化交流等方面的功能，西方技术、商品和文明开始逐步渗透到中国城乡，这时的乡村由于城乡经济相关联，虽然也在发展，但始终是城市经济的附庸，城乡关系呈现一种主动与被动、剥削与被剥削的状态。从中华民国成立到新中国诞生这段时期，战乱、自然灾害不断，城乡发展处于相对混乱状态，城乡关系阻隔、城乡对立状态依旧。

新中国成立以来直至改革开放前这一时期，战争后的国家百废待兴，城市需要重建、农村需要恢复，在农村支援城市的大战略前提下，大量资金、技术、人口输入城市，城市化、工业化发展迅速，农村则成了牺牲者和贡献者。改革开放之后，由于党和国家对城乡关系的认识逐步发生了转变，在城市发展的同时，兼顾农村的发展，农村的生产力在制度的改革下得以释放，城乡二元关系开始破冰，21 世纪开始至今，我国开启了均衡发展城乡的征程，我国城乡关系发展进入城乡统筹、协调、融合发展阶段，城镇化、工业化、信息化、农业现代化四化同步，[①] 物质文明得到充分改善提高的同时，公平发展、包容发展、共享发展等文明理念得以充分体现和贯彻。

综观我国古代、近代和当代城乡关系演进脉络，其背后的价值变迁可以归纳为：原始氏族部落初期，由于生产力水平低下，人类只有依靠群居、洞居的方式扩大自己生存与发展的机会，这是一种物质共享、劳动互助、精神互依的时代；而到了中国古代，国家和城市的出现代表着人们对物质的集中占有、利用水平得到了质的改变，但这一历史阶段存在统治与被统治、剥削与被剥削的城乡经济社会关系，人们依靠阶级剥削实现了少数人占有绝大多数物质并享用的权力，城市处于绝对支配和主导地位，乡村处于依附和从属地位，其实质是少数人剥削和占有大多数人的劳动成果和剩余价值。新中国成立以来，城市以数量增加、人口增加、产业门类增加的方式集聚，乡村也有所发展，但从基础设施、公共服务设施投入等方面比较，落后于城市。随着我国 21 世纪城镇化进程的加快推进，城市文明向人的道德精神、人的自由流动、人的公平发展机会、人的生态文明意识觉醒等文明方式不断演进，带来了新型城乡关系的标志性转变，即由单向式物化集中于城市，向双向式人的发展机会、人的发展能力、人的发展水平趋于城乡包容与平衡，城乡关系可持续发展建立在两大地域系统共同追求生态文明的基石上。以区域和城乡的共同富裕，即物质富有、精神富足为向度，告别城市原初生长的规模冲动与非理性扩张，以人的文明回归重构城乡关系的和谐、对等与可持续。

---

① 杨振生：《建国以来德州城镇化历程及经验教训研究》，天津师范大学博士学位论文，2017。

二 从利益分割到价值共生演绎城乡关系价值导向

原始社会早期，城乡尚未出现，但原始人类共同狩猎和劳动、共同居住和生活的图景，反而展现了一幅生死与共的利益价值共生图。而到了原始社会中晚期，即由原始社会向奴隶社会过渡阶段，第一次社会大分工促使畜牧业从农业中分离，擅长畜牧业和擅长农业的部落民族分别发挥自身的长处，产生了游牧文明和农耕文明两种形态，但这两种文明的产生也为周朝以后中国北方游牧民族与中原农耕民族旷日持久的利益冲突埋下了伏笔。

至奴隶社会时期，也就是从夏朝开始，随着生产力的进一步发展，原始手工业从农业分离，第二次社会大分工不但促进了劳动生产效率的提高，产生了劳动剩余产品，由此形成了私有制，而且催生了中国古代城市。之后的商朝属于奴隶制度的鼎盛时期，奴隶主贵族是统治阶级，奴隶处于被压榨的地位，庞大的官僚机构和军队由奴隶劳动创造的财富供养，城市与乡村的关系显然也是这种剥削和利益关系的实体结果。而到奴隶社会中晚期，即春秋时期，随着手工业的持续发展，商品交换日益频繁，由此产生的第三次社会大分工，形成了专职商品交换的商人阶层。经历第二、三次社会大分工，城乡关系的价值导向呈现阶级利益固化分离、社会分工群体利益分化、城乡体系发展利益分割的整体局面。

战国时代奴隶制逐渐瓦解，中国开始进入封建社会。之后历经历朝历代，到1840年第一次鸦片战争爆发的清朝后期，中国的封建社会延续了两千多年，这期间封建王朝的世袭制度不断固化既得利益，地主阶级与农民阶级之间形成了阶级对立矛盾，城市工商业不断进步和发达，农村在农业缓慢发展的同时，家庭性手工业和工商业逐渐形成、专业化农业基地也逐步建立，而代表国家政治统治的都邑和郡县也成为统治管理广大乡村地域的据点。总的来说，这一时期城乡关系的价值导向，即随着国都的壮大、城邑的增多，形成了权贵阶层的利益固化发展模式，手工业、商业的诞生分化了农民、手工业者、商人的劳动生产收益，城市商品经济和农村农业经济的联系强化，形成了城乡产业分工扩大和城乡财富利益不均等分割的模式，这一阶段，城乡关系是城市利益的固化和乡村利益的贡献。

进入近代中国历史，1840 年鸦片战争到 1912 年中华民国成立，中国进入半封建半殖民地社会，帝国主义、资本主义、封建主义成为压在人民头上的三座大山，通商开埠运动之后，西方列强通过中国沿海港口城市以商品货物进出口贸易的形式，逐步渗透到神州大地，中国的城市和农村都被外来利益者的利益攫取活动深度绑架，这期间，农村成为城市工商业原材料的生产和供应地，城市沦为西方市场经济体系中的一环，在西方这场市场经济侵略中国自然城乡资源市场的“战争”中，表面上是侵略战争和商业战争，实质上是西方市场经济对中国“城市”和“农村”的侵略，并形成了城市对乡村的冲击。在城市获取农村廉价人力、资源、土地等要素价值的同时，将国外的商品货物以进口方式出售给中国的城乡市场，换取巨额的贸易顺差。这一时期，源于变相剥削中国城乡利益和价值，在西方市场经济对中国的冲击下，中国城乡关系的价值导向为：城市被资本主义利益攫取绑架、农村被城市利益剥削绑架，城乡利益也因第三方的盘剥而趋于分割。

从 1949 年新中国成立到 1978 年改革开放之前，实行计划经济体制，农村提供了大力支持，中国从一个传统农业大国在短短二十年内成为一个工业门类相对完整、国防体系从无到有、科教文卫事业大幅发展的发展中国家，在短时期内国民经济、城市建设、工业发展和国防建设的显著成就。

改革开放至今的 40 余年，是我国城乡关系由分割、对立、二元走向统筹、协调、融合发展的重要时期。这一时期当中的两个阶段分别是改革开放至 2012 年党的十八大召开之前，以及党的十八大、十九大、二十大至今。前一阶段，作为城乡统筹协调发展阶段，通过向农民赋权和农产品市场化改革，激发了农业农村市场化内生动力和发展活力，随着户籍制度渐进改革，取消农业税费，农民工大规模流向城市进行务工劳动，国家实施统筹城乡的财政投入、新农村建设、城乡公共服务均等化策略，“三农”问题得到不断改善，城乡发展兼顾了城市和农村的利益，[①] 农村商品经济价值逐步显现，

① 彭晓伟：《中国共产党的城乡关系理论与实践》，西南交通大学博士学位论文，2012。

农业转移劳动力人口对于城市建设及推动城镇化、工业化发展的价值逐步显现，城乡协调一体发展的综合价值逐步显现。后一阶段，作为城乡全面融合发展阶段，党和国家从制度体系构建和完善出发，从实施乡村振兴战略、新型城镇化战略两方面施力，从要素市场化改革到贯彻新发展理念，融入新发展格局，城乡关系的价值导向明显开始由利益割裂转向为价值共生，即在城乡统筹协调和融合发展中，城乡双方为对方更好地发展并由此推动自身更好地发展创造市场基础、制度环境和有利条件，城乡在协同发展中形成价值共创、价值共享、价值共赢的价值共生发展局面。

三　从固化存量到融合增量印证城乡关系价值追求

无论是原始社会出现的聚落、以氏族部落形式出现的“村”，还是夏朝之后出现的城市乃至国家，直至后世的商周、春秋战国、强秦时期、汉唐盛世、宋元明清时代，城乡关系的价值追求均可以理解为，两大地域系统在人类生产力水平不断提升、剩余劳动和产品不断创造之后，私有制形成条件下，人口、生产工具、居住场所、交易场所、治理场所、防御场所不断创造、积累、强化的过程与结果，无论是城市、国家这样有形的实体，还是阶级、文化这样无形的存在，都是城乡发展的历史进程中出现的物质与精神的存量，且这种存量由于城乡分离、对立而不断固化并强化，由此又形成了城市与农村的统治与被统治、支配与从属、剥削与被剥削的关系，最终导致城乡二元地域结构的形成与固化。

回顾古代与近代中国城乡发展关系，分析其两大地域系统的价值追求。在初始同等地理气候环境条件下，人类尚无城乡之分，生产力水平的提升引致了城市的形成，尤其是经历两次社会化大分工之后，城市的功能开始变得多元化，城市的创造财富、价值和需求的效率开始提高，并由此产生集聚和规模效应，进入积累物质与财富的良性循环通道。相比之下，乡村是农业的故乡，乡村的生产力、生产方式、生产分工较之城市都相对简单与重复。但人类自诞生之初起，每个个体和群体的智慧、能力水平都不相同，心理诉求也不一样，有些个体和群体基于自身能力所长，开始脱离农业移居城市，正如亚里士多德所说“人们来到城市是为了生活，人们居住在城市是为了生活得更好”①，而相对的绝大部分人群依旧留守农村，从事农耕畜牧活动，过着自给自足的小农日子。然而，城市就如同一个文明的加速器，城市改变了人们的生产方式和生活方式，在这样一个范围高度集中、物质高度集中、人口高度集中、信息高度集中的区域，生产、交易、发明、治理、文化都得以快速迭代，但这些并不需要农村和农民提供超乎其智慧和能力才能产出的农副产品作为城市及居民发展的支撑，加之统治阶级的严格管控，剥削制度的持续作用，农村发展相较城市迟缓许多，以至于几千年来中国历经古代、近现代历史时期，中国的农村依然是贫穷、落后的代名词。这是由于生产力水平的高低决定了城市和农村在发展途中，城市处于引领地位、农村处于附庸地位。但是农村承载着绝大多数的人口，巨量的人口意味着巨量的劳动和剩余价值，如何以统治的方式盘剥农村巨量人口的剩余价值，用以支持“高需求”“高消费”“高耗能”的城市，维持城市的运转、军队的开支、权贵的享乐是历朝历代统治阶级思考的重要问题。纵观新中国诞生之前的城乡关系，其价值追寻可以概括为：在城乡发展过程中，城市维系着其生存与发展的存量资源，统治和剥削着农村的存量资源，城市通过占有农村的生产资源、攫取农民的剩余价值，实现快速进步与迭代发展，一方面表现为城市技术、资本、财富的积累和权贵阶级的延续，另一方面表现为农村的贫瘠、迟滞、劳动的剥削、财富的转移和农民阶级的世代传递，这种固化后的城乡存量，导致了城乡关系的分离与对立，城市与乡村在各自发展史上，以不同的速度、效率和对财富的积累换来了各自不同的地位、功能和处境，城乡关系的价值追寻或显或隐表现为固化存量。

1949 年新中国诞生之后，由于历史原因，在经历了一段时间“扭曲”的城乡关系之后，城市化、工业化基础得以显著强化，计划经济开始向市场经济过渡，1978 年改革的浪潮席卷全国上下，为了彰显社会主义制度的优越性，缓解新中国成立以来积累的城乡矛盾，改善城乡对立的二元结构矛

---

①　李建莉：《农村普通完中的变迁与发展研究》，南昌大学硕士学位论文，2020。

盾，党和国家开始实施农村赋权、赋能相关制度调整和改革探索，城市反哺农村、工业支持农业，城乡互动加快，此前发展落后的农村开始显现发展的内生动力与市场活力。至2000年前后，随着市场化改革深入推进、城镇化进程不断深化，农业转移人口市民化、城乡公共服务均等化相关政策和制度逐步实施见效，城乡统筹、协调一体发展的溢出效应逐渐显现，2012年党的十八大召开之后，城乡融合发展进入快车道，开始从建立健全城乡融合发展的体制机制和政策体系、[①] 促进城乡资源要素自由流动与高效流通、构建城乡统一大市场等重点领域和关键环节出发推进改革创新，着力破解城乡融合发展的深层次障碍，在乡村振兴战略实施背景下，乡村发展的基础进一步夯实、潜力进一步挖掘、前景进一步彰显。当前，城乡之间土地、资金、技术、人才、数据等要素流动日益频繁畅通，城乡之间设施互联、产业互补、市场互需、人口互动、文化互鉴、政策互通程度日益提升，在双向融合发展的格局中，形成了新的价值生长点，创造出发展的新机遇、新就业、新业态、新场景、新模式，城乡之间正在加快形成互利共生、有机协同的面貌，城乡共同富裕、现代化步伐大大加快，城乡融合发展的增量效益充分显现。城乡在全面融合发展的进程中，实现了各自单线发展所不能创造的新的空间和新的增量，形成了融合发展的增量效益，至此我国城乡关系的价值追寻正式步入融合增量时代。

① 李小云、唐丽霞、刘祖云等：《中国式现代化语境下的乡村振兴与高质量发展（笔谈）》，《华中农业大学学报》（社会科学版）2023年第1期。

第四章　中国城乡融合发展质量失衡的实证评价与成因剖析

第一节　中国城乡融合发展质量失衡的主要表征

党的十八大以来，我国进入“五位一体”总体布局的新发展阶段，经济建设、政治建设、文化建设、社会建设、生态文明建设“五位一体”、全面推进，[①]“创新、协调、绿色、开放、共享”的新发展理念引领全局高质量发展。当前，我国虽然已进入城乡全面融合发展的历史阶段，但是正如习近平总书记深刻指出的“我国发展最大的不平衡是城乡发展不平衡，最大的不充分是农村发展不充分”，城乡发展不平衡、不充分问题已经成为我国当前社会主要矛盾的突出表现。新中国成立以来，特别是改革开放之后，尽管我国的城乡建设取得了历史性成就，城乡二元矛盾不断破除，城乡一体、工农互促的生动格局不断形成，但是由于长期以来城乡二元结构[②]所形成的体制机制矛盾积弊已久，导致城乡融合发展还存在包括经济、政治、社会、文化和生态文明等领域中的质量失衡，亟须高度重视。

---

① 张慧敏：《百年回望：乡村建设运动的现实启示——基于对“乡建三杰”实践模式的思考》，《农村经济与科技》2023 年第 14 期。

② 贺雪峰：《城乡二元结构视野下的乡村振兴》，《北京工业大学学报》（社会科学版）2018 年第 5 期。

一 城乡经济建设不平衡

1. 顶层设计中缺少城乡融合发展规划

国家和区域的顶层设计事关全局、影响深远，是地方经济建设的行动纲领和指南。目前，从法律体系看，我国有《中华人民共和国城乡规划法》、《中华人民共和国土地管理法》以及城市法规体系。从规划体系看，有城镇体系规划、城市规划、镇规划、乡规划和村庄规划五级规划。从经济、政治、社会、文化、生态文明综合发展看，我国从国家到地方有《国土空间规划纲要》《经济和社会发展五年规划纲要》《新型城镇化规划》《乡村振兴战略规划》等重大规划，各级政府部门和相关产业也有相应的五年发展规划。唯独缺少反映城乡融合发展现状、问题、目标、任务、措施的《城乡融合发展规划纲要》，城市和乡村在顶层设计层面一开始就处于分离状态，这种站在各自的角度和立场带有偏向性的单独设计，不可避免地造成城乡发展“两张皮”“两条线”的现实结果。

2. 产业发展方面第一产业投入建设滞后

产业是区域和城乡经济发展的直接动力，尽管当前已改变之前那种农村支援城市、农业支援工业的牺牲型、片面型、“剪刀差”式的发展模式，但从三次产业的比例构成和发展投入上来看，依然体现出很强的偏二、三产业，轻第一产业的倾向。2022 年，国内生产总值中三次产业占比分别为 7.3%、39.9%和 52.8%，第三产业占比第一，第二产业占比第二，且均显著高于第一产业占比（见图 4-1）。

在固定资产投资（不含农户）中，2022 年第一产业投资 14293 亿元，比上年增长 0.2%；第二产业投资 184004 亿元，增长 10.3%；第三产业投资 373842 亿元，增长 3.0%。三次产业投资占比分别为 3%、32%和 65%（见图 4-2）。由于城镇是第二、第三产业的集聚地，乡村是第一产业的集聚地，从产业结构比例和产业投资比例可以看出，对第一产业投入和发展比较悬殊，且近 10 年来从产业投资增加数量上看，第一产业总量畸小且增长微小、第三产业总量巨大且增长显著。

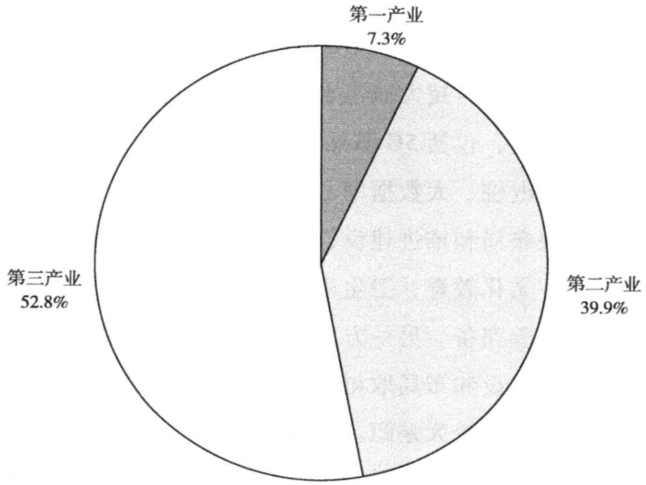

图 4-1　2022 年全国三次产业国内生产总值占比

资料来源：《中国统计年鉴 2023》。

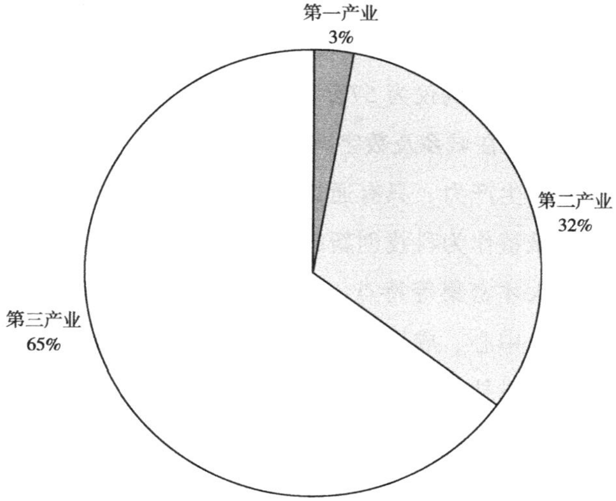

图 4-2　2022 年全国三次产业固定资产投资（不含农户）占比

资料来源：《中国统计年鉴 2023》。

3. 基础设施建设方面乡村仍然总体滞后

基础设施是推动城乡生产生活不断发展和进步的重要支撑。一方面，城市、大城市、特大城市乃至超大城市水利、电力、能源、交通、通信等基础设施正在向智慧型迈进，包括5G基站、特高压、城际高速铁路和城市轨道交通、新能源汽车充电桩、大数据中心、人工智能、工业互联网等在内的新型基础设施也在加快布局和推进建设，包括商业服务、科研与技术服务、园林绿化、环境保护、文化教育、卫生事业等在内的市政公用工程设施和公共生活服务设施相对完善完备。另一方面，虽然通过脱贫攻坚战，农村的水电路气房网等基础设施建设和布局取得了较大改善和提高，但相比城市发达泛在的基础设施水平，仍有较大差距。根据2016年第三次全国农业普查数据，目前全国大部分农村公路仅为四级标准，有火车站的乡镇仅占8.6%，有码头的仅占7.7%，有高速公路出入口的仅占21.5%。农田水利基础设施面临建设不足、设施老化和管理不善等问题，农村义务教育、农村卫生、农村文化等农村社会发展基础设施还存在分布不均、标准偏低等问题。农村卫生厕所普及率仅为68%，农村自来水普及率还只有88%，城乡一体化、规模化供水工程覆盖农村人口比例仅为57%。

4. 科技创新方面存在城乡及数字鸿沟

科学技术是第一生产力，只有通过农业科技创新才能实现农业农村现代化进程。一方面，城镇作为科技创新的核心承载空间，具有知识密集、技术密集、资金密集、人才密集等特点，集聚了高校、科研院所、各类实验室、创新中心、企业技术中心、成果转化与企业孵化基地、园区，以及各类型科技创新人才、资金等科技创新要素，是科技创新的主导阵地。另一方面，广大农村地区，由于基础设施和技术条件的限制，在科技创新条件、人才、资金、环境等多方面与城市存在较大差距，例如农业科研部门优秀人才容易流失，队伍老化，缺乏中青年科技创新型人才，乡村地区科技创新能力相对较弱是不争的事实。尤其是支撑农业现代化发展的智慧农业、绿色农业、生物育种技术、新型农机装备水平、农业防灾减灾体系等建设的科技支撑能力和水平还比较弱，农业科技创新项目、基地、人才、资金一体化配置程度还不高。尤其值得重视的是，当前我国城乡之间仍然存在一定的“数字鸿沟”，乡村网络基础设施短板依然存在，涉农数据资源平台建设刚刚起步，根据《中国数字乡村发展报告（2022 年）》数据，2021 年全国农业生产信息化率仅为 25.4%，全国农业生产信息化率仅为 26.5%，这些现状和短板都为农村科技创新活动带来了一定的牵制效应。

二　城乡政治建设不协同

1. 全国人大代表中农民代表的比例有所提高但总体偏低

全国人大代表的职责是代表人民行使国家权力，具有广泛性、代表性、先进性。《中华人民共和国宪法》规定：我们的国家性质是工人阶级领导的、以工农联盟为基础的人民民主专政的社会主义国家。同时规定：在现阶段我国的人民包括工人、农民、知识分子和其他社会主义劳动者、社会主义事业的建设者、拥护社会主义的爱国者、维护祖国统一和致力于中华民族伟大复兴的爱国者在内的全体人民，都是国家和社会的主人。1995~2009 年，我国农村与城镇每一个人大代表所代表的人口比例由 8∶1 调整到 4∶1[①] 直至当前的 1∶1，体现了“城乡同比”原则。“平权选举”的实现是中国社会发展和进步的体现，有助于农村问题的解决和农民权益的保护。2023 年的第十四届全国人民代表大会中共有 2977 名全国人大代表，一线工人、农民代表 497 名（其中有 56 名农民工代表），占代表总数的 16.69%，与第十三届相比提高了 0.99 个百分点，除一线工人、农民代表之外的其他代表 2480 名，占代表总数的 83.31%。2021 年，我国约有乡村人口 4.98 亿人，占全国总人口的比例为 35.28%。可以看出，全国人大代表中农民代表的比例总体偏低。

2. 相比城市居民农民政治参与的意识和能力不强

一方面，生活在城市的市民相比生活在农村的村民更加容易获取政治信息，对政治信息更加敏感，对维护自身正当权益的维权意识更强，对政治互动诉求也更强。农村居民相对而言受教育程度普遍不高，出于生活生

① 周学勤：《迈进春天的步伐——两会“三农”问题观察》，《农村工作通讯》2012 年第 6 期。

存需要，更多精力是放在生产劳动和基本生活上，且大多是留守的老年人、妇女和儿童，关心政治的主动性、自觉性较低，其政治参与大多是村委会要求或亲缘群体所需，往往是被动参与、利他参与，没有意识和体验到政治参与是每个公民的权利和义务。通常村民政治参与的动机，都是从自身的经济利益出发，带有功利性和局限性，比如房屋拆迁补偿、农田征收青苗补偿等，而诸如村庄整体规划、招商引资项目、产业发展等政治参与程度和积极性偏低。另一方面，城市居民由于居住在城市，信息获取相对便利、相互交流相对快捷，拥有更多政治参与的场景，比如 12345 市民服务热线，有政府行政部门投诉电话，有网络投票活动、社区街道反映问题或投诉的渠道等，相对而言，农村信息不畅，缺乏途径和渠道，对政策获取、理解的能力有限，集体化组织参与的机制相对欠缺，单个利益主体相对城市更加分散、力量弱化，因此在政治参与程度与参与能力方面，农村村民远不及城市市民。

3. 农村基层党组织的战斗堡垒功能发挥不够

《中国共产党章程》规定：企业、农村、机关、学校、科研院所、街道社区、社会组织、人民解放军连队和其他基层单位，凡是有正式党员三人以上的，都应当成立党的基层组织。在城市中，由于机关、学校、医院、科研机构等基层单位，以及群团组织、社会组织，包括各种协会、学会、研究会等社会团体，相对比较集中且党员数量较多，这些组织中一般都成立了党的基层组织。截至 2022 年底，中国共产党有基层组织 506.5 万个，其中基层党委 28.9 万个，总支部 32.0 万个，支部 445.6 万个。[①] 而当前全国 9062 个城市街道、29619 个乡镇、116831 个社区（居委会）、490041 个行政村已建立党组织，覆盖率均超过 99.9%。相对于城市党的基层组织，农村基层党组织总体数量上相当于城市的 1/10，力量相对薄弱。农村基层党组织作为党与农村群众联系的桥梁和纽带，在党和政府各项政策的执行落实上、在动员和组织广大干部

① 龚加成、白雪扬：《深刻领悟“十三个坚持”的丰富内涵——深入学习贯彻习近平总书记关于党的建设的重要思想党课特辑 第六课 坚持严密党的组织体系》，《党课参考》2023 年第 16 期。

和群众投身农业农村现代化建设上，具有无可替代的关键作用，但目前在实际工作中，存在农村基层党员干部和广大党员文化素质整体偏低、宗旨意识和组织意识淡薄、经济农工商知识缺乏、战斗堡垒作用不强、村支两委内部班子不和谐等基层党组织软弱涣散问题，不仅严重制约了广大农民群众政治参与的热情和效能，而且在一定程度上降低了基层党组织的威信与活力。

三　城乡社会建设不均衡

1. 城乡医疗卫生设施和服务差距未发生根本改观

近十年来，我国城乡医疗卫生事业取得了明显的进步，覆盖城乡的医疗卫生网络基本健全，服务的可及性进一步提高。但是，我国医疗卫生资源和优质医疗服务仍基本集中在县级以上的城市，包括先进设备、技术、优秀医务工作者、名优专家都在城市，广大乡村地区主要依靠村卫生室、乡镇卫生院、县级人民医院、中医院提供基础性医疗卫生服务，医务工作者以乡村医生等基层医务人员为主体。尽管城乡之间已经初步建立了“医联体”“医共体”“名医下乡”等城乡医疗资源和服务共享机制，但从实际运行效果来看，还存在医疗服务质量标准不统一、双向转诊未有效开展、相关机构利益不统一等问题。总体而言，相比城市而言，乡村医疗卫生资源仍然相对匮乏和分散，乡村在医疗卫生资源的数量上、在医疗卫生服务的质量上都存在较大差距，乡村医疗卫生的品质感、体验感和获得感相对城市有明显的差别。国家统计年鉴数据显示，2021 年我国每千人口卫生技术人员数，城市为 9.87 名，农村为 6.27 名；每千人执业（助理）医师数，城市为 3.73 名，农村为 2.42 名；每千人口注册护士数，城市为 4.58 名，农村为 2.64 名；2021 年我国每千人口医疗卫生机构床位数，城市为 7.47 张，农村为 6.01 张（见图 4-3）。这表明城乡医务工作人员配置比例上仍存在较大差别，城乡医疗卫生资源差异较大。

根据《中国卫生健康统计年鉴 2022》数据，2021 年，全国医院拥有床位 741.2 万张，基层医疗卫生机构有床位 169.98 万张，乡镇卫生院仅有床位 141.74 万张，城乡差距超过 5∶1。与此同时，我国村卫生室、乡镇卫生

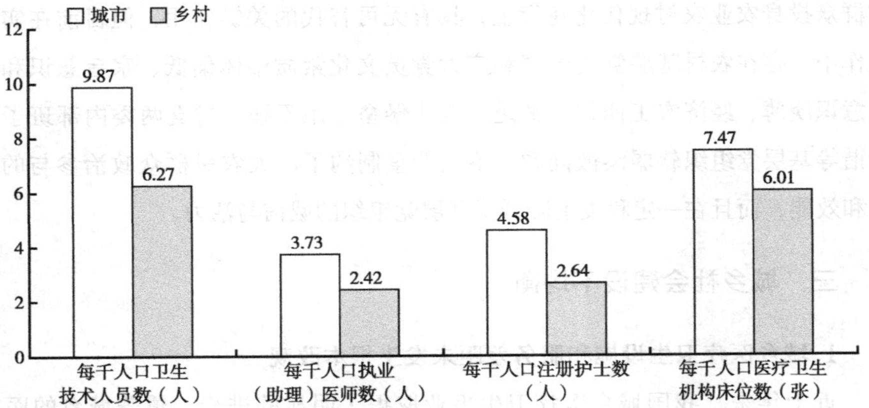

图 4-3　2021 年城乡医疗卫生资源差异对比

资料来源：《2022 中国卫生健康统计年鉴》。

院全年诊疗人次数为 250248 万人次，而包括综合医院、中医医院、专科医院等在内的医院全年诊疗人次数为 388380 万人次，两者比例为 64.43%，若按当年城镇化率为 64.72%比较，说明城乡人口医疗诊疗需求基本一致，但在医疗卫生资源数量和服务质量上，依然存在供需不平衡的现实。

2. 城乡教育一体化发展仍面临诸多现实问题

实现城乡义务教育一体化发展，提高农村义务教育发展水平，是党中央、国务院立足党和国家事业发展全局，着眼促进教育公平和教育事业协调发展的重大决策，[①] 党的十八大以来，我国统筹推进县域内城乡义务教育一体化改革发展，教育投入继续向困难地区和薄弱环节倾斜，城乡义务教育一体化改革取得新进展，[②] 但是由于城乡发展速度和水平的不同，教育资源配置和教师人才流动的基本模式，导致推动城乡义务教育一体化过程中仍然存在“地方政府履责还没有完全到位”“城乡教育差距依然明显”“乡村教师队伍建设亟待加强”等问题。在地方财政投入方面，学前教育阶段，乡镇、

① 柴葳：《城乡教育一体化如何与时代同步——全国人大常委会委员把脉城乡义务教育一体化发展》，《中国教育报》2018 年 8 月 31 日。

② 《我国城乡义务教育一体化改革取得新进展——底部攻坚　补齐短板》，《人民日报》2018 年 8 月 17 日，第 6 版。

村级公办幼儿园建设投入不足，公共财政拨款主要集中用于县级、市级城镇公办幼儿园建设。第三次全国农业普查数据表明，只有 32.3%的村有幼儿园、托儿所。义务教育阶段，农村人均公共财政预算公用经费支出、人均预算内教育事业费支出均明显低于全国平均水平。在城乡办学条件方面，在学校校舍、标准化运动场地、实验室、功能教室、现代化教学设备、数字化基础环境、安全防范建设等方面仍存在一定的差距，在办学能力和办学规模上，乡村仍表现为明显落后，截至 2017 年底，全国有农村小规模学校 10.7 万所，其中小学 2.7 万所，教学点 8 万个，占农村小学和教学点总数的 44.4%；在校生 384.7 万人，占农村小学生总数的 5.8%，① 乡村小规模学校和乡镇寄宿制学校建设仍然是薄弱环节。此外，城乡师资力量配比不均衡也是当前城乡教育一体化发展的一大阻碍。相较城市，农村生活环境条件艰苦，难以招引优秀的教师，同时因为缺乏培训机会，教师的专业能力和素质水平提升缓慢，导致乡村地区师资普遍薄弱。虽已有支教制度、教师轮岗制度，但由于“下乡”老师并非长期停留在乡村，加之环境变化导致教师心理、能力相应变化，所以实际效果并不如预期好。2021 年，农村留守儿童普通小学在校生数为 778 万人，普通初中在校生数为 421 万人，共计 1199 万人，面对数量巨大的农村生源，实现城乡教育公平、优质均衡仍任重道远。

3. 城乡社会保障水平差距仍然较大且广泛存在

社会保障是保障和改善民生、维护社会公平、增进人民福祉的一项基本制度。由于我国长期以来的城乡二元体制结构性矛盾，导致城乡居民社会保障在政策设计、投入机制、参保覆盖面、保障水平和财务运行方面都存在较大差异。近年来，我国养老保险制度结构持续优化升级，基本养老保险参保达 10.28 亿人，但城镇职工与城乡居民养老保障待遇差距依然较大。表现为，城乡社保的参保覆盖率差异较大，城镇职工养老保险的覆盖范围涵盖所有城镇单位和企事业单位从业人员，居住在城市的城镇居民可自愿参加城镇

① 《底部攻坚，补齐农村教育短板：党的十八大以来我国城乡义务教育一体化改革取得新进展》，《中国教育报》2018 年 8 月 17 日。

居民养老保险，相比之下农村参保范围没有城市广泛，参保选项也较少。与此同时，城乡居民基本养老保险的保障水平差异大，城镇居民养老保险由企业和个人共同缴费，农村居民基本养老保险是由政府按一定标准补贴农民，保障水平普遍较低。2021 年，我国城镇退休人员基本养老金平均已达每人每月 3326 元，企业退休人员月人均养老金水平为 3113 元，而城乡居民养老保险月人均养老金仅 179 元，说明城乡居民较城镇退休和企业退休人员基本养老金水平仍然差距很大。2021 年人口普查数据显示，农村人口老龄化程度要比城镇人口老龄化程度高 50%以上，目前农民领取的城乡居民基本养老保险金过低。[①] 而在城乡居民基本医疗保险方面，城市居民医疗保险基金规模大、报销范围更广，报销比例更高，而农村居民医疗保险基金规模小，保障范围窄，农村居民参加县级合作医疗还需要自筹资金，而且报销比例相对较低。在失业保险方面，城市居民覆盖率较高，保险金水平也较高，农村居民则相反。在社会救助方面，城市居民可以享受低保、特困人员救助等各种社会救助和补贴，农村居民的社会救助与补贴相对较少。此外，由于农村社保受到政府财政投入的限制因素更多，在社保资金统筹运行管理方面相较城市不确定因素更多、更复杂。因此，城乡社会保障在养老、医疗、失业、社会救助等方面差距较大且广泛存在。

四　城乡文化建设不同步

1. 文化资源和要素高度集中于城市

城市作为文明的集中载体，往往文化资源、文化设施、文博会展、文体赛事、文化人才等高度汇聚，建设有城市文化艺术中心、体育运动中心、博物馆、图书馆、规划馆、音乐厅、主题公园、影剧院，常年举办各种类型的文化会展、文艺庆典、艺术展演，包括超级城市综合体、大型商超，汽车、家居、电器、食品等各类型专业市场，都极大地丰富了市民的购物、休闲等文化生活。尤其是城市多姿多彩的夜生活文化，包括“夜食”“夜娱”“夜

① 赵晨熙：《动态调整城乡居民基础养老金标准》，《法治日报》2023 年 1 月 10 日。

游”“夜购”“夜赏”“夜读”“夜行”“夜宿”等一系列属于城市夜间经济的场景活动，使人们的精神文化生活得到了极大地丰富，这也是农村地区无可比拟的文化资源。随着城市文化旅游的兴起，集“吃、住、行、游、购、娱、康、养、学”于一体的网红城市也开始火爆出圈，城市成了国内外文明交流互鉴的重要桥梁和窗口，成了市民娱乐休闲消费的重要载体和场所，丰富了市民群众的精神文化生活，提升了城市品质品位。相反，乡村尽管也有传统农耕文化、传统民俗文化、传统建筑文化，包括众多的非物质文化遗产和其保护展示场馆、非遗传承人，农村手工艺人才等，但相对来说宣传力度、挖掘深度、转换程度都不够，很多乡土文化资源还处于“养在深闺人未识”的未开发状态，即使已经开发了，但在活动规模和影响力、举办频次、参与人数上均远远不及城市。应当说，无论是文化事业建设，还是文化产业发展，农村和城市的差别非常大。

2. 城乡基本公共文化服务发展水平差异较大

党的十八大以来，针对我国农村基层公共文化服务供给不足、文化建设相对薄弱的现状，政府逐年增加对农村公共文化服务建设投入力度，不断满足农村居民日益增长的文化需求。2019 年，全国 2325 个县（市、区）出台公共文化服务目录，494747 个行政村（社区）建成综合性文化服务中心，①虽然我国在基层公共文化服务体系建设方面取得了长足的发展，但在城乡建设均衡化发展方面还存在一定的差距。基层政府的财力相对倾向投入经济发展领域，对农村文化建设投入相对不足。

首先，乡村公共文化服务设施供给不足。文化设施分布不均衡、不健全，很多村没有文化信息资源共享工程、基层服务点和文化大院，没有篮球场等，特别是针对农村留守老年人、儿童、残疾人的农村公共文化和体育设施普遍偏少。其次，农村公共文化服务供给与需求矛盾比较突出。当前，农村公共文化服务的供给主要以政府为主导，实行自上而下的资源输入策略，

① 侯胜东：《提升我国公共文化体育服务效能的问题与对策》，《中国经贸导刊》2022 年第 5 期。

政府在公共文化服务实践中，存在重硬件、轻软件，重数量、轻质量的问题，农村现有的公共文化服务已难以满足人民群众日益个性化的文化需求。最后，农村文化人才队伍相对匮乏，特别是在戏曲、歌舞、话剧、舞台剧、民间文艺等方面的人才数量不足，非遗传承人的数量也呈减少趋势。农村优秀的乡土文化、民俗文化、传统技艺在保护、传承和利用方面，出现青黄不接甚至断层现象，影响和制约了农村优秀文化发扬光大。加之文化人才队伍匮乏的制约，没有专门的文化骨干定期组织集体活动，村上的活动基本是自发组织的，维持时间较短，队伍稳定性不强。与此同时，“文化下乡”“送戏下乡”“送电影下乡”等活动虽在一定时间和一定地域内取得了较好的成效，但是由于不是常态化、常规化，没有“种文化”“培文化”，不能形成持久的文化影响力、渗透力和生长力，无法满足农村人民多元化、经常性的精神文化需求，没有形成农村文化自身的内生发展机制。

3. 城乡居民文化消费能力和结构存在很大的不同

当前，我国城乡居民在文化消费方面，由于消费理念、消费实力、消费习惯、消费对象、消费场景明显不同，因此在文化消费群体、文化消费意愿、文化消费水平、文化消费环境、文化消费时间、文化消费品类、文化消费支出和文化消费服务等多维指标上也存在相当大的差异。从文化消费理念和意愿看，城市居民文化消费的意识比较强，时间上也比较充裕，属于在满足基本物质生活需求之后，自愿追求的精神文化消费，而农村居民的文化消费冲动则表现为普遍不够强，生存型消费的惯性效应仍比较明显。从文化消费设施条件看，城乡之间存在较大差异。2021 年，我国有线广播电视实际用户数达 20423 万户，农村只有 6719 万户。城乡每百户主要耐用消费品拥有量中，城镇居民平均拥有计算机为 63.2 台、照相机 12.7 台，农村居民平均拥有计算机量为 24.6 台、照相机 1.7 台，差距十分明显。从城乡居民人均消费支出构成来看，2021 年农村居民人均教育文化娱乐消费支出 1645.5 元，仅占总消费支出 15915.6 元的 10.3%，相比之下，城镇居民人均教育文化娱乐支出高达 3322 元，是农村居民消费水平的 2 倍，且占总消费支出 30307.2 的 11.0%，高于农村 0.7 个百分点。从文化消费产品看，城市文化消费多样化、精品化、高端化、国际化特点明显，比如各种大型歌剧、舞剧、话剧节目欣赏，比如运动会、演唱会、音乐会、读书会、见面会、游园会、灯会、庙会、巡展等，还有数量众多亲子游乐城、文化旅游城、文化公园等，实现了文化、体育、旅游、商业、科技的跨界融合，文化消费产品和活动呈现新业态、新场景、新模式的发展特点。相比之下，农村居民文化消费产品多限于传统民俗节庆活动、红白喜事文艺表演、文化旅游景点、手机、电视、报纸、杂志等对象，文化消费对象相对有限，文化消费产品品质也相对偏低。

五　城乡生态文明建设不协调

1. 农村生态环境治理投入相较城市仍然不足

我国城市生态环境建设总体上持续推进，城市成为我国生态文明建设的主战场，在建设投入和管理机制较农村地区都相对足量、完善，近年来，我国城市的空气指数、绿化率等宜居指数持续向好，人居环境质量不断提升。相比之下，农村在生态环境建设的资金投入上仍是短板，农村生态环境设施水平上较城市也有较大的差别。第三次全国农业普查数据显示，生活垃圾集中处理或部分集中处理的乡镇为 90.8%，生活垃圾集中处理或部分集中处理的村为 73.9%，生活污水集中处理或部分集中处理的村为 17.4%，完成或部分完成改厕的村 53.5%，[①] 全国农村中经过净化处理的自来水所占比例仅为 47.7%。家庭中无厕所的数量为 469 万户，水冲式卫生厕所仅占 36.2%，普通旱厕占比 46.2%，卫生旱厕仅占 12.4%。[②] 使用柴草作为生活能源的比例高达 44.2%，使用煤作为生活能源的比例为 23.9%，使用沼气的仅为 0.7%。这些数据说明我国农村生态环境治理水平相对较低。《2021 年中国生态环境统计年报》数据显示，2021 年，城市环境基础设施建设投资总额为 6578.3 亿元。其中，燃气工程建设投资为

---

① 孔祥智、赵昶：《农村现代化的内涵及实现路径》，《中国国情国力》2021 年第 4 期。

② 《农村经济持续发展　乡村振兴迈出大步——新中国成立 70 周年经济社会发展成就系列报告》，《新农业》2019 年第 18 期。

305.2 亿元，集中供热工程建设投资为 558.3 亿元，排水工程建设投资为 2714.7 亿元，园林绿化工程建设投资为 2003.1 亿元，市容环境卫生工程建设投资为 997.0 亿元，分别占城市环境基础设施建设投资总额的 4.6%、8.5%、41.3%、30.5%和 15.2%。2023 年财政部下达全国农村环境整治资金 20 亿元，主要用于开展农村环境整治、垃圾分类处理等，以改善农村环境，提高农民生活质量。《2022 年中国生态环境状况公报》显示，2022 年全国城市污水处理厂处理能力为 2.15 亿立方米/日，污水处理率为 97.9%，全国城市生活垃圾无害化处理能力为 109.2 万吨/日，生活垃圾无害化处理率为 99.9%。[①]《中国农村垃圾处理行业发展现状分析与投资前景研究报告（2023~2030 年）》数据显示，2021 年全国农村垃圾产生量为 5.61 亿吨，处理量约为 4.32 亿吨，全国农村垃圾处理率为 76.92%，城乡垃圾处理率差距明显。城乡生态环境治理投入上差距较为明显。

2. 农村生态环境和人居环境总体质量不高

长期以来，农村地区经济社会发展相对落后，农村居民受教育程度不高，群众的生态环保意识相对较弱，片面追求经济效益，而忽视了生态环境的保护，甚至有些地区仍然在走“先污染、后治理”的错误老路，总体而言，农村生态文明建设还存在理念落后、技术落后、人才不足的问题，导致农村生活生产污染程度有不断上升的趋势。与此同时，农业面源污染问题依然突出。我国是世界上化肥生产量和使用量排名第一的国家，农药、化肥、除草剂等广泛使用，导致农产品化学物超标时有发生。《2021 年中国生态环境统计年报》数据显示，工业源（含非重点）氨氮排放量为 1.7 万吨，占 2.0%；农业源氨氮排放量为 26.9 万吨，占 31.0%。全国总磷排放量为 33.8 万吨。其中，工业源（含非重点）总磷排放量为 0.3 万吨，占 0.9%；农业源总磷排放量为 26.5 万吨，占 78.5%；工业源（含非重点）废水中化学需氧量排放量为 42.3 万吨，占 1.7%；农业源化学需氧量排放量为 1676.0 万吨，占 66.2%。数据说明，农业在氨、氮、磷和化学需氧量上的排放远大

① 《2022 中国生态环境状况公报》，2023 年 5 月 29 日。

于工业生产。与此同时，我国农业畜禽养殖污染也不容忽视。当前我国家畜的存栏量和出栏量稳居世界前列，养殖总产值占农业总产值的45%以上，①随着养殖规模的不断扩大，畜禽粪便、废水和刺激性气体对水体、大气、土壤等均造成持续性污染。农村生活垃圾和生活污水也是农村环境污染的重要来源。随着农村生活水平的不断提高，农村居民生活垃圾的种类和数量也有向城市生活垃圾看齐的趋势，但由于农村居民环保意识相对淡薄，垃圾收储基础设施相对缺乏，垃圾随处抛掷、丢弃的现象经常可见，造成对土壤、河流、空气质量的污染。尤其是大量焚烧秸秆释放有毒物质，对空气环境造成显著破坏。此外，农村林业、水资源等生态资源过度开发、土地资源碎片化开发、旅游业过度开发，农业生产方式绿色化、低碳化水平不高，乡村企业污染排放不达标，农村黑臭水体问题，都不同程度地拉大了城乡生态环境的差距。

3. 城市生态环境成本梯度式向农村转移的趋势明显

随着我国城镇化、工业化的进程深入推进，城镇污染型、低效益型的工业也存在一定程度的向农村转移，同时侵占城市周边农业用地的情况也时有发生。目前，城市污染向农村单向梯度转移主要通过三种方式。一是工业污染向农村转移。近年来，城市持续开展蓝天、碧水、净土三大保卫战，成效显著。但在城市污染管控加强的过程中，部分环保不达标的产业和企业向农村县级乃至乡镇转移，还有部分中度生产污染企业，采取一定程度的补偿方式向农村违规或违法转移污染排放物。与此同时，由于农村消费水平较低，部分生态环保要求不达标的产品非法违规向农村市场输送，如不达标的塑料包装、劣质商品、有毒物质超标的食品等，变相地将城市工业污染向广大农村转移。二是城市生活污染向农村转移。包括生活垃圾处理填埋场（厂）、危险废物（医疗废物）集中处理厂，其选址基本以城市周边农村为主。同时，各种工业固体废物、危险废物、城镇生活垃圾、建筑垃圾、未经达标处

① 李舒：《浅谈畜禽养殖业的环境污染问题与管控及资源化利用》，《皮革制作与环保科技》2023年第9期。

理的城镇污水等，以非法手段、隐蔽式向农村河道、路边、池塘转移、倾倒、填埋的行为，形成了农村新的污染源。三是旅游污染向农村转移。由于乡村文化旅游业的兴起，大量市民、游客涌入原生态的乡村，在乡村完成吃、住、行、游、购、娱全要素旅游活动，随之而来产生的餐饮、垃圾、用水、排水、民宿开发等量迅速提升，给相对脆弱的农村生态环境造成较大的冲击。

第二节　中国城乡融合发展质量失衡的实证评价

在我国城乡融合发展过程中，经济、政治、文化、社会、生态文明五大建设领域中都不同程度地表现出城乡差异。当前，我国城乡之间发展不平衡、不充分，与城乡建设发展投入、城乡劳动力素质水平、城乡发展投资和效益、城乡社会基本公共服务供给水平、城乡生态环境治理水平有着必然的联系。通过对国家统计年鉴、年度统计公报、部门统计公报相关数据的查证、分析与对比，笔者重点从城乡人口结构与就业水平、城乡收入水平与消费能力、城乡财政投入与设施供给、城乡公共服务与社会保障、城乡生态环境与治理水平五个维度进行阐释，从相关统计数据出发寻找我国城乡融合发展质量失衡的现实解释，并在此基础上进行客观评价，寻找近十年来我国城乡发展的规律趋势，并由此得出我国城乡融合发展进程中质量失衡背后的基本逻辑。

一　城乡人口结构与就业水平差异大

1. 城镇化进程导致农村人口流失

根据 2014 年至 2023 年《中国统计年鉴》数据，从 2013 年至 2022 年，伴随着我国城镇化进程，农村人口持续减少、城市人口持续增加。十年间，我国的城镇化率由 53.73%提高至 65.22%，农村常住人口也因此由占全国人口的 46.27%降低至 34.80%。一方面，城镇人口由 7.31 亿人增加至 9.21 亿人，增加了 1.90 亿人；另一方面，农村人口则由 6.29 亿人减少至 4.91

亿人，减少了 1.38 亿人，由于农村青壮年劳动力的“出乡进城”，乡村劳动力大量外流，导致了农村人口“空心化”与“老龄化”问题并存。

2. 城乡人口受教育水平差别大

第七次全国人口普查数据显示，在全国 16~59 岁的人口中，城市人口共计 38983 万人，按文化水平划分，其中小学有 2715.0 万人，初中有 12326.0 万人，高中有 9452.0 万人，大学专科有 6737 万人，大学本科有 6652.0 万人，硕士研究生有 803.0 万人，博士研究生有 109.8 万人；乡村人口共计 28588 万人，按文化水平划分，其中小学有 6447.0 万人，初中有 1542.0 万人，高中有 3708.0 万人，大学专科有 1488.0 万人，大学本科有 757.0 万人，硕士研究生有 41.9 万人，博士研究生有 5.47 万人（见图 4-4）。从城乡人口受教育水平比较看，文化水平为小学的人数城市为乡村的 42.1%，初中的人数城市为乡村的 7.99 倍，高中的人数城市为乡村的 2.55 倍，大学专科的人数城市为乡村的 4.53 倍，大学本科的人数城市为乡村的 8.79 倍，硕士研究生人数城市为乡村的 19.16 倍，博士研究生人数城市为乡村的 20.1 倍，数据说明高中学历以上，城市人口受教育程度明显高于乡村人口，且 25 岁以上，约有 2580 万农村人口未上过学，占当年全部农村人口数 50978 万人的 5.06%，而城市仅为 680 万人，仅占当年全部城市人口数 57517 万人的 1.18%。这进一步说明了城乡人口受教育水平的差异。

3. 城乡人口结构比例失衡

根据第七次全国人口普查数据，城镇人口中 60 岁及以上的老人为 1.42 亿人，占比为 15.81%，农村人口中 60 岁及以上的老人为 1.21 亿人，占比为 23.81%，农村高出城镇 8 个百分点。如果按 65 岁计算，城镇人口老龄化程度为 11.11%，农村人口老龄化程度达 17.72%，农村高出城镇 6.61 个百分点。与此同时，农村人口与城镇人口相比，还出现女性占比较高，受教育程度低的人占比较高的特征。

4. 城乡产业结构中就业人口数量失衡

这种失衡表现为农村中农业就业人口的不断下降，城市中工业和服务业就业人口的持续上升。2012~2021 年的十年间，第一产业就业人数由 25773

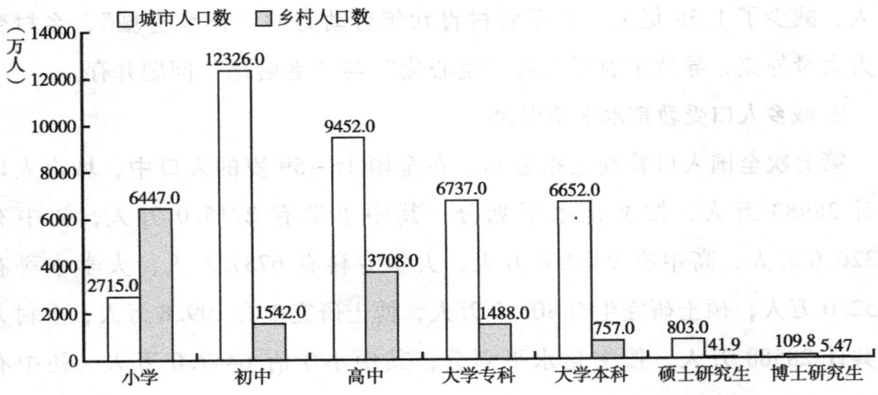

图 4-4　2020 年全国 16~59 岁城乡人口受教育人数差异

资料来源：第七次全国人口普查数据。

万人减少至 17072 万人，减少 8701 万人，占全部就业人数的比例由 33.6%降低至 22.9%，降低了 10.7 个百分点。与此同时，第二、第三产业就业人数由 50931 万人增加至 57580 万人，其就业人数占比由 66.4%提高至 77.1%，提高了 10.7 个百分点。这说明就业人口逐年由第一产业向第二、第三产业流动，第一产业的劳动力人口在逐年减少。

5. 城乡就业人员比例失调

主要表现在全国就业人员中，城乡就业人数占比差距大，2022 年末全国就业人员 7.33 亿人，其中城镇就业人员 4.59 亿人，占全国就业人员比重为 62.6%，而农村就业人员仅为 2.74 亿人，仅占全国就业人员比重的 37.4%，换句话说，全国每 2.67 名就业人员当中，城镇有 1.67 名，农村只有 1 名。2022 年末，全国城镇非就业人口为 4.62 亿人，占城镇总人口的 50.1%，农村非就业人口为 2.17 亿人，占农村总人口的 44.2%，这也说明在城乡就业比例中，农村较城镇低。

6. 农业生产经营人员年龄偏大，受教育程度偏低，主要从事农业行业人员构成附加值总体偏低

第三次全国农业普查数据显示，2016 年，全国农业生产经营人员 31422 万人，年龄 35 岁及以下的 6023 万人，仅占 19.2%；年龄在 36~54 岁的

14848 万人，占比为 47.3%；年龄 55 岁及以上的 10551 万人，占比为 33.6%。[①] 这表明，全国从事农业生产经营人员的年龄总体偏大，36 岁以上人员比例高达 80.9%，55 岁以上占全部人员的 1/3。数据同时还显示，农业生产经营人员受教育程度普遍偏低，其中未上过学的人员数量占比为 6.4%，小学教育程度的人员数量占比为 37.0%，初中教育程度的人员数量占比为 48.4%，高中或中专教育程度的人员数量占比为 7.1%，仅有 1.2% 数量的农业生产经营人员教育程度为大专及以上。此外，在农业生产经营主要从事农业行业人员构成当中，从事种植业的人员数量占比高达 92.9%，从事林业的人员数量占比为 2.2%，从事畜牧业的人员数量占比为 3.5%，从事渔业的人员数量占比仅为 0.8%，而从事农林牧副渔服务业的人员数量占比更是低至 0.6%，总体呈现出与农业产业附加值成反比的就业人员数量分布。

二　城乡收入水平与消费能力差异大

1. 城乡居民可支配收入水平绝对数仍在拉大

2013~2022 年的十年间，我国城镇居民人均可支配收入由 26955 元提高至 49283 元，提高了 22328 元，增幅为 82.8%；农村居民人均可支配收入由 9400 元提高至 20133 元，提高了 10733 元，增幅为 114.2%，表面上看，十年农村居民人均可支配收入的增幅大于城市居民人均可支配收入的增幅，但 2013 年城乡居民可支配收入的绝对差值为 17555 元，而 2022 年这一数值则拉大为 29150 元，十年间城乡居民可支配收入的差值增加了 11595 元，这说明城乡居民收入实际差距仍在拉大（见图 4-5）。此外，近十年来城镇居民的财产性收入增长速度远高于农村居民，城乡收入差距呈扩大趋势。

2. 城乡收入比依然处于高位且有差距减少、逐年放缓的趋势

2013~2022 年的十年间，我国城乡居民收入比由 2.87 : 1 逐年降低至 2.45 : 1，平均每年降低比值为 0.042，呈现逐年缩小趋势，但速度依然比

---

① 覃泽飞：《农业科技微信平台服务推广研究》，湖南农业大学硕士学位论文，2019。

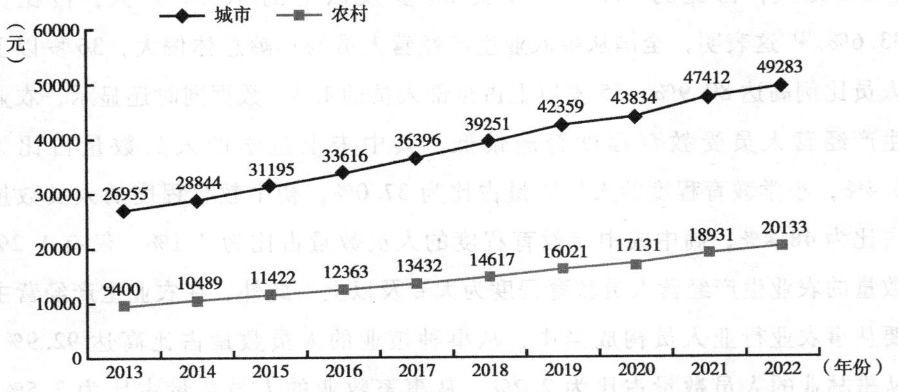

图 4-5　2013~2022 年城乡居民人均可支配收入比较情况

资料来源：2014~2023 年《中国统计年鉴》。

较缓慢。每年比值下降具体为：0.12（2013~2014 年）、0.02（2014~2015 年）、0.01（2015~2016 年）、0.01（2016~2017 年）、0.02（2017~2018 年）、0.05（2018~2019 年）、0.08（2019~2020 年）、0.06（2020~2021 年）、0.05（2021~2022 年），近三年比值下降开始趋缓。相比世界上大多数国家 1.5∶1 的城乡收入比（不仅是发达国家，很多发展中国家的城乡收入比也处于这样一个水平，国际上最高为 2 倍左右），我国当前的城乡收入依然处于高位运行。2035 年我国的发展目标是基本实现社会主义现代化，如果按照当前的递减速度，届时城乡收入比将降低比值 0.55 达到 1.9，显然与 1.5∶1 还有较大差距（见表 4-1）。

表 4-1　2013~2022 年我国城乡居民人均可支配收入及比值情况

单位：元

项目	2013 年	2014 年	2015 年	2016 年	2017 年	2018 年	2019 年	2020 年	2021 年	2022 年
城镇	26955	28844	31195	33616	36396	39251	42359	43834	47412	49283
农村	9400	10489	11422	12363	13432	14617	16021	17131	18931	20133
比值	2.87∶1	2.75∶1	2.73∶1	2.72∶1	2.71∶1	2.69∶1	2.64∶1	2.56∶1	2.50∶1	2.45∶1

资料来源：国家统计局。

3. 全国农民工工资水平明显低于城镇就业人员工资水平

近十年来，全国农民工工资水平其差值和增幅均低于同期全国城镇私营单位就业人员工资水平、均明显低于同期全国城镇非私营单位就业人员工资水平。2013~2022年的十年间，全国农民工人均年收入由31308元提高至55380元，实际增加24072元，其人均月收入由2609元提高至4615元，增幅为76.9%。2013~2022年的十年间，全国城镇私营单位就业人员年平均工资由32706元增长至65237元，实际增加32531元，其人均月收入由2726元增长至5436元，增幅为99.4%。2013~2022年的十年间，全国城镇非私营单位就业人员人均年收入由51474元增长至114029元，实际增加62555元，人均月收入由4290元增长至9502元，增幅为121.5%（见图4-6）。

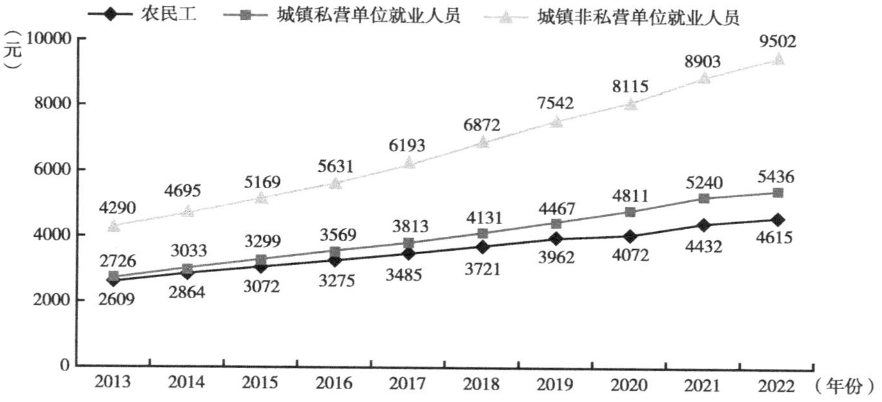

图4-6　2013~2022年农民工、城镇私营单位及城镇非私营单位就业人员人均月收入情况对比

资料来源：2014~2023年《中国统计年鉴》。

数据表明，进城务工的农民工，其2022年工资收入水平（4615元/月）还不及八年前城镇非私营单位人员收入水平（4695元/月），其收入增长数量和增长速度都明显低于同期城镇就业人员。

4. 城乡居民消费水平绝对差距仍在拉大

2013~2022年的十年间，我国城镇居民人均消费支出由18500元提高至

30391 元，提高了 11891 元，增幅为 64.3%；农村居民人均消费支出由 7500 元提高至 16632 元，提高了 9132 元，增幅为 121.76%。表面上看，十年农村居民人均消费支出的增幅大于城市居民人均消费支出的增幅，但 2013 年城乡居民人均消费支出的绝对差值为 11000 元，而 2022 年这一数值则拉大为 13759 元，十年间城乡居民人均消费支出的差值增加了 2759 元，这说明城乡居民人均消费支出的实际差距仍在拉大。

5. 城乡居民主要耐用品消费拥有量仍有明显差距

国家统计局《中国统计年鉴》数据显示，2021 年，我国城乡居民平均每百户耐用品拥有量中，城市居民家用汽车拥有量为 50.1 辆，而农村居民仅为 30.2 辆；城市居民洗衣机拥有量为 100.5 台，而农村居民为 96.1 台；城市居民微波炉拥有量为 55.4 台，而农村居民仅为 22.2 台；城市居民空调拥有量为 161.7 台，而农村居民仅为 89 台；城市居民热水器拥有量为 98.1 台，而农村居民仅为 77.9 台；城市居民排油烟机拥有量为 82.3 台，而农村居民仅为 36.6 台；城市居民拥有计算机为 63.2 台，而农村居民仅为 24.6 台；城市居民拥有照相机为 12.7 台，而农村居民仅为 1.7 台。从以上数据可以看出，城乡居民在主要耐用品消费上，尤其是在汽车、微波炉、排油烟机、计算机、照相机等反映生活水准和品质的消费品上，消费能力仍然差距明显。

6. 全国城乡居民恩格尔系数呈反弹上升趋势

2013~2018 年城乡居民恩格尔系数逐步下降之后，从 2019 年开始到 2022 年，全国城乡居民恩格尔系数又开始反弹上升。全国城乡居民恩格尔系数由 28.2%上升为 30.5%，整体上升了 2.3 个百分点，其中农村居民恩格尔系数由 30.0%上升为 33.0%，上升了 3.0 个百分点，城镇居民恩格尔系数由 27.6%上升为 28.8%，上升了 1.2 个百分点，说明同期居民恩格尔系数上升幅度，农村大于城镇。尽管按照联合国粮食及农业组织的标准，恩格尔系数 30%~40%为富裕水平，但是近年来我国城乡整体以及城镇和乡村的居民恩格尔系数呈反弹上升趋势仍值得警惕，从一定程度上反映了居民消费结构变动以及居民收入增加速度放缓的趋势。

三 城乡财政投入与设施供给差异大

1. 城乡建设财政性资金投资数量明显城多乡少

从供水、燃气、集中供热、道路桥梁、排水（污水处理）、园林绿化、环境卫生（垃圾处理）等市政公用设施城乡财政资金投入上横向比较来看，2021 年，全国城市市政公用设施建设固定资产投资达 23371.7 亿元，占同期全社会固定资产投资比重为 4.23%，占同期国内生产总值的比重为 2.04%。2021 年，全国建制镇市政公用设施国家资产投资额为 1849.0 亿元，全国乡建设中市政公用设施国家资产投资额为 150.8 亿元，全国村庄建设中市政公用设施国家资产投资额为 3356.6 亿元，镇、乡、村三级市政公用设施固定资产投资总额为 5356.4 亿元，比重仅占同期全国城乡市政公用设施固定资产投资的 18.65%（见图 4-7）。全国城乡市政公用设施建设固定资产投资比例为 100 ∶ 22.9，接近 4 ∶ 1 的水平。纵向比较看，从 2013 年到 2021 年的九年间，全国城市市政公用设施建设固定资产投资总额达到了 171491.9 亿元，其间，全国建制镇市政公用设施建设固定资产投资总额为 15944.8 亿元，全国乡市政公用设施建设固定资产投资总额为 1405.7 亿元，全国村庄市政公用设施建设固定资产投资总额为 23224.4 亿元（见表 4-2）。

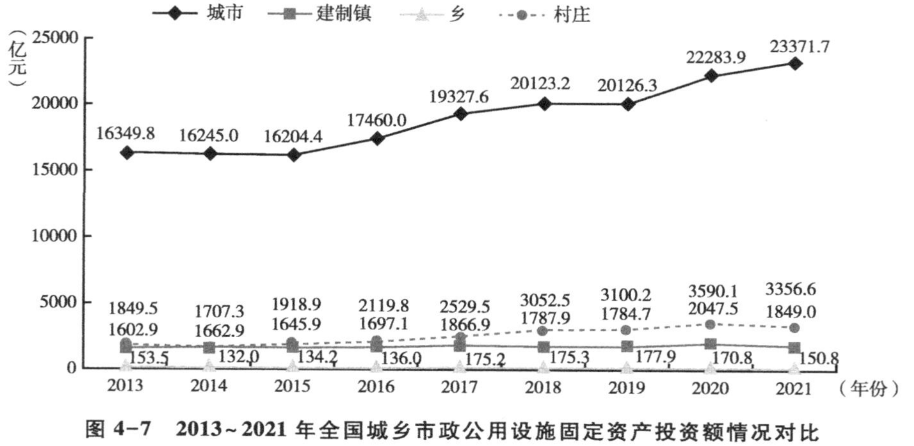

图 4-7 2013~2021 年全国城乡市政公用设施固定资产投资额情况对比

资料来源：2014~2023 年《中国城乡建设统计年鉴》。

九年间镇、乡、村三级市政公用设施固定资产投资总额为 40574.9 亿元，全国城乡市政公用设施建设固定资产投资比例为 100：23.65，同样接近4：1 的水平，说明近十年来，城市与建制镇、乡、村庄在市政固定资产投资上基本没有发生数量的改变（见表 4-2）。

表 4-2 2013~2021 年全国城乡市政公用设施固定资产投资额情况

单位：亿元

年份	城市	建制镇	乡	村庄
2013	16349.8	1602.9	153.5	1849.5
2014	16245.0	1662.9	132.0	1707.3
2015	16204.4	1645.9	134.2	1918.9
2016	17460	1697.1	136.0	2119.8
2017	19327.6	1866.9	175.2	2529.5
2018	20123.2	1787.9	175.3	3052.5
2019	20126.3	1784.7	177.9	3100.2
2020	22283.9	2047.5	170.8	3590.1
2021	23371.7	1849.0	150.8	3356.6
总计	171491.9	15944.8	1405.7	23224.4

资料来源：2014~2023 年《中国城乡建设统计年鉴》。

2. 全社会固定资产投资中第一产业和农户固定资产投资占比畸小

2022 年我国全社会固定资产投资为 579556 亿元，而全社会固定资产投资为（不含农户）572138 亿元，因此农户固定资产投资仅为 7418 亿元，占比仅为 1.28%。在全社会固定资产投资（不含农户）572138 亿元中，第一产业投资 14293 亿元，比上年增长 0.1%；第二产业投资 184004 亿元，增长 9.9%；第三产业投资 373842 亿元，增长 3.0%。第三产业固定资产投资额是第一产业固定资产投资额的 26 倍多，第二产业固定资产投资额是第一产业固定资产投资额的近 13 倍，且第一产业投资增长只有 0.13%，远低于第二、第三产业投资增长幅度。这表明全社会固定资产投资只有极少部分进入农业领域。2013~2022 年的十年间，全社会固定资产投资（不含农户）共计 5541013 亿元。其中，第一产业投资额共计为 153431 亿元，占比 2.8%；

第二产业投资额共计 1986100 亿元，占比 35.8%；第三产业投资额共计 3401482 亿元，占比 61.4%（见表 4-3、图 4-8、图 4-9）。同样表现为第一产业投资额远小于第二、第三产业的投资额。

表 4-3　2013~2022 年全国全社会固定资产投资三次产业投资情况

单位：亿元

年份	第一产业	第二产业	第三产业
2013	9241	184804	242482
2014	11983	208107	281915
2015	15561	224090	311939
2016	18838	231826	345837
2017	20892	235751	375040
2018	22413	237899	375324
2019	12633	163070	375775
2020	13302	149154	356451
2021	14275	167395	362877
2022	14293	184004	373842
总计	153431	1986100	3401482

资料来源：2013~2022 年国家统计公报。

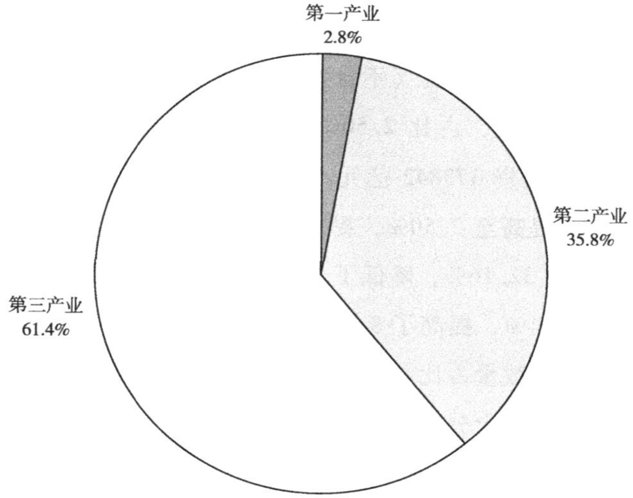

图 4-8　2013~2022 年三次产业全社会固定资产投资总额（不含农户）占比情况

资料来源：2014~2023 年《中国统计年鉴》。

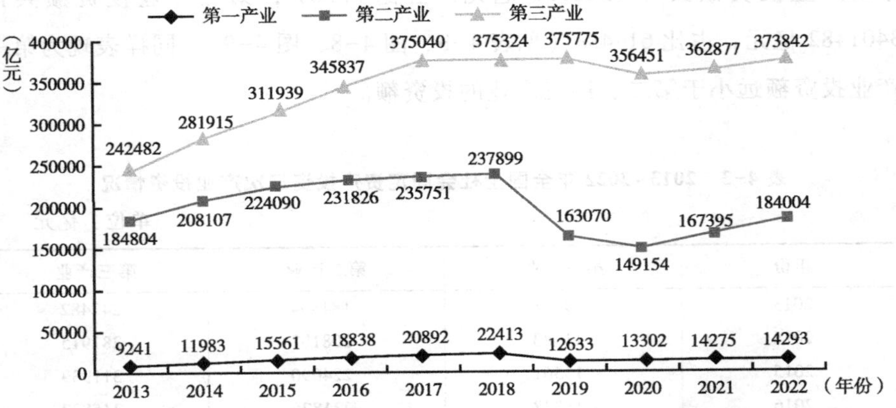

图 4-9　2013~2022 年全国全社会固定资产投资三次产业投资走势情况

资料来源：2014~2023 年《中国统计年鉴》。

3. 全社会固定资产投资总体趋势为第一产业极少增加，第二产业较大减少，第三产业较大增加

2013 年全社会固定资产投资（不含农户）总额为 436527 亿元。其中，第一产业固定资产投资 9241 亿元，占比 2.12%；第二产业投资额 184804 亿元，占比 42.4%；第三产业投资额 242482 亿元，占比 55.5%。对比 2022 年的数据，全社会固定资产投资（不含农户）总额为 572139 亿元。其中，第一产业投资 14293 亿元，占比 2.50%；第二产业投资 184004 亿元，占比 32.16%；第三产业投资 373842 亿元，占比 65.34%。可以看出，第一产业投资占比从 2.12%提高至 2.50%，提高了 0.38 个百分点，第二产业投资占比从 42.34%降低至 32.16%，降低了 10.18 个百分点，第三产业投资占比从 55.55%提高至 65.34%，提高了 9.79 个百分点。总体而言，总投资额中资金向第一产业流动的数量占比基本没变，向第三产业流动的趋势比较明显，从第二产业抽离的趋势十分明显。

4. 城乡市政公用设施水平相差较大

2021 年，全国城市供水普及率为 99.38%，燃气普及率为 98.04%，人均道路面积为 18.84 平方米，污水处理率为 97.89%，其中污水处理厂集中处理率为 96.24%，建成区绿化覆盖率为 42.42%，建成区绿地率为 38.70%，人均公园绿化面积为 14.87 平方米，生活垃圾处理率为 99.97%，其中生活垃圾无害化处理率为 99.88%，每万人拥有公厕数为 3.29 座。2021 年，全国县城供水普及率为 97.42%，燃气普及率为 90.32%，人均道路面积为 19.68 平方米，污水处理率为 96.11%，其中污水处理厂集中处理率为 95.63%，建成区绿化覆盖率为 38.30%，建成区绿地率为 34.38%，人均公园绿化面积为 14.01 平方米，生活垃圾处理率为 99.68%，其中生活垃圾无害化处理率为 98.47%，每万人拥有公厕数为 3.75 座。2021 年，全国建制镇供水普及率为 90.27%，燃气普及率为 58.93%，污水处理率为 61.95%，其中污水处理厂集中处理率为 52.68%，建成区绿化覆盖率 16.98%，建成区绿地率为 10.88%，人均公园绿化面积为 2.69 平方米，生活垃圾处理率为 91.12%，其中生活垃圾无害化处理率为 75.84%。2021 年，全国乡供水普及率为 84.16%，燃气普及率为 33.63%，污水处理率为 26.97%，其中污水处理厂集中处理率为 17.02%，建成区绿化覆盖率为 15.16%，建成区绿地率为 8.63%，人均公园绿化面积为 1.69 平方米，生活垃圾处理率为 81.78%，其中生活垃圾无害化处理率为 56.60%。2021 年，全国村庄供水普及率为 85.33%，集中供水的行政村占比 83.64%。对比之下，城市、县城、建制镇、乡、村庄市政公用设施水平除个别指标之外，基本呈递减趋势明显，城市与建制镇、乡、村庄差别更大（见表 4-4）。

表 4-4　2021 年城市、县城、建制镇、乡、村庄市政公用设施指标情况

公用设施指标	城市	县城	建制镇	乡	村庄
供水普及率(%)	99.38	97.42	90.27	84.16	85.33
燃气普及率(%)	98.04	90.32	58.93	33.63	38.19
人均道路面积(平方米)	18.84	19.68	16.44	22.97	—
污水处理率(%)	97.89	96.11	61.95	26.97	—
污水处理厂集中处理率(%)	96.24	95.63	52.68	17.02	—
建成区绿化覆盖率(%)	42.42	38.30	16.98	15.16	—

续表

公用设施指标	城市	县城	建制镇	乡	村庄
建成区绿地率(%)	38.70	34.38	10.88	8.63	—
人均公园绿化面积(平方米)	14.87	14.01	2.69	1.69	—
生活垃圾处理率(%)	99.97	99.68	91.12	81.78	—
生活垃圾无害化处理率(%)	99.88	98.47	75.84	56.60	—
每万人拥有公厕数(座)	3.29	3.75	7.65	16.63	—

资料来源：2014~2023 年《中国城乡建设统计年鉴》

四　城乡公共服务与社会保障仍有较大差异

1. 城乡基本教育设施和师资水平差别较大

总体而言，我国乡教育资源不均衡的现状表现在师资力量、教育设施、教育资源分配和教育质量等多个方面。城市学校通常拥有更好的教学设施，如实验室、图书馆、体育设施等，而农村学校则往往设施简陋，甚至缺乏基本的教学设备，这种不均衡严重影响了农村学生的学习环境和质量。城市学校往往能够吸引更多优秀的教师，而农村学校则常常面临师资短缺、教师素质不高等问题，这种不均衡导致农村学生在接受教育时无法享受到与城市学生同等水平的教学。城市学校的教育质量普遍较高，而农村学校的教育质量则相对较低，这种不均衡不仅影响了农村学生的学业成绩，也限制了他们未来的发展机会。根据《2021 年教育统计数据》，无论是学前教育阶段，还是义务教育阶段，抑或高中教育阶段，城乡在学校人均校舍面积、人均教职工数、在班人数、办学条件、高学历专任教师资源分布等指标上，都存在比较明显的差别。我国学前教育阶段，幼儿园在园人数：城区为 21178133 人，镇区为 17703736 人，合计为 38881869 人，乡村为 9170194 人。幼儿园校舍面积中，城区为 213857908.18 平方米，镇区为 164931071.93 平方米，合计为 378788980.1 平方米，人均 9.74 平方米；乡村为 81856220.10 平方米，人均 8.92 平方米，相差 0.82 平方米/人。幼儿园教职工数中，城区为

2968435人，镇区为1891148人，合计为4859583人，平均1名教职工管理8名幼儿；乡村为806601人，平均1名教职工管理11.4名幼儿，存在明显数量区别。我国义务教育阶段，小学在校学生数，城区为44602238人，镇区为40723223人，合计为85325461人，乡村为22473888人。小学班数量，城区为1013942个，镇区为997151个，合计为2011093个，平均每班42.4人；乡村为859544个，平均每班26人，城乡班级人数平均相差16.4人，从一定程度上反映了义务教育阶段乡村受教育学生数量明显低于城市。在小学办学条件中，无线网全覆盖数，城区为24659所，镇区为33482所，合计为58141所，占所有城市校数72732的80%；乡村为58139所，占所有农村校数81547所的71%，相差9个百分点。我国初中教育阶段，在校学生数，城区为20172559人，镇区为23912325人，合计为44084884人，乡村为6099489人。专任教师中本科学历人数，城区为3394217人，镇区为1335194人，合计为4729411人，生师比为9.32；乡村为446939人，生师比为13.6，表明更多优质教师资源集中在城市。我国高中教育阶段，在校学生数，城区为12971909人，镇区为12089640人，合计为25061549人，乡村为988742人。专任教师中中级职称人数，城区为382705人，镇区为310664人，合计为693369人，生师比为36.1，乡村为21465人，生师比为46.1，生师比相差10，表明更多主力教师资源集中在城市。

2. 乡村医疗卫生资源在缩减的同时城市医疗卫生资源在扩大

城乡医疗卫生机构数量差距日益拉大。2021年，全国医疗卫生机构数量中，医院36570家，乡镇卫生院为34943家，村卫生室为599292家。值得注意的是从2012年起，乡镇卫生院和村卫生室的数量不增反降。其中，乡镇卫生院从37097家逐年递减至34943家，十年间减少了2154家；而村卫生室则从653419家逐年降至599292家，十年间减少了54127家。而同期医院数量则从2012年的23170家增加至36570家，十年间增加了13400家。城乡医疗卫生机构人员数量和质量差别较大。2021年，乡村医生和卫生员数量为696749人，2012年这一数量为1094419人，十年间呈逐年递减趋势，共减少 397670 人（见图 4-10），流失比例竟高达 36.3%，且 2020 年该数值为 795510 人，仅仅 1 年时间，陡然下降 98761 人，接近 10 万人之多，这表明乡村医务人员正在快速减少，这一现象非常值得关注和警惕。

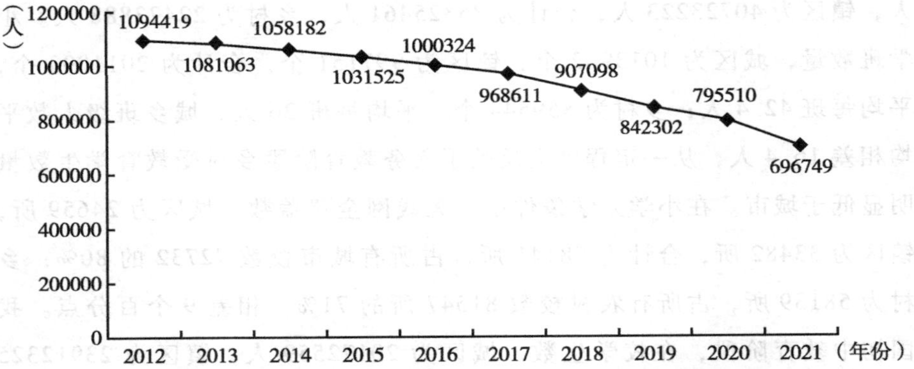

图 4-10　2012~2021 年全国乡村医生和卫生员人数变化趋势情况

资料来源：《2022 中国卫生健康统计年鉴》。

2021 年，每千人口医疗卫生机构床位数，城市为 7.47 张，农村为 6.01 张，且拥有 100 张床位以上的乡镇卫生院数量为 3132 家，占全部乡镇卫生院数量 34943 的 8.96%，拥有 10~29 张床位的有 12379 家，占总数量的 35.4%，说明乡村总体上医疗卫生床位仍有一定的缺口。2021 年，乡镇卫生院共有执业（助理）医师 525274 人，执业医师 321373 人，注册护士 424982 人，共计 1271629 人。2021 年，村卫生室共有执业（助理）医师 237484 人，执业医师 61761 人，注册护士 34645 人，共计 333890 人。以乡镇卫生院和村卫生室此两项主要代表乡村医疗卫生机构，其机构人员数量为：执业（助理）医师 762758 人，执业医师 383134 人，注册护士 459627 人，共计 1605519 人，即约 160 万人。2021 年，医院共有执业（助理）医师 2396771 人，执业医师 2241855 人，注册护士 3586736 人，共计 8225362 人。2021 年，社区卫生服务中心（站）共有执业（助理）医师 245328 人，执业医师 202900 人，注册护士 237441 人，共计 685669 人。以医院和社区卫生服务中心（站）此两项主要代表城市医疗卫生机构，其机构人员数量为：执业（助理）医师 2642099 人，执业医师 2444755 人，注册护士 3824177 人，共计 8911031 人，即约 891 万人。因此，城乡医疗卫生机构中，执业（助理）医师数量比值为 100：28.87，执业医师数量比值为 100：15.67，注册护士数量比值为 100：12.02，人员总数比值为 100：18.02。2021 年，每千人卫生技术人员数中，卫生技术人员城市为 9.87 人，农村为 6.27 人；执业（助理）医生城市为 3.73 人，农村为 2.42 人；执业医师城市为 3.37 人，农村为 1.81 人；注册护士城市为 4.58 人，农村为 2.64 人。上述数据充分说明城乡医疗卫生机构存在人员数量和质量上的明显差异。

2012~2021 年的十年间，每千人口城市卫生技术人员数由 8.54 人增至 9.87 人，每千人口农村卫生技术人员数由 3.41 人增至 6.27 人，2021 年乡村相比城市仍然有 3.6 人的数值差别。每千人口城市执业（助理）医师人员数由 3.19 人增至 3.73 人，每千人口农村执业（助理）医师人员数由 1.40 人增至 2.42 人，2021 年乡村相比城市仍然有 1.31 人的数值差别。每千人口城市注册护士人员数由 3.65 人增至 4.58 人，每千人口农村注册护士人员数由 1.09 人增至 2.64 人，2021 年乡村相比城市仍然有 1.94 人的数值差别（见表 4-5）。值得注意的是，从 2020 年开始，近两年城、乡医疗卫生技术人员、执业（助理）医师、注册护士等，每千人口数量分别呈现较快下降和较快上升趋势（见图 4-11、图 4-12、图 4-13）。

表 4-5 2012~2021 年每千人口城乡医护人员数量对比情况

单位：人

年份	每千人口城市卫生技术人员数	每千人口农村卫生技术人员数	每千人口城市执业（助理）医师人员数	每千人口农村执业（助理）医师人员数	每千人口城市注册护士人员数	每千人口农村注册护士人员数
2012	8.54	3.41	3.19	1.40	3.65	1.09
2013	9.18	3.64	3.39	1.48	4.00	1.22
2014	9.70	3.77	3.54	1.51	4.30	1.31
2015	10.21	3.90	3.72	1.55	4.58	1.39
2016	10.42	4.08	3.79	1.61	4.75	1.50
2017	10.87	4.28	3.97	1.68	5.01	1.62

续表

年份	每千人口城市卫生技术人员数	每千人口农村卫生技术人员数	每千人口城市执业(助理)医师人员数	每千人口农村执业(助理)医师人员数	每千人口城市注册护士人员数	每千人口农村注册护士人员数
2018	10.91	4.63	4.01	1.82	5.08	1.80
2019	11.10	4.96	4.10	1.96	5.22	1.99
2020	11.46	5.18	4.25	2.06	5.40	2.10
2021	9.87	6.27	3.73	2.42	4.58	2.64

资料来源：《2022 中国卫生健康统计年鉴》。

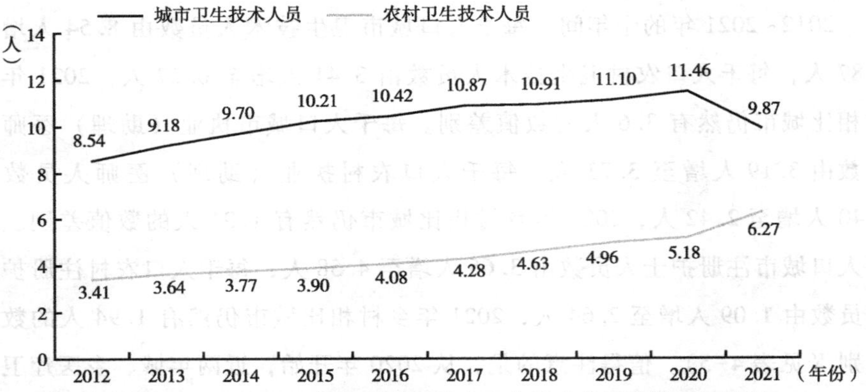

图 4-11　2012~2021 年每千人口城乡卫生技术人员数量对比情况

资料来源：《2022 中国卫生健康统计年鉴》。

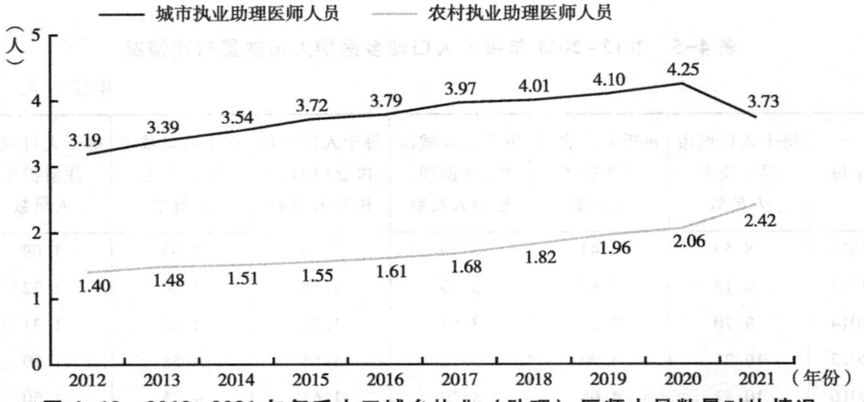

图 4-12　2012~2021 年每千人口城乡执业（助理）医师人员数量对比情况

资料来源：《2022 中国卫生健康统计年鉴》。

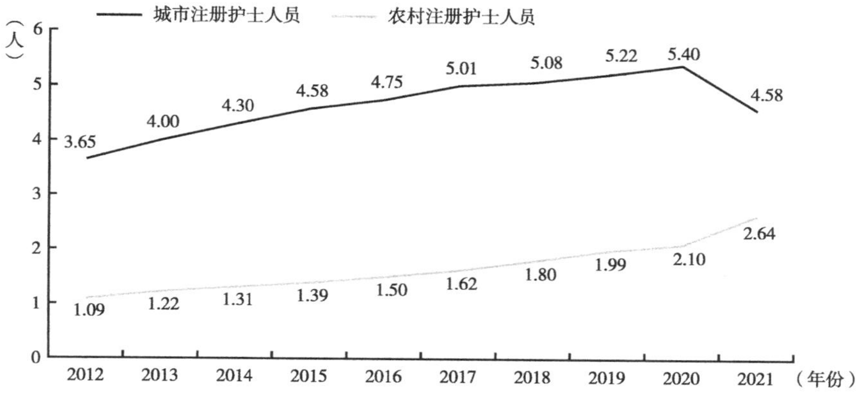

图 4-13　2012~2021 年每千人口城乡注册护士人员数量对比情况

资料来源：《2022 中国卫生健康统计年鉴》。

3. 城乡社会保障力度和水平差距仍然较为明显

劳动与就业方面。年末全国就业人员 73351 万人，其中城镇就业人员 45931 万人，占全国就业人员比重 62.6%，农村就业人员 27420 万人，占全国就业人员比重 37.4%，说明城镇是人员就业的主要载体。全国就业人员中，第一产业就业人员占 24.1%，第二产业就业人员占 28.8%，第三产业就业人员占 47.1%，说明第一产业吸纳就业人员数量明显低于第二、第三产业，农业就业仍有较大发展空间。2022 年全国农民工总量 29562 万人，比上年增长 1.1%。其中，本地农民工 12372 万人，增长 2.4%；外出农民工 17190 万人，[①] 增长 0.1%，这说明城乡劳动力单向流动的增长趋势虽有所减缓但仍在增长，仅是跨地区流动趋势减弱了。养老保险方面。2022 年末，全国参加基本养老保险人数 105307 万人，包括城镇职工基本养老保险人数 50355 万人和城乡居民基本养老保险人数 54952 万人。2022 年末，城镇职工基本养老保险基金累计结余 56890 亿元，城乡居民基本养老保险基金累计结余 12962 亿元，从两项基金结余来看，城镇职工基本养老保险基金是城乡居民基本养老保险基金的 4.39 倍，说明城乡养老保险

① 《中华人民共和国 2022 年国民经济和社会发展统计公报》，《人民日报》2023 年 3 月 1 日。

的待遇差别较大。最低生活保障方面。根据《2022年民政事业发展统计公报》数据，截至2022年底，全国共有城市低保对象423.8万户、682.4万人，农村低保对象1896.7万户、3349.6万人，城乡比分别为1∶4.48和1∶4.91，说明农村低保人数数量多且占比大。2022年，全国城市低保平均保障标准752.3元/人·月，全国农村低保平均保障标准582.1元/人·月，城乡比为1∶0.77，说明农村低保金额较城市低保金额仍有较大差距。截至2022年底，全国共有农村特困人员434.5万人，城市特困人员35.0万人，城乡比为1∶0.08，说明农村特困人员数量远远多于城市特困人员。2022年，农村特困人员分散供养人数为368.1万人，加上农村特困人员集中供养和农村最低生活保障人数，三项共计4152.2万人，说明农村仍有相当规模和数量的人群需要政府给予基本生活保障。2022年，以四川省为例，城市居民最低生活保障标准低限为680元/月，农村居民最低生活保障标准低限为480元/月，[①] 相当于城市标准的70.6%；2022年，湖南省城市居民最低生活保障标准低限为600元/月，农村居民最低生活保障标准低限为402.8元/月，相当于城市标准的67.1%；2022年，广东省汕头、韶关、河源等12个四类地区，城市居民最低生活保障标准低限为828元/月，农村居民最低生活保障标准低限为579元/月，相当于城市标准的69.9%。以上数据表明，在我国大部分地区，特别是中、西部地区，农村居民最低生活保障标准仅相当于城市居民的70%左右，最低生活方面城乡保障区别较大。

五　城乡生态环境与治理投入差异大

1.城乡生态环境污染排放量水平存在较大差异

2021年，全国化学需氧量主要来源排放量为2530.1万吨。其中，工业源（含非重点）废水中化学需氧量排放量为42.3万吨，占1.7%；农业源

① 周敏：《我州调整2022年城乡居民最低生活保障标准》，《凉山日报（汉）》2022年9月22日。

化学需氧量排放量为 1676.0 万吨，占 66.2%；生活源污水中化学需氧量排放量为 811.8 万吨，占 32.1%（见表 4-6）。数据表明，农村依然是化学需氧量排放的主要空间，说明农村有机污染程度相比城市更为严重，是国家减排的重点区域。

表 4-6　2021 年全国及分源化学需氧量排放情况

单位：万吨，%

项目	工业源（含非重点）	农业源	生活源	合计
排放量	42.3	1676.0	811.8	2530.1
占比	1.7	66.2	32.1	100.0

资料来源：《2021 年中国生态环境统计公报》。

2021 年，全国氨氮排放量为 86.6 万吨。其中，工业源（含非重点）氨氮排放量为 1.7 万吨，占 2.0%；农业源氨氮排放量为 26.9 万吨，占 31.1%；生活源氨氮排放量为 58.0 万吨，占 66.9%（见表 4-7）。数据表明，农业生产产生的氨氮排放远高于工业源，主要来源则是生猪、奶牛、肉牛、蛋鸡、肉鸡五类畜禽的畜禽养殖业，包括种植业和水产养殖业也是其来源。尽管生活源氨氮排放占总量的 66.9%，但最终仍以居民生活垃圾、生活污水、雨水、地表径流、河流、大气等各种形式和渠道分散或扩散至广大农村地区。

表 4-7　2021 年全国及分源氨氮排放情况

单位：万吨，%

项目	工业源（含非重点）	农业源	生活源	合计
排放量	1.7	26.9	58.0	86.6
占比	2.0	31.1	66.9	100.0

资料来源：《2021 年中国生态环境统计公报》。

2021 年，全国总氮排放量为 316.5 万吨。其中，工业源（含非重点）总氮排放量为 10.0 万吨，占 3.2%；农业源总氮排放量为 168.5 万吨，占

53.2%；生活源总氮排放量为138.0万吨，占43.6%（见表4-8）。数据表明，农业生产产生的总氨排放远高于工业源，主要来源则是生猪、奶牛、肉牛、蛋鸡、肉鸡五类畜禽的畜禽养殖业，包括种植业和水产养殖业也是其来源。尽管生活源氨氮排放占总量的43.6%，但最终仍以居民生活垃圾、生活污水、雨水、地表径流、河流、大气等各种形式和渠道分散和扩散至广大农村地区。

表4-8　2021年全国及分源总氮排放情况

单位：万吨，%

项目	工业源（含非重点）	农业源	生活源	合计
排放量	10.0	168.5	138.0	316.5
占比	3.2	53.2	43.6	100.0

资料来源：《2021年中国生态环境统计公报》。

2021年，全国总磷排放量为33.8万吨。其中，工业源（含非重点）总磷排放量为0.3万吨，占0.9%；农业源总磷排放量为26.5万吨，占78.4%；生活源总磷排放量为7.0万吨，占20.7%（见表4-9）。数据表明，工业源占比不到1%，生活源也仅占20.7%，农业生产是全国总磷排放的主要来源，接近80%，这主要还是在农业生产过程中大量使用农药、化肥、除草剂等导致的结果。

表4-9　2021年全国及分源总磷排放情况

单位：万吨，%

项目	工业源（含非重点）	农业源	生活源	合计
排放量	0.3	26.5	7.0	33.8
占比	0.9	78.4	20.7	100.0

资料来源：《2021年中国生态环境统计公报》。

2. 城乡生态环境治理投入方面主要集中于城市地区和工业部门

根据《2021年中国生态环境统计公报》数据，全国环境污染治理投资包括老工业污染源治理投资、建设项目竣工验收环保投资、城市环境基础设施建设投资三个部分。其中，城市环境基础设施建设投资数据来源于住房和城乡建设部门公开数据，老工业污染源治理投资、建设项目竣工验收环保投资数据来源于排放源统计调查。2021 年，全国环境污染治理投资总额为 9491.8 亿元，占国内生产总值（GDP）的 0.8%，占全社会固定资产投资总额的 1.7%。其中，城市环境基础设施建设投资为 6578.3 亿元，老工业污染源治理投资为 335.2 亿元，建设项目竣工验收环保投资为 2578.3 亿元，分别占环境污染治理投资总额的 69.3%、3.5%和 27.2%（见表4-10）。[①] 因为该项目没有列举农村环境基础设施建设投资部分，因而无法直接比较城乡生态环境治理投入区别。但仅从城市和老工业这两项偏重城市地区环境污染治理投资看，总量已达 6913.5 亿元，接近 7000 亿元，数量较大。

表 4-10　全国环境污染治理情况

单位：亿元，%

项目	投资总额	城市环境基础设施建设投资	老工业污染源治理投资	建设项目竣工验收环保投资
金额	9491.8	6578.3	335.2	2578.3
占比	100.0	69.3	3.5	27.2

资料来源：《2021 年中国生态环境统计公报》。

根据财政部公布的 2022 年全国财政决算，2022 年全国一般公共预算支出决算中，用于农村环境保护专项的费用为 245.82 亿元，而 2022 年地方一般公共预算支出决算中，用于农村环境保护专项的费用为 244.20 亿元，全国和地方两项费用之和为 490.02 亿元，仅占全国城市环境基础设施建设投资额 6578.3 亿元的 7.45%，这也从一个侧面反映了全国城乡生态环境治理财政投入方面依然存在巨大差别。

① 白瑞雪、张筱、安志勇：《把握环境健康与现代产权制度建设，合力推进共同富裕》，《中国发展观察》2022 年第 8 期。

第三节　中国城乡融合发展质量失衡的成因剖析

我国城乡融合发展质量失衡的现象包括城乡经济建设不平衡、城乡政治建设不协同、城乡社会建设不均衡、城乡文化建设不同步、城乡生态文明建设不协调等五个维度，并通过国家和相关部门统计数据的实证评价，得出造成这种格局的基本背景是因为城乡人口结构与就业水平差异大、城乡收入水平与消费能力差异大、城乡财政投入与设施供给差异大、城乡公共服务与社会保障差异大、城乡生态环境与治理投入差异大，但是形成这些差异背后深层次的具体原因是什么值得深思和剖析，透过现象看本质，发现造成我国城乡融合发展质量失衡的根本性原因是城乡人口发展能力不对等、城乡要素流动动力不对等、城乡政策配置效力不对等、城乡资源价值交换不对等、城乡生态损害成本不对等，这五个不对等分别从人口、要素、政策、价值、成本的角度透视了造成我国城乡融合发展失衡的核心关键，是一种新的阐释视角和理解思路。

一　城乡人口发展能力不对等

人口发展能力，是一个地区或国家综合竞争力中最关键的因素，人口是一切经济和社会活动的起始条件。人口的发展意愿、发展素质与发展能力决定了对物质与精神世界的追求水平，决定了对周围环境的改造水平，决定了对社会财富的创造水平，决定了整体社会发展的面貌。在我国，城乡人口发展能力不对等，城市人口的发展能力明显高于乡村人口的发展能力，其经济价值、社会价值、政治价值、文化价值、生态价值的实现程度，都存在明显的区别，在这种原始条件的不同作用下，城乡经济、社会、政治、文化、生态文明建设都相应地出现了发展质量失衡的结果，城市成为人口活跃和创造财富的主阵地，乡村成为人口流失和发展滞后的代名词，而城乡发展质量失衡的结果是，城乡人口发展能力不对等的差距进一步拉大。

从城乡人口规模来看，2022 年我国人口为 14.12 亿人，其中城镇人口已达9.21亿人，乡村人口仅为4.91亿人，而且全国农民工总量达到2.96亿人，即全国有12.17亿人在城镇生活和工作，占全部人口的86.2%，仅有1.95亿人在乡村生活和工作，占全部人口的13.8%，① 这是一种巨大的规模和数量上的悬殊。人口意味着劳动力、意味着生产力、意味着创造力、意味着消费力、意味着市场力，在当前我国城乡人口分布悬殊的大背景下，在乡村没有彻底实现振兴之前，没有形成高附加值资源价值实现形式之前，乡村建设投入不足、生产力不足、消费市场萎缩、文化边缘化、生态建设落后等一系列内生动力不足的状况也是一种可以理解的现实状况，因为作为经济社会发展中最关键的要素“人”，绝大部分没有驻留在乡村，而是不断聚集、流入城镇，生产和消费很大程度上留给了城镇，既拉动了城市的消费，又带动了城市的投资，促进了城市的发展，相反，乡村留守主要以老年人、妇女和儿童为主，其生产能力、消费能力有限，在高技术创新领域的作用更是微乎其微，这部分人群对乡村发展的促进作用也相对有限。

从城乡人口素质来看，城乡人口受教育程度差别较大，尤其是高中及以上教育程度人口主要以城市人口居多。同时，从年龄分段来看，农村人口60岁及以上的老人占比23.81%，老龄化趋势严峻。此外，农村中女性人口占比较高，受教育程度相对更低。因此，乡村人口无论在受教育程度上，还是在年龄结构上，都明显落后于城市人口，这将在发展意识、劳动就业、收入水平、创新能力、消费能力、代际传承等各方面、各领域出现分层和分化，甚至出现“马太效应”，在城乡人口规模和分布差异的前提下，城乡人口素质的差别将进一步弱化乡村发展的内生动力与活力，将进一步加剧城乡发展差距的水平和后效。

二　城乡要素流动基础不对等

要素流动，在市场经济体制下一般遵循投入-回报比较优势的原则。由

① 国家统计局：《中华人民共和国2022年国民经济和社会发展统计公报》，2023年2月28日，https://www.stats.gov.cn/sj/zxfb/202302/t20230228_1919011.html。

于城市空间利用效率通常高于乡村、非农产业利润水平高于农业，由此导致在城乡发展过程中，劳动、资本、土地、人才、知识、技术、管理、数据等要素资源长期集聚于城市，或由农村向城市“单向式”输出，比如农村劳动力以农民工的身份流入城市，以相对廉价的成本成为城市建设和发展的劳动力大军。与此同时，由于农村产业，存在生态排斥第二产业的刚性壁垒，以第一产业和近年兴起的第三产业为主，在我国农业“靠天吃饭”的基本格局尚未改变之前，农业生产效率、农业投资回报周期、农业产业利润都相较第二产业低，尽管以乡村文化旅游业为代表的第三产业开始进入乡村，但受市场规模、产品同质化、资金投入规模等因素影响，市场各类要素仍然向比较风险更小、比较回报更高的城市流动。

长期以来，我国的城镇化、工业化促进了人口从乡村向城市单向式流动，包括农村人才通过考学、参军、创业等方式流向城市，城市吸附了数量众多的乡村劳动力资源，这部分劳动力资源成了我国城镇化、工业化的重要支撑，但这是一种单向式劳动力要素流动，城市人口并没有反向流入乡村，城市人才对乡村的作用也仅限于短期交流、定点支援、产业指导、教育培训、定点科研等方式，对于长期培育和厚植乡村发展基础和能力的贡献有限，因此，人口和人才的单向流动最终减少了乡村发展的内生动力和发展机会。

我国国有土地使用权可以通过招、拍、挂、协议四种方式出让，但仅限于城市土地资源要素，目的是提高经营城市土地水平。因此，城市土地可以进入交易市场实现土地价值。与此同时，城市房地产也可以作为资产抵押给银行实现价值变现，进入资本和金融领域流通，实现杠杆和乘数效应。简而言之，城市的土地要素及其附着物可以实现资源的价值变现。相比之下，农村土地属于集体土地性质，农民只享有集体土地承包经营权、农村宅基地使用权、集体土地所有权和土地征收与补偿权，土地入市只能以集体经营性建设用地使用权的有偿方式进入土地市场交易，农民的住宅禁止向城市居民出售，城市居民也不准占用农民集体土地建住宅，[①] 由此，农村宅基地失去了

① 郭冠男：《完善农民宅基地用益物权实现途径》，《宏观经济管理》2015 年第 5 期。

市场交易价值，农村土地要素价值无法充分在城乡之间实现变现和流动。

资本要素、技术要素，一方面，在市场机制的作用下，遵从“投入-产出”效率和效益原则，会主动流向生产效率更高的第二、第三产业部门，流向投资回报率更高的项目，流向投入-产出周期更短的产业和项目。农业农村由于具有投资大、见效慢、效益偏低、不确定性因素多等特点，在实际投资过程中，还需要同步持续性投入技术、人才、数据等要素资源，加以维护和管理，而且还要应对自然和市场的风云变幻，因此大量资本、技术、数据等要素在市场逐利驱动下，在比较优势选择下，更多地投入城市、工业、服务业，而不是乡村、农业领域。另一方面，在当前发展阶段，政府在财政投入、资源配置上，由于城镇依然是经济发展核心引擎，工业依然是经济发展的核心动力，长期以来的历史惯性造成城乡发展不平衡局面的同时，也在城乡两大地域系统维护、发展的新进程中，主动或被动、自觉或不自觉地制造新的差异。

三　城乡政策配置效能不对等

政策配置效力，是一个地区具有发展比较优势的关键支撑。我国20世纪70年代末的改革开放之所以取得了举世瞩目的成就，就是因为创造了政策与制度改革所释放的巨大红利。一方面，城乡具有天然的空间分布和形态格局差异，由于城市人口、资源、产业、文化、生态环境等因素相对集中，空间相对集聚，政策效益能够快速传达、产生和调整，政策配置效益明显，相比之下乡村地域广、人员稀、产业分散，政策传导慢、走样多、强度低，政策配置效益不够明显。另一方面，国家更多将政策、资金、保障投向生产力更为发达的城市，相比之下较少投向乡村，两相叠加政策配置效益出现了城乡的不对等，城市走在“快车道”甚至“超车道”上，乡村走在“慢车道”甚至“人行道”上，造成城乡发展质量失衡且差距进一步拉大。

一方面，由于我国政绩考核主要以GDP增长数量和速度作为考核依据，政府在有限的财力、物力、人力前提下，从规划编制、政策制定、制度设计等顶层设计，到财政资金、政府奖补、产业基金的直接投入，再到治理能力、治理效能、治理效益，城乡之间都存在较大的差别。有限的资源要在不同回报的现实下实现效益最大化，必然有所取舍、有所倾斜，因此无论在政策、资源、要素的投入强度上，还是在使用效能效益上，城镇获取的资源均大于、优于、快于乡村，通过不断循环积累，必然导致城市在发展速度和质量上高于乡村。

另一方面，因为城市空间相对集中、基础设施完善，生产部门、单位、企业高度集聚，信息化、数据化、科技化程度高，市场、交通、运输、人力、管理等成本也相对更低，政府的政策、资源投入后产生效益更快、更优，规模效应和乘数效应也更强。相比之下，乡村地域广袤，人员分散，基础设施标准和水平相对较低，维护运营成本较高，政策执行落实、资金分配管理的成本也相对较高，边际递减效应和规模不经济效应更强，因此同等数量和质量的政策、资源配置，乡村整体收益回报低于城镇，这是由于城乡治理成本的天然差异所造成的。

四　城乡资源交换价值不对等

城乡资源价值交换，是城乡经济建设、政治建设、社会建设、文化建设、生态文明建设融合发展的基础。城市和乡村分属两大不同的地域系统，相比之下各有其优势和所长，同时也各有其劣势和短板，城市的空间规模效益是乡村所不具备的，乡村的生态环境效益又是城市所不拥有的，城市产业生产效率通常比乡村产业生产效率要高，乡村有机农副产品又是城市所必需的消费品。总之，城乡具有天然的区别，又彼此存在密切的联系，二者互为需要、互为市场。但是，长期以来，在进行资源价值交换过程中，城市的人才、技术、资本、商品都已经包含了其诞生的空间规模成本，比如高房价、高租金、高教育投入、高附加值等，乡村的农副产品、生态产品、旅游产品却没有体现相应的生态价值成本，比如良好的土壤、空气、水资源价值，优美的自然山水价值，这些隐藏在乡村产品中的价值被严重低估，价格没有反映价值。因此，城乡在资源交换中，形成了价值交换不对等的局面，结果就是导致乡村资源价值没有在价格中体现。

城市资源价值，主要包括城市科技生产力价值、城市金融生产力价值、城市资本生产力价值、城市医疗生产力价值、城市教育生产力价值、城市文化生产力价值、城市数据生产力价值、城市管理生产力价值、城市产业辐射力价值、城市交通辐射力价值、城市消费辐射力价值、城市商业辐射力价值等“显性”城市资源价值，同时还包括城市运行效率高、城市信息密度高、城市土地价值高、城市就业比例高、城市劳动收入高、城市文娱品质高、城市休闲程度高、城市设施水准高、城市服务品质高、城市居民身份高等“隐性”城市资源价值。而乡村资源价值，主要包括乡村生态环境价值、乡村自然景观价值、乡村历史文化价值、乡村人口生产价值、乡村产业发展价值、乡村农副产品价值、乡村文化旅游价值等“显性”乡村资源价值，同时还包括乡村生态环境稀释污染价值、乡村宁静舒缓康复身心价值、乡村生态系统自我修复价值、乡村地力生物持续循环价值、乡村广袤土地人口承载价值、乡村人际关系简单淳朴价值、乡村氏族宗亲群体稳定价值等“隐性”乡村资源价值。

在城市资源价值实现或变现中，“显性”城市资源几乎都需要高昂的购买成本，“隐性”城市资源在享受时，也需要一定的门槛进入成本。在乡村资源价值实现或变现中，“隐性”乡村资源价值几乎不需要购买成本，“显性”乡村资源价值中只有产业发展、农副产品、文化旅游价值需要一定成本，生态环境、自然景观、历史文化、人口生产的成本几乎可以忽略。这就造成了城市（居民、资本、技术、数据等要素）使用或购买乡村资源价值绝大多数品类成本低廉，而相反，农村居民使用或购买城市资源绝大多数品类成本高昂，城乡资源在实现或变现过程中，城市属于“高价出售”，乡村属于“廉价贡献”，这种城乡资源价值交换不对等的局面造就了城乡发展的差异水平。

五　城乡生态损害成本不对等

生态成本，作为地区和产业发展的重要损耗项，日益成为城乡实现自身高质量发展的一种发展成本，好的生态环境也成为地区投资和发展的软实力，因此城乡可持续发展的重要前提就是生态本底优良，且持续投入生态治理成本。尽管反映资源稀缺程度、生态损害成本、环境污染代价的资源价格形成机制正在加速建立，但长期以来，城乡生态文明建设具有较大的偏差，造成这种局面的一个重要原因，就是城乡生态损害成本不对等。简单地说，就是乡村没有按照城市那样对污染治理投入相应的生态成本，即乡村的生态成本治理投入相对较低；而城市在对自身生态建设投入高成本的同时，又将自身部分污染低价甚至零成本转移到乡村让乡村承担城市的生态成本，这部分的城市污染没有体现相应的生态成本。

一方面，城市作为人口和产业高度集中的有限空间，其空气质量、水环境质量、土壤环境质量等反映生态和环境质量的指标一旦出现波动，将被生活在城市中的广大市民快速感知，相关部门也将迅速投入和处置消除影响。尤其是工业领域，“废气废水废渣”等污染排放必须达标，这都是需要相应环境治理成本的。相比之下，农村作为地域宽泛、人口分散的开敞空间，即使有农业面源污染、生活垃圾和生活污水污染，也都是以户、村为单位分散出现，空间上难以集中连片，加之自然生态的修复作用，往往造成了农村生态污染不严重的假象。而且由于乡镇办企业和工厂，多有零散、隐蔽的排污不达标，而企业在环境治理方面投入却并不高，这部分生态损害成本也隐没于自然生态系统的稀释、损益之中，并没有实际、真实地体现出来，造成城市生态治理成本偏高、乡村生态治理成本偏低这一显性的生态损害成本不对等的事实。

另一方面，由于城市有产业污染、生活污染、旅游污染向乡村转移的势头，而农村地域广袤，且具有生态系统污染稀释、自我修复功能，因此形成城市的环境污染，变相地低成本地向乡村转移，农村成为具有隐蔽性的污染集散地。一是，城市以巨大的资金投入保障城市污染防治达标，并以相对低廉的成本将污染转移到乡村；二是，乡村依靠生态环境自我修复能力隐藏了部分污染问题，结果造成乡村生态环境污染治理投入减少，其所占比例也相较城市更低。这一部分来自城市的生态污染计入了乡村的生态成本当中，城市却没有支付或低成本支付，造成了乡村无偿分担城市发展生态成本的事实，在减少城市环境污染治理费用的同时增加了乡村生态环境治理的生态成本，这种城乡生态损害成本上的不对等，将进一步掩盖乡村生态建设、污染防治的紧迫性，甚至将进一步扩大城市污染向农村污染转移的范围和数量，造成城乡生态文明建设上新的不平衡。

第五章　乡村振兴与城乡融合发展的耦合关联分析

第一节　乡村振兴是实现城乡融合发展的必然要求

民族要复兴，乡村必振兴。中国特色社会主义进入新时代，我国社会的主要矛盾转变为“人民日益增长的美好生活需要和不平衡不充分的发展之间的矛盾”。习近平总书记深刻指出，当前“我国发展最大的不平衡是城乡发展不平衡，最大的不充分是农村发展不充分”，这已经成为新时代我国社会主要矛盾的突出表现。把握新发展阶段，贯彻新发展理念，构建新发展格局，推动高质量发展，必然要求加快推进城乡融合发展，必然需要补齐乡村发展不充分这个现实短板。目前，我国脱贫攻坚历史性任务已经圆满完成，已具备全面实施和深入推进乡村振兴战略的基础和条件。实施乡村振兴战略，是党的十九大作出的重大决策部署，是深刻把握我国城乡关系演进规律的伟大实践，是加快形成工农互促、城乡互补、全面融合、共同繁荣的新型工农城乡关系重要前提，[①] 如果把城乡融合作为最终发展的目标和状态，乡村振兴则是实现城乡融合发展的必然要求。

一　乡村振兴是城乡融合发展的基础前提

1. 发展壮大乡村产业是促进城乡经济融合发展的必要前提

城乡经济融合发展的基本内涵就是城乡产业协同发展、互相渗透、融入

① 《中共中央　国务院关于实施乡村振兴战略的意见》，《农村工作通讯》2018 年第 3 期。

彼此的产业体系、生产体系、流通体系、经营体系、市场体系，土地、资本、技术、人才、管理、知识、数据等城乡生产要素双向自由流动、平等交换。如果乡村产业日益凋敝，不仅吸引不来城市的工商资本下乡、人才技术下乡、城市市民消费下乡，而且会导致乡村劳动力人口进一步流失、农业生产效率降低、农业产品质量下降和利润降低、农业创新能力不高、现代农业发展受阻等一系列严重后果。因此，只有发展壮大乡村产业，增强农业发展的内生动力，延伸乡村产业的产业链、创新链、价值链，与城市产业的需求链、供应链、市场链深度融合在一起，才能从规模、质量、效益上形成城乡产业融合互动、协同发展的基本交换条件，否则在不对等的产业基础上无法形成要素双向流动、平等交换的基本前提和条件。

2. 提升乡村治理水平是促进城乡政治融合发展的基础条件

城乡政治融合发展的基本内涵就是城乡居民在现实中公平享有可及、可用、可诉的政治参与权，平等表达和反映自身的政治诉求、利益诉求和发展诉求。具体到广大基层乡村，就是每一位村民都有权利、有意识、有机会、有渠道参与关乎自身经济发展利益、公共服务利益、社会保障利益、生态环境利益方面的政策制定、规划设计、制度运行征求意见会、村民会议、村民代表会议、村民议事会等，有权并能够真实实现表达权、投诉权、投票权、监督权，建立健全以自治、德治、法治相结合的乡村现代治理体系。[①] 只有通过有效建立乡村现代治理体系，切实保障广大农民真正参与到农村经济管理事务、社会管理事务、文化管理事务、生态环境管理事务等攸关自身生存和发展的切身利益的治理事务中来，农村居民与城市市民的政治参与度才能在同一水平线上，否则无法形成城乡政治融合发展的生动局面。

3. 提高农村民生保障是促进城乡社会融合发展的现实需要

民生是我党一切工作的出发点和落脚点，民生和社会保障事业的好坏直接关系到亿万人民群众的安全感、获得感、幸福感。城乡社会融合发展的基

① 黄承伟：《习近平关于全面推进乡村振兴的重要论述研究（上）》，《国家现代化建设研究》2023 年第 1 期。

本内涵就是城乡在劳动与就业的水平和质量、公共服务供给的数量和质量、社会保障水平的标准和体系、人居环境的打造和品质、居民收入的增速和涨幅上，实现比较公平、比较充分的发展和保障。特别是关乎广大农村群众切身利益的城乡教育公平、城乡医疗卫生资源和服务均衡、城乡社会保障一体化、城乡基础设施规划建设管理一体化、城乡生态环保治理一体化等，包括亿万在城市的农民工市民化待遇、新生代农民工真正融入城市等问题，只有当这些方面的问题得到比较大的改善后，城乡社会融合发展才能步入正轨，本质上就是全社会创造的财富实现比较公平合理的再分配，以此保证城乡居民获得感一致，否则城乡融合发展将存在重大缺陷。

4. 繁荣兴盛农村文化是促进城乡文化融合发展的基本需求

文化，是一个国家、一个民族的灵魂，是一个国家、一个民族发展中更基本、更深沉、更持久的力量。一个民族的复兴需要强大的物质力量，也需要强大的精神力量，文化强国建设是实现中华民族伟大复兴的基础支撑。城乡文化融合发展的基本内涵就是城乡文化交相辉映、相互支撑、相互促进，形成城乡居民自强不息、文化自信、文化传承的精神源泉和文明力量。我国乡村文化源远流长、底蕴深厚，富含农耕文明、生态文明、中华传统文明等多种优秀基因，应深入挖掘并发扬光大，与城市现代文明一同成为中华优秀文化的组成部分。如果农村文化得不到保护传承、广大农民的精神世界得不到充实、农村公共文化设施和服务供给不足，那么城乡文化的互鉴互促、城乡居民精神文化世界的同步发展、城乡社会文明程度的总体格局就会失衡，全社会文明程度就难以同步提升，中华文明的影响力传播力就会打折扣。

5. 建设美丽宜居乡村是促进城乡生态融合发展的必然要求

习近平总书记指出“绿水青山就是金山银山”，良好的生态环境是国家和民族可持续发展的基础和保障。城乡生态环境融合发展的基本内涵就是城乡生态本底优良、城乡自然环境协调、城乡人居环境优美、城乡生产生活方式绿色低碳，城乡实现可持续发展的能力、状态和趋势稳定并且可预见。如果没有农业的绿色发展、没有农村的生态宜居，既不会有安全高品质的粮食、农作物、农副产品，也不会有农村居民高质量的生活环境，同时还会影响城市优质的资本、人才、技术等要素下乡的流动性，并引发恶性循环。在我国坚持以人民为中心的发展思想下，在新发展理念指导下，为了建设美丽中国、促进人与自然和谐共生，必须推动农业农村绿色和低碳发展，建设宜居、宜业、宜游、宜学、宜养的美丽乡村，只有占面积最大的乡村生态环境持续改善和稳定了，才能最大限度发挥城乡生态效益、提升城乡生活品质。

二　乡村振兴是城乡融合发展的目标追求

1. 乡村产业兴旺是城乡融合发展的重要目标

城乡融合发展意味着城乡产业协同、经济嵌套、要素互补、互为市场。具体而言，产业上乡村农业高质高效发展，为城市经济和人口提供充足、优质的原材料和农副产品，为城市发展第二、第三产业提供物质供给和保障，同时在乡村内部因地制宜发展农副产品加工业、乡村文化旅游业、乡村物流业等新业态，发展城乡电子商务，引入城市第二、第三产业新技术、新模式、新业态，创造城市市场新需求，吸引城市人口新消费，在此过程中促进劳动、资本、技术、知识、管理、信息、数据等要素自由高效流动、平等交换，形成城乡产业协同发展、经济一体融合的格局，以此实现城乡经济发展动态平衡、互动融合，因此乡村产业兴旺发达既是乡村振兴的重点，也是增强乡村发展内生动力、盘活乡村资源价值、带动经济社会文化政治生态全面发展的核心引擎，更是城乡融合发展乡村经济建设的重要目标。

2. 乡村生态宜居是城乡融合发展的价值追求

城乡融合发展意味着城市和乡村两大地域系统都能充分发挥自身的地理条件优势，使钢筋混凝土构筑的城市和自然山水田园组成的乡村兼具城乡各自特色优势，成为人们宜居宜业宜游的美好家园。一方面，城市要运用自然生态系统的机理和规律，建设海绵城市、韧性城市、安全城市、低碳城市、生态城市、智慧城市，营造如同乡间田野般的城市绿线，打造城市开敞空间和游憩场地，让城市像一个有机生命体充满生机和活力；另一方面，乡村要维护好大自然的生态本底和环境格局，保护好山水林田湖草沙的生态系统功能，实现好有机优质农副产品的生产供应，保持好现代农业发展的绿色基调，营造好美丽宜居的村容村貌，使城市现代文明和乡村生态文明交相辉映，彻底改变城乡生态生产生活空间的舒适度和宜居性，形成一个人与自然和谐共生的整体融合的地域系统，这正是城乡融合发展的价值追求。

3. 乡村乡风文明是城乡融合发展的人文要求

城乡融合发展意味着城乡居民素质同步提高、居民文化同步建设、居民精神同步提振、居民风貌同步提升，城乡共同形成中华民族优秀文化的有机载体和展现窗口。城市居民受教育程度普遍较高，在文明意识、法律意识、维权意识等方面相对农村居民更高，城市文化资源、设施和服务相对乡村更丰富、更集中、更可得，整体水准也更高，城市居民精神和文化生活充实而多元。广大乡村地域，由于发展水平整体落后于城市，其文化建设、精神文明建设、民主法治建设则普遍相对滞后于城市，但也有城市所不具有的独特的农耕文化、民俗文化、宗族文化、乡贤文化等优秀传统文化。城乡融合发展，文化必须有机融合、精神必须同频共振，才能实现广大城乡居民文明互鉴、共同进步，才能整体提高全社会的文明水平，才能铸就城乡一体、互促共进的文化认同感、精神自信感、民族自豪感，乡风文明与进步既是目标也是要求。

4. 乡村治理有效是城乡融合发展的进步表现

城乡融合发展意味着城乡治理实现同步推进，治理方法、治理能力、治理实效都达到一种动态平衡、系统协同的状态和局面。城市治理偏重对物的管理、对人的服务，在相对空间集中的环境下通过法律法规、规章制度、行为规范实现有效治理和有为服务。乡村治理偏重对生产生活环境的管理、对人的思想和行为的引导，相比城市的刚性、规范治理，乡村治理更具有柔性、从众的特点。因此，城乡治理一体化需要针对各自治理的对象、治理的内容、治理的特点统筹推进，才能实现治理同步的目标。乡村治理的成效直接关系到乡村人心的稳定和社会的稳定，关系到乡村的长治久安，是乡村政治文明、社会文明、生态文明的直接表现，是乡村经济发展的关键保障，也是乡村文化进步的良好效果，更是城乡治理相辅相成、整体协同的发展目标，只有乡村实现治理有效了，城乡经济社会发展才能稳健同步推进和提升。

5. 乡村生活富裕是城乡融合发展的根本目的

城乡融合发展意味着城乡都能满足人民日益增长的美好生活需要，城市和乡村的居民都过上精神富足、物质富裕的幸福生活。目前而言，城市经济社会发展水平明显高于农村，包括城市的基本公共服务水平、社会保障水平、基础设施水平、收入消费水平等在内的标准都高于农村。城乡融合发展就是为了消除城乡之间发展不平衡、不充分这个根本问题，在推动城乡融合发展的进程中实现广大城乡居民共同富裕，这是城乡融合发展的必然要求和根本目的。只有不断提高农业生产效率、产业收益，不断提高农民群众的收入水平、消费意愿、消费能力，不断织牢织密城乡统一的社会保障体系，不断推进城乡基础设施一体规划、一体建设、一体管护，才能从根本上解决农业农村发展滞后的沉疴积弊，才能最终实现最广大人民在发展机会、发展能力、发展水平上的公平正义，因此乡村生活富裕是城乡融合发展的根本目的。

三　乡村振兴是城乡融合发展的任务内容

1. 统筹城乡发展空间是构建城乡融合发展格局的基本内容

国家乡村振兴战略规划实施中，明确要求统筹城乡发展空间，即按照主体功能定位，对城乡国土空间的开发、保护和整治进行总体布局和系统安排，目的是要加快形成城乡融合发展的空间格局。① 城乡融合发展的空间格局是建立在城乡自然地形地貌、资源禀赋、人口分布、城乡结构、产业基础和未来导向上的综合发展格局。构建城乡融合发展格局是按照科学性、功能性、生态性、系统性等原则，从生产、生活、生态“三生”系统出发，为实现资源科学利用、人口合理分布、产业错位联动、生态协同保护等目标，

① 《中共中央　国务院印发〈乡村振兴战略规划（2018~2022年）〉》，中国政府网，2018年9月26日。

科学划定生态、农业、城镇等空间，发挥区域主体功能，推进城乡统一规划，构建城乡协调发展格局，实现人口、资源、环境高质量协同发展的总体谋划。统筹城乡发展空间是为了从空间规划和建设布局上更好地实现城乡融合发展，既是乡村振兴的重点，也是城乡融合发展的基本内容、空间起点。

2. 加快农业现代化步伐是优化城乡生产力布局的核心任务

国家乡村振兴战略规划实施中，明确提出要加快构建现代农业产业体系、生产体系、经营体系，推动农业发展质量变革、效率变革和动力变革，持续提高农业创新力、竞争力和全要素生产率，并从夯实农业生产能力基础、加快农业转型升级、建立现代农业经营体系、强化农业科技支撑、完善农业支持保护制度等五个方面重点提出了加快推进农业现代化的具体任务。这一任务要求体现了党和国家高度重视农业现代化发展的决心和意志，也体现了新时代我国作为农业大国向农业强国转变的战略前瞻。其实质就是为了优化农业的规模、质量、结构和效益，提高农业在三次产业中的生产地位和产业价值，改变过去牺牲农业支援工业的农业发展定式，改变过往农业发展水平差、效益差的落后局面，从优化城乡生产力布局这一核心任务上提高农业发展的比较效益，从而消除城乡工农差别，促进城乡融合发展。

3. 建设生态宜居美丽乡村是统筹城乡生态文明的重要抓手

国家乡村振兴战略规划实施中，明确要求牢固树立和践行“绿水青山就是金山银山”的理念，统筹山水林田湖草系统治理，加快转变生产生活方式，推动乡村生态振兴，建设生活环境整洁优美、生态系统稳定健康、人与自然和谐共生的生态宜居美丽乡村，并从推进农业绿色发展、持续改善农村人居环境、加强乡村生态保护与修复等三个方面重点提出了建设生态宜居美丽乡村的具体任务。这一任务要求既是国家站在对子孙后代长远利益负责的历史高度，也是站在推动城乡可持续融合发展的战略高度作出的重要部署，体现了党和国家坚持尊重自然、顺应自然、保护自然，永续利用、持续发展的科学思想。其实质就是为了改善农村的环境，提高农业的生态价值，优化农村的发展基础与环境，改变城乡环境治理不平衡、生态建设不同步的客观现实，是实现城乡生态文明建设协同推进的重要抓手。

4. 繁荣发展乡村文化是推动城乡文化协调发展的关键举措

国家乡村振兴战略规划实施中，明确指出要坚持以社会主义核心价值观为引领，以传承发展中华优秀传统文化为核心，以乡村公共文化服务体系建设为载体，培育文明乡风、良好家风、淳朴民风，推动乡村文化振兴，建设邻里守望、诚信重礼、勤俭节约的文明乡村，并从加强农村思想道德建设、弘扬中华优秀传统文化、丰富乡村文化生活等三个方面重点提出了繁荣发展乡村文化的具体任务。这一任务要求体现了党和国家高度重视文化建设的意义和作用，坚持物质文明和精神文明两手一起抓，也体现了以人民为中心的发展思想，是对满足农村居民日益增长的精神文化需求的积极回应。其实质就是为了同步提高城乡居民文化教育水平、综合素质水平，均衡满足城乡居民多元化的精神文化需求，构建形成城乡融合发展的文化供给、消费体系，共同提升城乡社会文明程度，是促进城乡融合文化协调发展的关键举措。

5. 健全现代乡村治理体系是实现城乡治理现代化的具体实践

国家乡村振兴战略规划实施中，明确提出要把夯实基层基础作为固本之策，建立健全党委领导、政府负责、社会协同、公众参与、法治保障的现代乡村社会治理体制，推动乡村组织振兴，打造充满活力、和谐有序的善治乡村，并从加强农村基层党组织对乡村振兴的全面领导、促进自治法治德治有机结合、[①] 夯实基层政权等三个方面重点提出了健全现代乡村治理体系的具体任务，体现了党和国家对农村实现治理体系和治理能力现代化的紧迫感和责任感，体现了长期以来重视城市经济社会发展、城市治理，忽视农村发展、农村基层党组织建设、农村公共和社会事务治理所造成的城乡差异的深刻反思。其实质就是针对乡村治理现状，整顿基层党组织软弱涣散，提高农村自治德治法治水平，消除乡村重大安全和矛盾隐患，建设文明和谐的社会主义新农村，促进城乡治理现代化同步发展的具体实践。

① 《乡村振兴战略规划，哪些与自然资源工作有关》，《国土资源》2018 年第 10 期。

6. 完善乡村振兴中城乡融合发展政策体系是加快城乡融合步伐的支撑保障

国家乡村振兴战略规划实施中，明确要求要顺应城乡融合发展趋势，重塑城乡关系，从破除体制机制障碍入手，建立健全城乡融合发展体制机制和政策体系，从而更好地激发农村内部发展活力、优化农村外部发展环境，推动人才、土地、资本等要素双向流动，为乡村振兴注入新动能，并从加快农业转移人口市民化、强化乡村振兴人才支撑、加强乡村振兴用地保障、健全多元投入保障机制、加大金融支农力度等五个方面重点提出了完善城乡融合发展政策体系的具体任务。这一任务要求体现了党和国家面对阻碍乡村振兴和城乡融合发展深层次体制和机制矛盾，以自我革命的精神和勇气，顺应时代、破冰改革，全面开启城乡融合发展的新篇章。其实质就是为了打通制约城乡融合发展的资源要素自由流动和平等交换的双向渠道，充分发挥市场在资源配置中的决定性作用，深层次破除城乡融合的藩篱障碍，形成城乡融合发展的体制机制支撑和政策制度保障。

第二节　城乡融合发展是实现乡村振兴的根本途径

城乡融合发展作为一种目标状态，是指达到城乡功能、形态、系统合二为一，空间、资源、要素有机融合，人口、精神、物质共同富裕，经济建设、政治建设、文化建设、社会建设、生态文明建设统筹协同的城乡发展样态。城乡融合发展作为一种过程路径时，则是指充分发挥市场在资源配置中的决定性作用，促进城乡资源要素双向流动、平等交换，[①] 充分发挥有为政府的社会财富再分配再平衡作用，促进公共资源与服务合理配置，推动城乡经济、政治、文化、社会和生态文明建设融合发展，加快工农互促、城乡互补、全面融合、共同繁荣的新型工农城乡关系。[②] 在全面实施乡村振兴战略

① 张海鹏、郜亮亮、闫坤：《乡村振兴战略思想的理论渊源、主要创新和实现路径》，《中国农村经济》2018 年第 11 期。

② 《吉林省人民政府办公厅关于印发吉林省“十四五”推进农业农村现代化规划的通知》，《吉林省人民政府公报》2022 年第 11 期。

过程中，通过走城乡融合的发展道路，将有效推动乡村产业、人才、文化、生态、组织振兴，将为乡村实现产业兴旺、生态宜居、乡风文明、治理有效、生活富裕的发展目标提供科学的路径指引，从这个意义上讲，城乡融合发展是推进乡村振兴的根本途径。

一　城乡融合发展为乡村振兴提供科学引领

1. 城乡融合发展为实现乡村振兴提供原则指引

从理论看，乡村振兴并非单纯乡村内部的循环和增长。一方面，如果不依靠城市的资本、技术、人才等要素进入乡村，充实乡村经济、政治、社会、文化、生态文明等各方面的建设力量，乡村发展必然囿于自身的短板和弱项，缺乏内生动能；另一方面，乡村的资源转化产品和价值、体验和服务，如果不能吸收城市居民的消费市场，也必然无法从规模和质量上得到跃迁。必须从资源交换、要素流动和市场共建的角度，建立城乡双向流动、平等交换的机制才能实现城乡资源、要素、产品和价值的内外循环，才能产生乡村发展的增量效应、裂变效应和质变效应。因而，从生产效率和价值交换理论出发，实现乡村振兴必然需要引入外来因素和变量，以此增强乡村自身的内生动力，实现后发赶超、跨越发展。从实践看，《中共中央　国务院关于实施乡村振兴战略的意见》《国家乡村振兴战略规划（2018—2022年）》《中华人民共和国乡村振兴促进法》《中共中央　国务院关于做好2023年全面推进乡村振兴重点工作的意见》等专门指导乡村振兴的政策、规划、法律都提出要坚持城乡融合发展的基本原则，提出要坚决破除体制机制弊端，使市场在资源配置中起决定性作用，更好地发挥政府作用，推动城乡要素自由流动、平等交换，推动新型工业化、信息化、城镇化、农业现代化同步发展，加快形成工农互促、城乡互补、全面融合、共同繁荣的新型工农城乡关系。[①] 这些均说明坚持城乡融合发展的基

---

① 《中共中央　国务院关于实施乡村振兴战略的意见》，《中华人民共和国农业部公报》2018年第2期。

本原则指引，将有力有效促进乡村振兴道路走正、走实，确保乡村振兴方向正确。

2. 城乡融合发展为实现乡村振兴提供路径遵循

城乡融合发展作为一种路径方略，涵盖城乡经济、政治、社会、文化、生态文明等各个领域，与乡村振兴总体要求相互契合，城乡融合与乡村振兴在路径上具有相互匹配的特征。一方面，从实现乡村振兴总体路径看，乡村振兴刻不容缓，既有振兴基础又有现实挑战，党和国家坚持以马克思主义历史唯物观、辩证唯物观为指导，站在历史的高度，面向发展的方位，提出了新发展阶段的新发展理念，即“创新、协调、绿色、开放、包容”发展，这既为乡村振兴指明了方向也指明了路径，通过城乡融合发展，将在更大范围、更高水平、更深层次上实现乡村振兴。另一方面，从实现乡村振兴的具体路径看，要坚持问题导向找准乡村的短板弱项，要解决乡村发展内生动力不足的核心问题，要“五位一体”协同推动乡村经济、政治、社会、文化、生态文明建设，牢牢把握“产业兴旺、生态宜居、乡风文明、治理有效、生活富裕”的总体要求，明确落实“产业振兴、人才振兴、文化振兴、生态振兴、组织振兴”五个实现路径，这当中，走城乡产业融合发展之路为乡村产业振兴提供了产业转型升级的新动能，走城乡生态融合发展之路为乡村产业振兴提供了生态价值转换的新空间，走城乡文化融合之路为乡村文化振兴创造了城乡文化均衡发展的新供求，走城乡社会融合发展之路为乡村社会协同进步提供了新支撑，走城乡政治融合发展之路为乡村实现组织振兴提供了新保障。因此，在乡村振兴中坚持城乡融合发展，必然将从经济、政治、社会、文化、生态文明建设五大领域入手，为实现乡村振兴提供路径遵循，只有走城乡融合发展道路，不断优化城乡资源配置、不断畅通城乡要素流动、不断形成融合发展格局，才能确保乡村振兴事半功倍。

3. 城乡融合发展为实现乡村振兴提供政策支持

实现乡村振兴，要从制约乡村发展的深层次体制机制入手，破除形成乡村固有积弊的体制机制障碍，既包括导致乡村自身发展不足的，也包括造成城乡之间发展不平衡、不充分的体制机制障碍。城乡融合发展直面城乡之间发展基础差异、发展能力差异、发展政策差异，超脱乡村或城市单一地域系统的局限性，从实现城乡各自优长、缩小城乡发展差距目的出发，从优化存量、创新增量的原则出发，系统增强城乡发展的协同性、均衡性和共生性，在国家全面推进乡村振兴战略中，全国人大通过的《中华人民共和国乡村振兴促进法》中明确指出要建立健全城乡融合发展的体制机制和政策体系，此后，党和国家专门制定了《关于建立健全城乡融合发展体制机制和政策体系的意见》，指出我国在统筹城乡发展、推进新型城镇化方面虽取得了显著的进展，但城乡要素流动不顺畅、公共资源配置不合理等问题依然突出，影响城乡融合发展的体制机制障碍尚未根本消除，为重塑新型城乡关系、走城乡融合发展之路、促进乡村振兴和农业农村现代化，必须建立健全有利于城乡要素合理配置、城乡基本公共服务普惠共享、城乡基础设施一体化发展、乡村经济多元化发展和有利于农民收入持续增长等五大方面的体制机制，这些体制机制涵盖乡村振兴的根本动能、民生福祉、发展基础、产业体系、农民收入，为优化城乡融合发展政策奠定了坚实的基础。在2023年中央一号文件（《中共中央　国务院关于做好2023年全面推进乡村振兴重点工作的意见》）中，明确提出要推进县域城乡融合发展，通过健全城乡融合发展体制机制和政策体系畅通城乡要素流动。可见，城乡融合发展为实现乡村振兴提供了强大的政策支持和体制机制保障，确保乡村振兴行稳致远。

二　城乡融合发展为乡村振兴注入内生动力

1. 城乡融合发展为乡村产业振兴注入新动能

实现乡村产业振兴，重点在于加快农业现代化步伐、构建现代乡村产业体系、①完善紧密型利益联结机制。其中，加快农业现代化步伐，需要夯实农业生产能力基础、加快农业转型升级、建立现代农业经营体系、强化农业科技支撑和完善农业支持保护制度，目的是全面提升农业的生产效率、质量效益，②

① 刘伟、刘守英：《以高质量发展推进中国式现代化》，《红旗文稿》2022年第12期。

② 巩慧臻：《全球农业强国的特征观照与有益启示》，《农业农村部管理干部学院学报》2022年第3期。

持续提高农业创新能力、竞争能力，坚持城乡融合发展，将促进更多人才、技术资源下沉到农村农业，从而全面提高农业发展质量。构建现代乡村产业体系，需要发掘拓展农业多种功能，发掘乡村多元价值，促进农村一、二、三产业全面融合发展，培育乡村新产业新业态[①]、新载体新模式。在此过程中，需要大量的城市工商资本下乡，开发乡村生态涵养、休闲观光、文化体验、健康养老等多种功能和多元价值，同样需要都市人群入乡体验和消费，坚持城乡融合发展将有效带来投资和消费、人才和理念，拉动现代乡村产业体系的建设和发展。完善紧密型利益联结机制，需要整合农户的土地、林权、资金、劳动、技术、产品，通过行业协会或龙头企业与合作社、家庭农场、普通农户等组织共同营销，实现规模效益，让农民更多分享产业发展的增值收益。在此过程中，无论是产品、质量、销售、市场，还是平台、技术、服务，都将城乡紧密连接在一起，坚持城乡融合发展将为构建紧密型利益联结机制，以规模效益促进广大农民增产增收提供充分的资本动力、市场动力、技术动力和平台动力。

2. 城乡融合发展为乡村人才振兴注入新活力

实现乡村人才振兴，重点在于大力培育新型职业农民、加强农村专业人才队伍建设、鼓励社会各界人才投身乡村建设。其中，大力培育新型职业农民，[②] 要求培养新一代爱农业、懂技术、善经营的新型职业农民，大力实施新型职业农民培育工程，目的是让农民掌握更多的农业生产经营技能，提高农业比较收益，[③] 坚持城乡融合发展将有效促进城市资本投入农民合作社、专业技术协会、龙头企业，成为职业农民培训主体，提高职业农民的比例和水平。加强农村专业人才队伍建设，要求加大“三农”领域实用专业人才培育力度，扶持培养一批农业职业经理人、经纪人、文化能人、乡村工匠、

---

① 傅元海、刘啟仁、岳芳敏等：《广东经济学界“学习贯彻落实党的二十大会议精神”笔谈（二）》，《南方经济》2023年第1期。

② 张朝霞、周德锋、刘志芳等：《乡村振兴战略背景下株洲市智慧农业发展现状及对策研究》，《山西农经》2022年第22期。

③ 杨时云：《全面推进乡村振兴　加快农业强省建设》，《唯实》2022年第12期。

非遗传承人等，同时推行乡村教师“县管校聘”，坚持城乡融合发展将有效促进城市教育、科技、人才、项目、市场等资源进入乡村，为农村专业人才队伍建设和服务保障提供现实的支撑。鼓励社会各界人才投身乡村建设，要求打通城乡人才流动通道，引导和支持企业家、党政干部、专家学者、医生教师、规划师、建筑师、律师、技能人才、高校毕业生、大学生村官等各类人才投身乡村建设，坚持城乡融合发展，将为这些人才、技术、知识、理念进入乡村创造良好的制度环境、生活环境、工作环境和发展空间，不断完善城市之间人才交流与合作的工作机制，充分夯实乡村振兴中最为核心、最为关键的人力资本的因素，为乡村振兴注入新活力，构筑形成乡村振兴的内生动力和强大合力。

3. 城乡融合发展为乡村文化振兴注入新供给

实现乡村文化振兴，重点在于加强农村思想道德建设、弘扬中华优秀传统文化、丰富乡村文化生活。其中，加强农村思想道德建设要求践行社会主义核心价值观，加强农村思想文化阵地建设，深入实施公民道德建设工程，提升社会公德、职业道德、家庭美德、个人美德水平，强化农民的社会责任意识、规则意识、集体意识等，坚持城乡融合发展将更好地以城市文明为参照和借鉴，不断提高乡村社会文明程度。弘扬中华优秀传统文化，要求保护利用乡村传统文化、重塑乡村文化生态、发展乡村文化特色产业，促进乡村文化的保护、传承、利用和发展，① 坚持城乡融合发展，将有助于乡村吸收城市文明的优秀成果，打造农耕文化展示区、特色文化小镇，促进乡村特色文化资源与城市现代消费需求双向互动，加快乡村文化旅游业发展壮大。丰富乡村文化生活，要求健全公共文化服务体系、增加公共文化产品和服务供给、广泛开展农村群众文化活动，通过丰富优秀乡村文化产品和服务供给，激活农村文化消费市场，为广大农民提供内涵丰富、形式多样的精神营养，坚持城乡融合发展，有力推动城乡公共文化服务设施、资源、产品、服务均

① 唐衡璇、冯凤举、陈建国等：《艺术乡建赋能乡村振兴的历史变迁和理论逻辑——艺术乡建赋能民族地区乡村振兴研究系列论文之一》，《传承》2022 年第 4 期。

衡化发展，通过文化惠民活动的持续开展、公共数字文化工程的深入推进，使更多城市大众文化和数字文化资源进入农民群众文化生活。在广泛开展农村传统节庆民俗活动中，在城市文化志愿者深入农村开展志愿服务中，增进城乡文化交流互鉴与融合发展。

4. 城乡融合发展为乡村生态振兴注入新需求

实现乡村生态振兴，重点在于统筹山水林田湖草系统治理、加强农村突出环境问题综合治理、建立市场化多元化生态补偿机制、增加农业生态产品和服务供给。其中，统筹山水林田湖草系统治理强调要把山水林田湖草作为一个生态系统整体、生命共同体来对待，开展统一保护和修复，坚持城乡融合发展，就是将城乡地域系统作为一个整体，放到山水林田湖草沙这个生命共同体里面来看待，在城乡建设发展中，运用系统生态观、整体发展观来推动城乡发展，统筹处理好城乡发展与自然生态系统中每个组成部分和环节的关系，推动城乡生态文明建设与国土整治、河湖保护、水土流失治理、耕地保护等联动协同。加强农村突出环境问题综合治理，要求农业生产绿色化，农村生活清洁化，[①] 坚持城乡融合发展从城市需求端出发，倒逼农村供给端提供有机绿色生态环保的农产品，倒逼农村提高生产生活生态环境质量，为城乡生态文明建设同步推进提供良好乡村地域本底，共同倡导和践行生态文明理念行为。建立市场化多元化生态补偿机制，要求建立流域、地域、城乡、区域之间的生态保护补偿机制，探索建立生态产品购买、森林碳汇等市场化补偿制度，[②] 坚持城乡融合发展，将有利于建立各种反映资源稀缺程度、环境损害成本的生态补偿机制。增加农业生态产品和服务供给，要求农村加快开发观光农业、健康养生、游憩休闲、生态教育等服务和产品。坚持城乡融合发展将有效实现城乡生态产品和服务之间的供需平衡，有利于促进乡村的生态优势转变为经济发展优势。

---

① 蒋恒静、石眉语：《村域乡村振兴规划的实践路径研究——以蒲江县五里村为例》，《山西农经》2022 年第 22 期。

② 《2018 年中央一号文件（全文）》，《青海农牧业》2018 年第 3 期。

5. 城乡融合发展为乡村组织振兴注入新支撑

实现乡村组织振兴，重点在于加强农村基层党组织建设、促进自治法治德治有效结合、建设平安乡村。其中，加强农村基层党组织建设，要求强化农村基层党组织战斗堡垒作用，[①] 坚持城乡融合发展，将有效促进城乡基层党组织建设互学互鉴，推动城市高校毕业生、机关事业单位优秀党员干部到乡村任职，同时在村党组织书记中选拔乡镇领导干部、考录乡镇机关公务员、招聘乡镇事业编制人员，用机制强化基层党组织建设。深化村民自治实践，要求创新基层管理体制机制，尽可能把资源、服务、管理下沉基层，坚持城乡融合发展，将以城市社会管理为参照，整合优化公共服务和行政审批职责，打造乡村“一门式办理”“一站式服务”的综合服务平台，提高城乡居民治理水平。促进自治法治德治有效结合，要求充分发挥村民会议、村民代表会议、村民议事会、村民理事会、村民监事会等平台组织，提高村民参与自治管理的程度与实效，增强广大农村群众法律意识，提高其运用法律维护自身权益的能力，加强乡村法律援助、司法救助和公益性法律服务。提高村民思想道德水平，以德育人、以德感人、以德召人，传播正能量，形成良好的社会风气和文明氛围。坚持城乡融合发展，将有助于构建城乡一体的自治格局、城乡一体的法治环境和城乡一体的德治风尚。建设平安乡村，要求大力推进农村社会治安防控体系建设，推动社会治安防控力量下沉，坚持城乡融合发展，将全面构筑全社会安定团结和谐大局，共同建设平安乡村和平安城市，让城乡人民拥有更多的安全感。

三　城乡融合发展为乡村振兴创造生长空间

1. 城乡融合发展为发展壮大乡村产业创造增值空间

乡村振兴战略强调，要加快农业现代化步伐，构建乡村现代产业体系、生产体系和经营体系，发展壮大乡村产业。城乡融合发展必然要求实现土地、

---

① 钱丹洁：《共同富裕背景下党建引领乡村高质量发展的实践思考——以浙江省杭州市桐庐县为例》，《领导科学论坛》2023 年第 1 期。

资金、技术、人才、知识、管理、数据等要素在城乡之间的双向流动、平等交换，城市优势资源要素进入乡村产业发展领域，将实现资本支撑农业研发创新，技术支持农业提高生产效率，农业装备和信息化水平也将得到大幅提高，整体提升农业现代化水平。农业现代化水平的提升将给农业生产带来动力变革、效率变革和质量变革，将实现品牌强农、特色强农、产业融合强农、科技强农、人才强农、开放强农，农业生产效率和价值效益都将得到增值发展。与此同时，在发展壮大乡村产业的进程中，促进城乡消费融合、市场融合、供需融合，将进一步拓展农业多种功能、挖掘乡村多元价值，推动农村一、二、三产业融合发展，促进城乡三次产业协同发展，通过融入乡村资源价值，延伸乡村产业链条、延伸城市消费市场，实现为乡村产业创造增值空间。

2. 城乡融合发展为建设宜居美丽乡村创造价值空间

乡村振兴战略要求要推进绿色发展，持续改善农村人居环境，加强生态保护与修复，打造人与自然和谐共生发展的新格局。[①] 城乡融合发展必然要求城乡生态文明建设协同推进，建立和完善城乡生态保护相互融合和协同发展的体制机制，通过统筹城乡发展格局，严格保护城乡生态空间，在城乡之间构筑形成"天蓝、水绿、土净、山青、田美"的美好画卷。随着乡村生态环境质量的提升，诸如重金属污染、黑臭水体污染、农业面源污染、秸秆焚烧大气污染、城市转移乡村污染等现象和问题都将得以彻底改观，农产品实现有机绿色和生态环保，附加值大大提高；农村宜居宜业宜游，将吸引都市人群观光、休闲、游憩、体验，乡村民宿经济、乡村民俗经济、乡村旅游经济、乡村生态经济、乡村电商经济、乡村创意经济等多种新经济形态将应运而生，带来新的经济增长点和价值增长点。随着生态产品价值实现机制的建立完善，城乡之间通过市场化手段，将有效实现乡村生态资源和产品的经济价值。

① 铁木伦：《乡村振兴语境下的农村集市功能变化研究——以内蒙古 N 旗 G 村集市为例》，《赤峰学院学报》（汉文哲学社会科学版）2022 年第 12 期。

3. 城乡融合发展为繁荣发展乡村文化创造消费空间

乡村振兴要求保护和利用乡村传统文化，发展乡村特色文化产业，广泛开展群众文化活动。城乡融合发展必然要求守住乡村优秀文化根脉，健全城乡公共文化服务体系，建立乡村文化保护利用机制，促进城乡文化消费交融壮大，从而实现城乡文化建设融合发展。乡村拥有宝贵的乡村特色文化资源，比如农耕文化、少数民族文化、优秀曲艺戏曲文化、民俗文化、宗教文化等，还有众多的传统村落、古老村寨、历史建筑、文物古迹、农业遗址、灌溉工程等众多特色文化资源，通过商业开发、产品包装、媒体宣传，完全可以形成乡村独特的文化消费产品，衍生带动文化创意、亲子旅游、文化休闲、体育运动、农事体验、保健康养、科普研学、红色教育等产业发展，创造乡村文化消费的新空间。乡村拥有日益增长的居民精神文化需求，完全可以开发更多适合乡村居民文化消费的产品和业态，满足其精神消费需要。乡村拥有众多的优秀传统文化人才，可以开展非遗传承、技艺展示、工艺培训，开发相关的文化商品、手工艺品面向文化旅游和城市消费市场。乡村还拥有丰富的群众文化活动，各种民俗农事节庆日的文化展演，包括舞龙、舞狮、武术、铜鼓、戏曲等众多民间艺术表演，都可以吸引城乡居民、国内外游客前来观摩、体验和消费，城乡文化融合发展将为乡村文化繁荣发展创造新的消费空间和市场价值。

4. 城乡融合发展为健全现代乡村治理体系创造提升空间

乡村振兴战略要求建立健全党委领导、政府负责、社会协同、公众参与、法治保障的现代乡村社会治理体制，打造充满活力、和谐有序的善治乡村。[①] 城乡融合发展必然要求实现城乡治理体系和治理能力现代化，把政府的职能职责发挥好，把广大人民群众的政治权利维护好、表达好、实现好，城乡共同打造稳定、平安、法治的和谐社会。推进乡村组织振兴，正是从最广大人民群众的根本利益出发，从强化农村基层组织党的领导入手夯实基层政权，

---

① 郑有贵：《中国特色社会主义乡村振兴道路的探索形成及其意义》，《教学与研究》2023 年第 1 期。

健全农村基层服务体系，推进农村基层服务规范化标准化，加强农村群众性自治组织建设，提升乡村德治水平，推动乡村法治建设，以此构建以政府、农村自治组织、农村社会组织、广大农民群众为主体的治理体系，综合运用现代治理理念、借鉴城市治理经验，强化系统协同、刚柔并举、德法并济，从而促进治理能力现代化，为广袤农村和广大农民创造一个优良的生产生活环境，在提高城乡居民治理水平的基础上，不断提升全社会的文明程度和行动合力，城乡融合发展为乡村治理现代化创造提升空间。

5. 城乡融合发展为保障改善农村民生创造民生空间

乡村振兴战略强调要坚持保障和改善农村民生，围绕农民群众最关心最直接最现实的利益问题，加快补齐农村民生短板，提高农村美好生活保障水平，让农民群众有更多实实在在的获得感、幸福感、安全感。城乡融合发展必然要求实现城乡居民民生福祉，推动城乡基础设施一体化、基本公共服务均等化、社会保障一体化，最终实现城乡社会共同发展、共同富裕。城乡基础设施一体化，旨在实现城乡电力、交通、能源、信息、供水、防洪、排污等基础设施、市政公用设施一体规划、建设和运营，实现城乡基础设施共建共享、互联互通。城乡基本公共服务均等化，旨在实现城乡就业、教育、医疗卫生、公共文化、居民养老等基本公共服务和设施普惠均等、标准统一、制度并轨。城乡社会保障一体化，旨在实现城乡居民基本医疗保险、大病保险和基本养老保险制度和社会救助体系覆盖全民、城乡统筹。全面推进城乡融合发展，将提质农村基础设施建设，提升农村劳动力就业质量，增加农村公共服务供给，加强农村社会保障体系建设，以此提升农村民生改善空间。

第三节　乡村振兴与新型城镇化协同驱动城乡融合发展

乡村振兴是基于我国城乡发展不平衡、不充分的现实状况，为贯彻落实农业农村优先发展理念，加快推进农业农村现代化、乡村治理体系和治理能力现代化，并建立健全城乡融合发展的体制机制和政策体系的战略部署，目的是彻底改善农业发展动能、整体改观乡村整体面貌，不断提升农民群众的获得感、幸福感、安全感，让农业成为有奔头的产业，让农民成为有吸引力的职业，让农村成为安居乐业的美丽家园。新型城镇化是基于我国城镇化进程中农业转移人口难以融入城市社会、土地城镇化快于人口城镇化、城镇化发展质量水平效益不高等问题，为顺应国家现代化发展进程，以人的城镇化为核心，以提升城镇化的质量为关键，以人为本、四化同步、优化布局、生态文明、文化传承的城镇化。乡村振兴与新型城镇化是区域发展的一体两翼，两大战略的交集在于城乡融合发展，两大战略分别从各自的主要矛盾和矛盾的主要方面出发双轮驱动城乡融合发展。

一　引导乡村人口有序转移

乡村振兴将加快农业现代化发展步伐，实现农业发展质量变革、动力变革、效率变革，农业生产效率大幅提升，对农业劳动力数量的需求则会下降，大量农业剩余人口向城市转移，新型城镇化是以人为核心的城镇化，要确保有序推进农业转移人口实现市民化。在这一过程中，既实现了农业的创新力、竞争力和全要素生产力的提升，又促进了人口城镇化的进程。新型城镇化通过户籍制度改革、完善城镇基本公共服务、提高农业转移人口劳动技能素质、保障随迁子女基本公共教育、巩固提高社会保险统筹层次和参保覆盖率、保障农民工劳动权益和完善农业转移人口市民化配套政策、成本分担机制等一系列促进农业转移人口市民化的举措，不断实现从乡村转移到城市人口的市民身份和待遇，重点在就业创业、教育、医疗、住房等公共服务方面和社会保险领域实现农业转移人口市民化标准，同时在乡村振兴中明确要依法保障进城落户农民的农村土地承包权、宅基地使用权、集体收益分配权，不得以退出以上权益作为农民进城落户的条件，从而解除农业转移人口的后顾之忧。在农业转移人口市民化的质量不断提高的过程中，乡村土地规模化高效利用、农业现代化加快发展，城市也因人口的集聚产生了新的消费和投资，促进了城市更好地发展，城乡之间形成一种良性循环的发展关系。

二　促进城乡空间布局协调

乡村振兴要求统筹城乡发展空间、优化城乡布局结构、推进城乡统一规划，推进“多规合一”，加快形成城乡融合发展的空间格局，表明乡村在空间发展和布局上应与城镇协调统筹，实现城乡生产、生活、生态空间和谐统一。新型城镇化也明确要推进城乡规划一体设计、推进城镇基础设施向乡村延伸、提升乡镇村庄规划管理水平，说明在推进新型城镇化进程中，制约城乡内生发展的基础必须在同一起跑线上实现，阻碍城乡经济社会协同发展的物理性短板必须补齐，从国土空间利用、城乡规划设计到水网、电网、路网、气网、能源、通信、数字化等基础设施必须统筹安排、有效衔接、共建共享，这样城乡才能在同一赛道上协同发展。《国家新型城镇化规划（2021—2035年）》《“十四五”新型城镇化实施方案》中明确，要以县域为基本单位推进城乡融合发展，加快推进以县城为重要载体的城镇化建设。县城一头连着广大乡村，一头连着大中城市，是城乡融合发展的关键枢纽，县城城镇化的建设和发展直接关系到是否有能力就近就地承载农业转移人口，是否有能力辐射带动乡村产业，是否有能力成为城乡融合的重要节点。因此，乡村振兴与新型城镇化都强调要从城乡空间规划布局、城乡基础设施建设、城乡融合发展载体上，协同促进城乡空间、布局、功能融合发展。

三　加快城乡产业发展互动

乡村振兴强调农村产业兴旺是乡村振兴的重要基础，《国务院关于促进乡村产业振兴的指导意见》中指出，要围绕农村一、二、三产业融合发展，与城镇化联动推进，充分挖掘乡村多种功能和价值，加快构建现代农业产业体系、生产体系和经营体系，推动形成城乡融合发展格局，并重点提出要做强现代种养业、做精乡土特色产业、提升农产品加工流通业、优化乡村休闲旅游业、培育乡村新型服务业、发展乡村信息产业，同时指出要发展多类型融合业态，形成“农业+”多业态发展态势，着力推进农业与文化、旅游、教育、康养等产业融合。乡村振兴中发展壮大乡村产业，指向性、特征性、市场性都很明显，即对接城市现代消费需求，这种消费既包括高品质的物质产品需求，又涵盖高质量的精神体验需求，振兴乡村产业的过程实质也是乡村产业与城市产业和经济高度融合的过程。新型城镇化提出，要促进城乡产业协同发展，构建以现代农业为基础、乡村新产业新业态为补充的多元化乡村经济，包括推进农村土地制度改革、开拓乡村建设多元化融资渠道、引导各类城市人才入乡发展、壮大农产品加工业和生产性服务业等在内的相关方面都将有效支撑城乡产业形成融合互动发展局面。乡村振兴从农业现代化、产业新业态，新型城镇化从消费新需求、要素新供给，协同加快城乡产业融合发展。

四　实现城乡民生保障均等

乡村振兴提出要保障和改善民生，健全现代乡村治理体系，建设生态宜居美丽乡村，强调把维护广大农民群众的根本利益、促进农民群众实现共同富裕作为乡村振兴的出发点和落脚点，让农户更多获得产业链增值收益，促进农民持续增收，不断提升农民群众的安全感、获得感与幸福感。表明乡村振兴最终目的是增进农民的民生福祉，使其安居乐业、自立自强。新型城镇化提出要以人的城镇化为核心，坚持以人为本、公平共享，促进人的全面发展和社会公平正义，使城乡居民共享我国现代化发展进步的成果，不但要让农业转移人口享有城镇基本公共服务，而且还要提升城市基本公共服务水平，推动城镇公共服务逐步向农村覆盖，全面建成覆盖广大城乡居民的全民社会保障体系，加快实现城乡基本公共服务均等化。新型城镇化还提出提升城市治理水平，建设绿色、智慧、人文、低碳城市，加强城乡生态修复和环境保护，共建城乡良好生态宜居环境，并指出要多渠道增加农民收入，加快推进农村劳动力转移城市就业和就近就地就业创业，引导龙头企业与农民共建农业产业化联合体，让农民分享加工销售环节收益，不断缩小城乡居民之间的收入差距。乡村振兴与新型城镇化从基本公共服务、社会保障、生态文明、文化治理和提高农民收入方面双向协同实现城乡民生保障均等。

五 推动城乡要素市场统一

乡村振兴强调人才振兴的根本作用，提出要将乡村人力资本开发作为首要任务，促进智力、技术、管理等要素下乡，同时指出要以完善产权制度和要素市场化配置为重点，发挥市场在资源配置中的决定性作用，激活要素、激活市场、激活各类经营主体，并要求加大金融支持农业发展的力度。推进乡村振兴，实现城乡要素自由流通和平等交换至关重要，必须打造并畅通各界人才、农业技术、工商资本、知识、管理、数据等要素由城市流入乡村的通道，这样才能激活乡村发展的内生动力、发展活力。新型城镇化要求引导大型商业银行下沉服务重心、加强信贷支持，鼓励增加首贷和信用贷，增加乡村建设融资渠道，推动规划设计师、建筑师、工程师“三师入乡”，推进城市教文卫体等工作人员定期服务乡村，深化农村集体产权制度改革，推动“资源变资产、资金变股金、农民变股东”，说明新型城镇化战略始终在有意识地促进城市优质资源要素进入乡村，支持乡村产业振兴、人才振兴、文化振兴、生态振兴和组织振兴。《中共中央 国务院关于加快建设全国统一大市场的意见》中明确要求，要健全城乡统一的土地和劳动力市场，完善城乡建设用地增减挂钩节余指标、补充耕地指标跨区域交易机制，促进劳动力、人才跨地区顺畅流动，这些举措都从城乡两端发力共同促进城乡融合发展。

六 推进城乡制度改革创新

乡村振兴提出要推进体制机制创新，强化乡村振兴制度性供给，重点要巩固和完善农村基本经营制度、深化农村土地制度改革、推进农村集体产权制度改革，其目的就是将乡村的人、地、财、业的发展潜力激活，释放其市场交易和流通价值，以此促进城乡土地、产业、资金、技术互补互促。新型城镇化也提出要改革完善城镇化发展的体制机制。土地制度改革创新方面，提出要稳步推进农村土地制度改革，改革完善农村宅基地制度，慎重稳妥地推进农民住房财产权抵押、担保、转让，赋予农民对承包地占有、使用、收益、流转及承包经营权抵押、担保的权能，允许农村集体经营性建设用地与国有土地同等入市、同权同价，还提出要深化城镇化过程中的征地制度改革，保障被征地农民长远发展生计不受影响。生态环境保护方面，提出要完善城镇化地区、农产品主产区、重点生态功能区空间开发管控制度，建立资源环境产权交易机制，发展环保市场，推行节能量、碳排放权、排污权、水权交易制度，实行资源有偿使用制度和生态补偿制度，加大环境执法力度，强调要逐步健全城乡融合发展体制机制和政策体系。这说明乡村振兴和新型城镇化都高度重视战略实施中的改革创新，务求从乡村和城市两个方面共同发力破除城乡融合发展的体制机制障碍，促进城乡要素自由流动、平等交换。

第六章　城乡高质量融合发展的时代要求、概念界定、内涵解析与特征阐释

第一节　从城乡融合到城乡高质量融合的时代要求

从城乡融合到城乡高质量融合，这一转变既是遵循城乡关系演进基本规律的必经之路，也是顺应我国社会进入新发展阶段的必然要求。当前，世界百年未有之大变局正在加速演进，全球经济、政治、文化、科技、生态、安全格局都在发生深刻变化，我国经过新中国成立以来 70 年的不断发展，举国的经济实力、综合国力、竞争能力都已大幅提升。全面建成小康社会、打赢脱贫攻坚战，我国在实现了第一个百年奋斗目标的基础上，奋力开启了全面建设社会主义现代化国家的第二个百年新征程，[①] 国家立足新发展阶段，贯彻新发展理念，构建新发展格局，围绕高质量发展主题，推动发展质量变革、效率变革、动力变革，以中国式现代化领航全局。中国城乡关系也站在新的历史起点上，以新发展理念和要求，以新发展目标和原则，以新发展动力和模式，推进城乡融合向城乡高质量融合转变，努力实现城乡更高质量、更有效率、更加公平、更可持续、更为安全的融合发展。

---

① 穆虹：《完整准确全面学习贯彻习近平经济思想》，《企业观察家》2022 年第 10 期。

一 新发展阶段下城乡融合的背景形势发生转变

1. 新发展阶段城乡融合发展立足新的历史起点

习近平总书记在党的十九届五中全会上指出，新发展阶段就是全面建设社会主义现代化国家、向第二个百年奋斗目标进军的阶段。经过新中国成立以来大半个世纪的发展和积累，我国已全面建成小康社会，全面打赢脱贫攻坚战，实现了第一个百年奋斗目标。[①] 进入新发展阶段，我国经济总量已位居世界第二位，人均国内生产总值已达到 8.57 万元，全员劳动生产率已达 15.3 万元/人，谷物总产量高居世界首位，全国人民的粮食安全、能源安全和人民生活得到有效保障。制造业规模、外汇储备稳居世界第一。建成世界最大的高速铁路网、高速公路网，机场港口、水利、能源、信息等基础设施建设取得重大成就。[②] 我国全社会研发经费高居全球第二位，研发人员总量全球第一。战略性新兴产业发展壮大，载人航天、探月探火、深海深地探测、超级计算机、卫星导航、量子信息、核电技术、新能源技术、大飞机制造、生物医药等取得重大成果，进入创新型国家行列。城乡区域协调发展加快推进，东部地区加快推进现代化、中部地区加快崛起、东北振兴取得新突破、西部大开发形成新格局，粤港澳大湾区建设、黄河流域生态保护和高质量发展等区域重大战略扎实推进，城镇化率上升为 65.22%，1 亿农业转移人口和其他常住人口顺利实现在城镇落户，居住证制度全面实施，基本公共服务覆盖范围和均等化水平显著提高。生态文明制度体系更加健全，污染防治攻坚向纵深推进，绿色、循环、低碳发展迈出坚实步伐，生态环境保护发生历史性、转折性、全局性变化。[③] 乡村振兴战略全面推进，农业农村优先发展的格局已经形成，乡村建设行动深入实施，农业现代化发展初具成效，

---

① 林鸿潮、刘辉：《国家安全体系和能力现代化的三重逻辑》，《新疆师范大学学报》（哲学社会科学版）2023 年第 2 期。

② 习近平：《高举中国特色社会主义伟大旗帜 为全面建设社会主义现代化国家而团结奋斗——在中国共产党第二十次全国代表大会上的报告》，《前进》2022 年第 10 期。

③ 习近平：《高举中国特色社会主义伟大旗帜 为全面建设社会主义现代化国家而团结奋斗——在中国共产党第二十次全国代表大会上的报告》，《先锋》2022 年第 10 期。

乡村宜居宜业水平进一步提升。新型城镇化建设稳步推进,“两横三纵”城镇化战略格局基本形成,中心城市和城市群成为带动全国高质量发展的动力源,京津冀、长三角、珠三角等城市群国际竞争力显著增强,城乡要素自由流动、平等交换和公共资源合理配置稳步推进,城乡居民收入比不断缩小。[①] 总体而言,进入新发展阶段,我国经济社会发展取得了举世瞩目的成就,发展基础、发展条件、发展实力、发展环境、发展理念、发展模式、发展质量都在发生系统性变革,相比新中国成立初期城乡发展极不平衡、改革开放初期城乡发展差距较大、20 世纪初期城乡发展矛盾有所缓和但仍较为突出的局面,当前我国城乡发展无论是融合发展的内外环境与现实基础,还是其融合发展的内在需求和质量要求,都发生了极大的变化,面向第二个百年奋斗目标新征程和中国式现代化新航程,新发展阶段城乡融合发展站在了新的历史起点和战略高度上。

2. 新发展阶段城乡融合发展面临新的风险挑战

进入新发展阶段,面对和经历世界百年未有之大变局,[②] 国外,保守主义、单边主义仍不时抬头,新冠疫情全球暴发导致经济陷入衰退,俄乌战争为世界和平增加了新的不确定因素,日本核污染排海导致海洋生态系统遭到巨大破坏,为世界生态环境蒙上阴影,气候变化异常,人类生存与发展的总体风险增加。国内,经历 40 余年经济高速增长,我国经济增长速度由高速转向中低速,人口发展出现老龄化和少子化趋势,多年来以房地产为驱动的经济增长模式进入深度调整期,城乡就业压力有所上升,关键技术与核心领域仍存在不少“卡脖子”环节,科技创新能力还不足够强大。城乡区域发展和收入分配差距仍然较大;群众在就业、教育、医疗、托育、养老、住房等方面面临不少难题,生态环境保护任务依然艰巨,我国社会的主要矛盾转变为人民日益增长的美好生活需要和不平衡不充分的发展之间的矛盾,其中最大的发展不平衡是城乡发展不平衡,最大的发展不充分是

① 《“十四五”新型城镇化实施方案》,《广西城镇建设》2022 年第 7 期。

② 林鸿潮、刘辉:《国家安全体系和能力现代化的三重逻辑》,《新疆师范大学学报》(哲学社会科学版)2023 年第 2 期。

农业农村发展不充分。[①] 一方面，“三农”问题一直没有得到彻底解决，农业现代化水平不高，农业生产效率和产品附加值相对于工业、服务业仍然较低，现代化的产业体系、生产体系、经营体系尚未健全，乡村发展基础仍然不够坚实，乡村发展潜力没有完全开发，农民掌握农业科技水平不高，增产增收面临压力和困难较多，乡村振兴、乡村建设任重道远。另一方面，城镇化质量有待进一步提升，户籍城镇化率低于常住人口城镇化率近 20 个百分点，户籍制度改革及其配套政策尚未全面落实，城镇基本公共服务尚未覆盖全部常住人口，农业转移人口市民化水平程度偏低，城市群一体化发展体制机制尚不健全，大中小城市发展协调性不足，超大城市规模扩张过快，部分中小城市及小城镇面临经济和人口规模减小，城市发展韧性和抗风险能力不强，城市治理能力亟待增强，[②] 新型城镇化受到人口、经济、生态环境等因素影响。城乡融合发展的体制机制障碍仍然存在，城乡之间要素自由流动和平等交换的规模和质量仍有较大提升空间，城乡之间产业融合程度不深，包括经济融合、政治融合、社会融合、文化融合、生态融合等领域在内的城乡融合总体格局还有待进一步破题和完善。因此，新发展阶段城乡融合发展面临一系列的新问题、新矛盾、新风险和新挑战，既有经济增速减低、就业压力增大、人口出生率降低、资源环境约束加大、中美贸易战这样的在发展过程中必然经历的规律性挑战，也有全球政治、经济、社会、文化、科技、生态格局动荡调整、新冠疫情、俄乌战争这种偶发性风险，我国城乡融合发展进入机遇与风险并存的新阶段。

3. 新发展阶段城乡融合发展肩负新的历史使命

新发展阶段是我国在实现第一个百年奋斗目标后，转向实现第二个百年奋斗目标即全面建成社会主义现代化强国的发展阶段，是实现中华民族伟大

---

① 习近平：《高举中国特色社会主义伟大旗帜　为全面建设社会主义现代化国家而团结奋斗——在中国共产党第二十次全国代表大会上的报告》，《奋斗》2022 年第 20 期。

② 《国家发展改革委关于印发“十四五”新型城镇化实施方案的通知》，2022 年 6 月 21 日。

复兴征程上的新起点，[①] 是以中国式现代化引领实现国家昌盛、民族富强、全体人民共同富裕的新开端。党的二十大报告指出，中国式现代化是人口规模巨大的现代化，是全体人民共同富裕的现代化，是物质文明和精神文明相协调的现代化，是人与自然和谐共生的现代化，是走和平发展道路的现代化。为了以中国式现代化领航实现中华民族伟大复兴，[②] 在我国这样一个人口基数世界第一，区域城乡发展不平衡、不充分的国家，面对国内外错综复杂的矛盾挑战，在处理城乡发展关系上，同样应该准确识变、科学应变、主动求变，把实现城乡人民日益增长的美好生活需要作为城乡融合发展的出发点和落脚点。具体而言，首先，要在城乡融合发展中实现人的全面发展，促进全体人民精神富足、物质富裕，最终实现共同富裕。新发展阶段，必然要求完整、准确、全面贯彻新发展理念，即坚持“创新、协调、绿色、开放、共享”新发展理念，[③] 城乡融合发展必然要以促进城乡人口发展能力对等、发展机会公平、发展成果共享为目标，促进城乡教育公平、就业公平、收入公平，推动基本公共服务合理均衡配置，共同提高全社会劳动力的能力和素质，使其拥有自由选择、全面发展的能力。其次，要在城乡融合发展中实现物的互联互通，促进资源要素自由流动、平等交换，不断缩小城乡发展天然或人为形成的差距。要从改革创新阻碍城乡融合的体制机制和政策体系入手，赋予城乡居民相同的财产流通权，实现城乡资源等价的价值交换权，赋予城乡融合更大的改革创新权，真正让市场在资源配置中发挥决定性作用，形成城乡各自优势资源双向自发流动和投入产出增值的良好效益，实现城乡土地、劳动力、人才、资本、技术、知识、管理、数据市场化、自主型流动。最后，要在城乡融合发展中构建形成工农互促、城乡互补、全面融合、

① 严旭阳：《全面贯彻新发展理念是旅游业高质量发展的必由之路》，《旅游学刊》2023 年第 1 期。

② 林建华：《全面建设社会主义现代化国家的政治宣言》，《马克思主义研究》2022 年第 11 期。

③ 张红艳、王燕荣、陈国生：《国家治理现代化需求导向的高质量发展研究》，《荆楚学刊》2023 年第 1 期。

共同繁荣的新型工农城乡关系，[①] 并以此形成发展合力、内生动力，促进经济社会高质量发展进步。要充分发挥城市与乡村各自地域系统的优势，充分体现城乡融合发展的综合比较效益、共生溢出效益、相互修复效益，真正实现“1+1>2”叠加倍增效应，以此全方位、深层次、系统化为经济社会高质量发展提供内生动能和增长空间，实现城乡融合、良性循环。因此，进入新发展阶段，城乡融合发展已经由单纯促进城乡协同发展、实现城乡平等进步转变成为建立城乡有机生命体，以此形成国民经济和社会高质量发展的驱动引擎，造就新的发展基底和模式。

二　新发展理念下城乡融合的目标要求发生转变

1. 新发展理念下城乡融合发展的质量要求发生变革

2015 年，党的十八届五中全会上，习近平总书记首次提出了“创新、协调、绿色、开放、共享”的新发展理念，[②] 作为管全局、管根本、管长远的导向，新发展理念具有战略性、纲领性、引领性。创新是引领发展的第一动力，创新发展注重的是解决发展动力问题；协调是持续健康发展的内在要求，协调发展注重的是解决发展不平衡问题；绿色是永续发展的必要条件，绿色发展注重的是解决人与自然和谐问题；开放是国家繁荣发展的必由之路，开放发展注重的是解决发展内外联动问题；共享是中国特色社会主义的本质要求，共享发展注重的是解决社会公平正义问题。五大新发展理念系统融合，是关系我国发展全局的一场深刻变革。当前，我国经济已由高速增长阶段转向高质量发展阶段，正处在转变发展方式、优化经济结构、转换增长动力的攻关期，各大领域、各行各业的发展理念、发展动力和发展模式都在发生一系列重大转变。城乡融合本身是协调发展的重要方面，注重城乡资源配置、城乡发展效率、城乡发展质量的均衡性与协同性，“五位一体”统筹

① 李太淼、李展：《推进乡村振兴需要正确认识和处理的若干重要关系问题》，《河南社会科学》2022 年第 12 期。

② 程鹏、屠启宇：《响应创新发展逻辑的国土空间规划策略》，《城市规划学刊》2022 年第 6 期。

城乡经济建设、政治建设、社会建设、文化建设、生态文明建设。在此过程中，要用创新的理念改革制约城乡融合发展的体制机制和政策体系，释放促进城乡资源要素自由流动和平等交换的内生动能。① 要用协调的方法配置城乡发展的资源要素，促进公共资源合理配置和均衡供给。要用绿色的模式引领城乡经济发展，牢固树立和践行“绿水青山就是金山银山”的习近平生态文明思想，实现城乡生态环境的价值转变和城乡可持续融合发展。要用开放的思维，建立城乡统一的要素市场，加快城乡发展互为需求、互为市场，面向全球协同提供城乡高品质的产品和服务，形成城乡融合发展的新动力、新空间。要用共享发展的目标和成效检验发展的质量，实现城乡发展资源共享、机会共享、能力共享、成果共享，在促进城乡共同富裕和人的全面发展中，不断提高人民群众的获得感、幸福感和安全感。因此，坚持和贯彻新发展理念，势必将对城乡融合发展的目标、路径、效果等方面的质量水平提出更高的要求，不但要注重量的合理增长，包括城乡融合的领域、城乡经济融合发展的规模、城乡基本公共服务的覆盖面，而且要注重质的有效提升，包括城乡融合发展的创新融合度、产业融合度、要素融合度、民生融合度等。因此，新发展理念下的城乡融合发展是双向能动、内生需要的融合，是质量、规模和效益相统一的融合，是系统全面、可持续地融合。

2. 新发展理念下城乡融合发展的效率要求发生变革

新发展理念下，创新成为发展的第一驱动力，科技创新带来生产力的质变，体制机制创新促进发展效能的提质，促进区域、城乡、经济发展和社会进步，物质文明与精神文明之间协同发展的效率更加高效，不会因某一短板瓶颈制约相关领域和全局发展，系统化带来发展效率的提升。绿色成为可持续高效率发展的底色和基础，同时以有机生态、自然和谐的方式，以生态成本最小、发展效益最好的方式，在发展方式和发展质量上深层次提升发展效率。开放促进更好地统筹两种资源、两个市场，形成国际化、标准化、现代化的发展模式，总体提升我国发展的效率和水平。共享则成为全体人民共同

① 贺方彬：《民生视域下构建新发展格局解析》，《学术界》2022 年第 12 期。

富裕、共同受益的价值追求，激发广大人民的主观能动性和不竭创造力。在新发展理念下，城乡融合发展更加注重空间协同发展效率，以城乡国土空间利用一体化、城乡规划一体化、基础设施一体化谋划城乡地域系统发展，降低盲目开发、重复建设、无效投资，打通城乡融合的堵点、痛点和难点，凸显城乡各自优势，促进城乡空间协同发展效率不断提升。在新发展理念下，城乡融合发展更加注重要素流动效率，以改革创新有利于城乡融合发展的体制机制和政策体系为根本，以完善产权制度和要素市场化配置为重点，破除体制机制弊端，促进城乡要素自由流动、平等交换和公共资源合理配置，全面提升城乡要素流动效率。在新发展理念下，城乡融合更加注重价值创造效率，通过提高城市产业支撑与就业能力，推动农业农村现代化，国家加快建立以科技创新为引领的现代化产业体系，现代化的生产体系、产品体系和经营体系加快形成，产业生产效率也将大幅提升，全社会财富价值创造效率不断提高，城乡融合的价值创造效率充分提升。在新发展理念下，城乡融合发展更加注重文明共进效率，在文化融合发展的手段数字化、多元化、市场化的加持下，不但城乡之间文化供给日益平衡充分，而且国内外文明交流互鉴也将有效提升城乡文化水平，城乡融合的文明共进效率明显提升。在新发展理念下，城乡融合发展更加注重生态共建效率，通过建立反映资源稀缺程度的生态产品价格形成机制和环境损害成本的生态补偿机制，城乡生态文明建设将以市场化的手段提升共建效率，同时生态环境质量的提高也将促进城乡更加宜居宜业，反过来形成生态发展力，提升全社会的生产效能。在新发展理念下，城乡融合发展更加注重社会治理效率，通过推动城乡治理体系和治理能力的现代化，城乡治理协同发展的效率更高、效益更好。因此，新发展理念下的城乡融合发展在空间、要素、价值、文明、生态和治理等各个方面都实现了效率提升。

3. 新发展理念下城乡融合发展的动力要求发生变革

在新发展理念下，我国经济发展的动力发生变革，劳动力数量和成本优势逐步降低，为适应高质量和高效率小代价经济体系建设，要逐步由要素驱动转向创新驱动，由量的规模扩张转向质的有效提高，社会持续发展需要新制度、新经济、新供给、新主体、新业态、新场景、新模式，不断释放美好需求动力、科技创新动力、数据算力动力、产业转型动力、制度改革动力、消费升级动力、绿色生态动力，在全社会掀起一场发展的动力革命，促进生产方式的有效变革和生产力的解放提升。美好需求动力，是协调发展、绿色发展、共享发展原始动力，人民对美好生活的追求和向往是一切发展的出发点和落脚点。科技创新动力，是以技术革命引领经济和社会发展变革，创造新的供给、新的需求，全方位渗透到发展的全领域并形成科技支撑力、创新驱动力。数据算力动力，是释放数字经济的强大动能，展现数据生产力并推动全社会生产方式、生活方式实现重大变革与进步。产业转型动力，是在我国建设现代化产业体系进程中，应用前沿科技协同推进传统产业转型升级和新兴产业培育壮大，促进一、二、三产业有机融合发展，推进农业现代化和战略性新兴产业协同发展。制度改革动力，是在推进高质量发展中，破除阻碍市场化、法治化、国际化、现代化经济和社会发展的制度掣肘，更好地实现有为政府和有效市场的结合效益，激活发展的内生动力。消费升级动力，是顺应我国人口和居民发展特点和趋势，不断满足人民群众日益增长的美好生活需要，以供给侧结构性改革为抓手，高质量创造新供给，高水平满足新需求。绿色生态动力，是以绿色发展方式和道路提升发展的质量和效益，创造绿色生产动力、绿色消费动力、绿色发展动力。在新发展理念下，城乡融合的动力相应发生系统性变革，缩小城乡发展差距，提升城乡居民获得感、幸福感和安全感成为城乡居民共同追求、共同创造的目标动力。新发展理念下的科技创新将进一步消弭城乡生产力发展不平衡的现状格局，成为农业农村现代化的根本动力。新发展理念下的数据算力正在不断缩小城乡发展的"数字鸿沟"，以数字生产力推动乡村经济社会高效能发展。新发展理念下，产业转型正在不断创造城乡产业互动融合的市场空间，推动城乡产业链、供应链、价值链不断融合。新发展理念下的制度改革不断完善城乡融合发展的体制机制与政策体系，释放城乡融合发展的活力与动力。新发展理念下的消费升级推动城乡资源和市场互为消费对象，城乡居民消费互补融合。在新发展理念下，绿色生态正成为城乡融合过程中打造宜居宜业宜游环境的支撑和保障。

三　新发展格局下城乡融合的立足基点发生转变

1. 新发展格局下城乡融合发展的供给主体发生变化

2020 年 10 月，党的十九届五中全会提出要加快构建以国内大循环为主体、国内国际双循环相互促进的新发展格局，是我国立足新发展阶段、运用新发展理念，面对国际国内环境变化，为畅通国民经济循环而作出的重大战略决策。[①] 构建新发展格局是积极应对国内外形势变化的主动选择，是充分发挥我国超大规模市场优势的内在要求。扩大内需是构建新发展格局战略的基点，同时积极融入全球供应链、产业链、价值链，形成需求牵引供给、供给创造需求的更高水平动态平衡。在新发展格局下，立足扩大内需这个战略基点，生产、分配、流通、消费将更多依托国内市场，[②] 随之而来的产品供给、技术供给、服务供给、市场供给，都将以 14 亿人口对美好生活的需求为导向，增强需求的适配性、畅通经济的循环性。新发展格局下的城乡融合发展，势必要以此为坐标基点，在供给端形成一系列变化，以供给侧结构性改革推动城乡更好地融合发展。具体而言，从产品供给上来看，农业要在保障粮食生产和安全的基本前提下，走农业现代化道路，为广大城乡居民提供丰富多样、有机绿色的农副产品，要从农业生产中创造人民群众对宜居生活需求追求和向往的新供给。工业和服务业同样要在产品上实现创新发展，形成新产品、新体验、新场景，为广大城乡居民创造新的工业产品和消费服务，不断满足城乡居民提高生活水平的需要。同时，产品供给也要面向国际市场，通过出口创汇发挥农业、工业比较优势，让产业收益更多惠及广大职业农民、产业工人。从技术供给来看，要以科技创新为驱动，深刻变革我国经济社会发展的核心驱动力与竞争力，加快构建现代化经济体系，完善现代

---

① 严旭阳：《新发展理念是旅游业高质量发展的必由之路》，《旅游学刊》2023 年第 1 期。

② 王思琛、任保平：《我国新发展格局构建的理论与实践研究：一个文献综述》，《河北经贸大学学报》2023 年第 1 期。

产业体系，打造数字经济、平台经济、生态经济、低碳经济、生物经济等新兴产业，推动人工智能、芯片制造、生物基因、量子科技、类脑智能、前沿材料、大科学装置等尖端科技产业化，提升我国创新链、产业链、供应链的韧性，城乡融合发展的技术供给发生深刻变化，这将系统改变城乡融合的领域和模式。从服务供给来看，以面向国内市场、实体经济为主体的现代服务业也将发生深刻变化，以知识型、智能型、体验型、精神型、虚拟型为特征和价值的服务供给正在发生深刻变化，这将对城乡融合发展的各个方面产生新的实现要求和价值追求，促进城乡在更高层次上、更好体验上实现物质与精神的融合。从市场供给来看，乡村振兴激发了巨大的投资市场和产品市场，城乡融合创造了超大规模市场，各类要素将在统一而非割裂的市场上实现高效流动、平等交换，结合国际市场供需内容，将为城乡融合发展的质量、效率、动力带来新的提升。

2. 新发展格局下城乡融合发展的需求重点发生变化

在新发展格局下，锚定我国巨大的内需市场，我国的投资需求、消费需求、出口需求也将相应发生变化。这些需求变化将创造城乡融合发展新的着力点、价值点和生长点。首先，投资需求的变化将导致国家和社会的投资更多投向国内市场，包括基础设施、现代产业、社会民生、实体经济、科技创新等相关领域。基础设施的扩大投资，将有力促进城乡基础设施互联互通、一体高效，提升城乡融合发展的基础和条件。现代产业的扩大投资，包括现代农业、先进制造业、现代服务业领域在内的现代化产业体系建设将得到重点支持，这无疑夯实了城乡融合发展的产业融合动力。社会民生的扩大投资，包括教育、医疗卫生、文化、社会保障等领域的建设发展将提速增质，直接提升乡村基本公共服务、社会保障水平，有效促进城乡民生保障一体均等。实体经济的扩大投资，将有力增强国民经济发展的内生动力和持久稳定性，通过不断优化民营经济的发展环境，促进我国经济长期稳定健康发展，形成企业资本、国家税收、个人收入等财富创造的良性循环，这必将强化城乡融合发展的财政支撑能力和经济促动动力。科技创新投资的扩大，将从提升工农业生产效率、产品附加值和出口创收效益上，实现城乡融合生产条件、能力的对等协同。其次，消费需求变化将创新城乡融合发展的价值点和融合点。推动城乡融合发展，势必要加快城乡居民在购物消费、餐饮消费、住宿消费、医疗消费、教育消费、旅游消费、娱乐消费、投资消费等领域的融合发展。如购物消费，伴随家电下乡、农产品进城的规模扩大，城乡商品价值得到更大规模交换，促进了产业深度融合。餐饮和住宿消费，通过发展乡村农家乐、乡村民宿等将带动市民消费入乡。医疗和教育消费，在惠及城乡居民的基础上带动了消费流通，又促进了城乡公共资源的均等。旅游娱乐消费，乡村旅游、休闲娱乐、健康养生都将进一步扩大促进城乡消费市场融合发展的空间和领域。投资消费，农业转移人口进城买房、买车，城市资本入乡投资运营乡村产业，都将促进城乡经济更广泛、更深入地流通与融合。最后，出口需求变化将从以量为重转变为质、量齐升的目标导向，产品、技术、服务的出口不仅注重量的规模，更加注重质的品质，以科技创新、产品创新、服务创新为引领，更好地融入全球产业链、供应链、价值链，在此过程中，城乡之间经济交往、产业协同、技术联系、服务衔接、物流畅通、信息通达等诸多方面的融合发展将进一步加快加深，城乡协同面向全球资源、全球市场、全球资本、全球技术的能力和水平将进一步得到强化和提升。

3. 新发展格局下城乡融合发展的市场体系发生变化

构建以国内大循环为主体、国内国际双循环的新发展格局，① 要立足扩大内需这个战略基点，使生产、分配、流通、消费更多地依托国内市场，② 发挥市场在资源配置中的决定性作用，促进各类资源要素高效流动、畅通循环，加快建立统一开放、竞争有序、制度完备、治理完善的高标准市场体系。建设高标准市场体系，要夯实市场体系基础制度，要推进要素资源高效配置，改善提升市场环境和质量，确保高水平市场开放，③ 只有加快建设全国统一大市场，才能有力支撑新发展格局。新发展格局下的高标准市场体系与全国统一大市场将为推进城乡融合发展塑造市场格局、市场环境、市场配

① 韩保江：《以构建新发展格局激发高质量发展的强大动力》，《财政研究》2022 年第 11 期。
② 张俊伟：《学习习近平经济思想的几点体会》，《中国发展观察》2023 年第 3 期。
③ 《如何理解高标准市场体系》，《深圳特区报》2022 年 12 月 6 日。

置和市场流通的市场之力，推动城乡资源要素自由流动，打通制约城乡经济和社会融合发展的关键堵点，为城乡融合发展提供市场配置力、要素流动力、产权价值力。首先，通过强化市场基础制度规则统一，将在城乡之间建立和实行统一的产权保护制度、统一的市场准入制度、统一的公平竞争制度和统一的社会信用制度，重点将进一步健全农村集体产权制度，规范农村各类产权流转交易，强化农村土地经营权流转规范管理和服务，从而实现乡村资源通过市场化进入流通和交易领域，实现资源变资产，有效促进城乡资源平等交换，而统一的市场准入、公平竞争和社会信用制度将提高城乡各领域融合发展的协同度。其次，通过推进要素资源高效配置，将健全城乡统一的土地和劳动力市场，发展统一的资本市场，培育统一的知识、技术和数据市场，发展全国统一的生态环境市场。其中，土地和劳动力市场重点将完善城乡建设用地增减挂钩节余指标、补充耕地指标跨区域交易机制、财政转移支付和城镇新增建设用地规模与农业转移人口市民化挂钩政策，将促进城乡土地和劳动力要素实现充分的流动和价值实现。统一的资本市场将有效促进城乡各类金融资本互联互通、更高效均衡服务城乡实体经济，有力促进城乡经济和产业融合。统一的知识、技术和数据要素市场将打破城乡科技落差、数字鸿沟，形成城乡知识产权和科技成果产权交易机制，有效提升农业农村现代化水平，持续提高农业生产效率和效益。统一的生态环境市场，将建设全国统一的碳排放权、用水权交易市场，推进排污权、用能权市场化交易，将实现城乡生态共建、资源共享、价值互通，有力推进城乡生态文明建设融合发展。最后，通过建立高标准联通的市场基础设施，将建设现代流通网络、完善市场信息交互渠道、促进交易平台优化升级，重点将建立健全城乡融合、区域联通的交通物流、商贸流通、能源、电信等基础设施网络体系，有力支撑城乡基础设施融合发展。

第二节　城乡高质量融合发展的概念界定

融合、城乡融合、高质量、高质量发展、城乡高质量融合、城乡融合体、城乡融合态是一组相互独立又彼此关联的概念，厘清这些概念的定义，阐述其中的有机联系，是充分理解城乡高质量融合发展的基础和前提。区别于一般概念上的城乡融合发展，城乡高质量融合发展凸显“高质量”这个前缀，“高质量”的概念表达了城乡融合的主动式、双向式、能动式，通过构建城乡要素双向流动、资源相互利用、资本相互转化、基础相互支持、经济相互共生、利益相互动向等相关条件，促进彼此主动交融趋同、相互内生生长、系统有机融合，最终形成城乡融合发展的高级状态即城乡融合体，其内涵在于：从融合的内生动力上看，城乡高质量融合发展是一种城乡资源要素双向能动式的融合发展；从融合的整体效益上看，城乡高质量融合发展是一种城乡经济体系互利共生式的融合发展；从融合的内容形式上看，城乡高质量融合发展是一种城乡物质精神系统有机式的融合发展。厘清城乡高质量融合的概念和内涵有利于深入分析其运行机理和作用机制。

一 城乡高质量融合发展的概念推演

1. 融合的定义与解读

融合在《辞海》中的解释是几种不同的事物合成一体。融合可以作为动词，表示一种彼此相融、双向交融的动作；也可以作为形容词，表示一种和谐、融洽的状态。融合可以分为物理意义上的融合、生理意义上的融合和心理意义上的融合。物理意义上指熔成或如熔化那样融成一体①，生理意义上指繁殖过程中的相互结合，心理意义上指不同个体或不同群体在一定的碰撞或接触之后，认知、情感或态度倾向融为一体。② 融合既可以指某种物质或思想的混合、熔化，也可以指不同文化、技术、学科、领域等的融合，创造出新的、更具创造性和有效性的事态。对融合的定义，可以进一步作如下分析和解读。首先，从融合的基础看，是两种不同的事物客观上必然具有相

① 赵均、许婕：《从耦合到融合：南京建设体育城市与新型城市的历程与效应研究》，《南京体育学院学报》2022 年第 11 期。

② 孟庆东、阎国华、何湾：《从协同到融合：高职院校辅导员与思政课教师队伍一体化建设探析》，《教育与职业》2022 年第 23 期。

互联系，通俗地讲即彼此虽然有边界但本身有交集，是更高阶类型事物的不同表现形式，两者具有融合的可能性。其次，从融合的动力看，两类事物具有融合的必要性，在融合的过程中或主动，或被动，或相互协同推动融合的实现，目的是形成新的、结构更优、功能更强的事物。最后，从融合的结果来看，两类事物融合成为一类全新的事物，扬弃了之前两类事物彼此的缺陷和不足，在有机融合的过程中产生了全新的结构与功能，完成了形成更高级事物和状态的演进。从哲学意义上看，相互关联、彼此矛盾的事物在各自的演化发展中，需要将对方具有而自身不具有的特性、优势彼此结合，以此创造出集二者优势于一体的全新事物，实现系统和功能的高级化演进，这一事物演化的过程即融合。应当说，融合是人类文明和发展的基础之一，融合不是简单的物理拼接和粘连，融合从不同的事物中寻找价值生长点、物态进化点，形成新的、更具生命力的事物。

2. 城乡融合的概念与阐述

城乡融合作为一个概念，最早是 1847 年由恩格斯在《共产主义原理》中提出来的，并视为共产主义的重要特征。他指出当私有制废除后，农业将会“进入繁荣的新时代”，并强调“通过城乡的融合，使社会全体成员的才能得到全面发展”①。他描绘社会主义社会城市和农村之间的差距会逐渐消失，形成一个统一的经济整体。从恩格斯的论述中，可以得知城乡融合既是一种社会状态，也是一个发展过程，其结果是全体社会成员得到全面发展，且非如此不可，揭示了城乡融合的过程、结果和意义所在。那么当代城乡融合这个概念本身是如何定义的呢？关于城乡融合的概念，《辞海》的解释是：把城市和农村的经济、社会、文化等方面的差距逐渐缩小，使它们趋向一致，最后达到融为一体的过程。这一过程通常包括人口的流动和迁移、城乡产业的转型与聚集、资本和信息的流动和传递、空间和基础设施的再开发等。并指出，城乡融合是城市和农村之间相互影响、相互促进、协调发展的过程，是实现城乡一体化、建设现代化城市和美丽乡村的重要途径。国家

① 《马克思恩格斯选集》（第 1 卷），人民出版社，2012，第 308~309 页。

“十四五”规划纲要对城乡融合发展专门解释，指出城乡融合发展是指以城乡生产要素双向自由流动和公共资源合理配置为重点，以工补农、以城带乡，统筹推进城乡基本公共服务普惠共享、城乡基础设施一体发展、城乡产业协同发展、农民收入持续增长，形成工农互促、城乡互补、协调发展、共同繁荣的新型工农城乡关系，加快农业农村现代化和乡村振兴。① 据此，城乡融合是指城市和乡村原有的两大地域系统，在经济、政治、社会、文化、生态文明建设等各个领域，共享发展资源、发展机会、发展成果，相互渗透、相互结合、相互促进，最终成为一个有机生命共同体的过程和状态。

3. 城乡高质量融合发展的概念与阐释

区别于一般概念和意义上的城乡融合发展，城乡高质量融合发展突出了“高质量”这个关键词，定义城乡高质量融合发展的概念之前，首先，要理解高质量的概念和定义。高质量在《辞海》中的解释是：产品、服务或工作的水平、质量、标准或品质较高。作为一般的概念理解，高质量是指对于特定需求对象，其固有特性满足要求的程度较高。其次，要理解高质量发展的概念和定义。2017 年，中国共产党第十九次全国代表大会首次提出高质量发展的新表述，高质量发展就是从简单追求数量和增速的发展，转向以质量和效益为首要目标的发展。习近平总书记指出，高质量发展是能够很好地满足人民群众日益增长的美好生活需要的发展，是体现新发展理念的发展，② 高质量发展不只是一个经济要求，更是对经济社会发展方方面面的总要求。习近平总书记在党的二十大报告中指出“高质量发展是全面建设社会主义现代化国家的首要任务”③，“推动经济实现质的有效提升和量的合理增长”，必须更好统筹质的有效提升和量的合理增长，始终坚持质量第一、效益优先，大力增强质量意识，视质量为生命，以高质量为追

① 陈柳钦：《中国式现代化新道路的经济特质》，《产权导刊》2023 年第 2 期。

② 张俊伟：《学习习近平经济思想的几点体会》，《中国发展观察》2023 年第 3 期。

③ 韩文秀：《高质量发展是全面建设社会主义现代化国家的首要任务》，《旗帜》2022 年第 11 期。

求。[①]质指的是发展的结构和效益，量指的是发展的规模和速度。基于上述概念，城乡高质量融合发展的概念是：城乡两大地域系统以破除各自发展弊端并实现融合发展的增量效益为目标，以“人”的需求满足作为核心驱动力，以此引领其他先进生产力要素重构城乡整体系统发展动力，驱动城乡两大地域系统自主、双向、能动、有机、充分、系统实现融合的过程与状态。城乡高质量融合强调的是自主性、能动性、双向性，而非牵引式、被动式、单向式的城乡融合，是从存量到增量的优化升级，是从数量到质量的发展飞跃。

二　城乡融合体的概念定义

作为城乡融合发展高级阶段的目标产物，城乡融合体是从基本性质、系统功能、形态结构、发展动能、运行机制等高度和谐统一、质效合一、表里如一的全新地域系统。在此系统中，城乡融合的载体就是城乡融合体，状态就是城乡融合态，城乡融合体具有不同于单纯城市和乡村以及一般意义上城乡融合的创新性、优越性和先进性。作为吸收城乡两大地域系统各自优势、消弭双方缺陷的全新系统，城乡融合体将产生新的发展空间、发展动力和发展成果，是城乡关系演进到高级阶段的必然产物，它的诞生将彻底改写城乡关系的历史，实现人的全面发展和物的价值生长，实现人的自由和物的自然，人与物的自洽。

三　城乡融合态的概念描述

城乡融合态是指当城乡融合作为一个目标和状态实现以后，城乡两大地域系统已无概念之分、地域之分、空间之分和功能之分，其表观状态即为人化自然、自然人化的高度有机统一，“城”亦是乡、“乡”即是城，两者的优势充分得以发挥，人类在此状态下发展能力对等、发展机会公平、发展成果共享，城乡呈现一种高级化的混沌状态，是一种人类生存、人物自洽的理想状态。

① 顾严：《牢牢把握高质量发展这个首要任务》，《红旗文稿》2023 年第 6 期。

第三节　城乡高质量融合发展的内涵解析

一　城乡高质量融合是城乡资源要素双向能动式的融合发展

从融合的内生动力看，城乡高质量融合发展是一种以追求共进共富为目标的、以资源要素双向流动为特征的、以市场机制为决定性作用、以政府引导为辅助的城乡双向吸引和自主能动式融合。双向能动融合显著区别于以往农村要素单向式流动、利益单向式输出，通过挖掘乡村价值、优化城市价值，以城乡价值互诉性为原始驱动力，充分发挥市场在资源配置中决定性作用，驱使劳动力、资本、土地、技术和数据等生产要素从城市主动流向乡村，或从乡村主动流入城市，以达到资源要素配置的最优化、利益财富创造的最大化结果，这是一种挖掘城乡潜在价值、释放城乡发展动能，相互吸引、相互促进、相互创造的城乡双向能动融合。

二　城乡高质量融合是城乡经济体系互利共生式的融合发展

从融合的整体效益上看，城乡高质量融合发展是一种实现人的物质富裕和精神富足为目标的，以城乡不同景观、文化、环境为吸引的，以交互叠加效益最大化为特征的，城乡互促互利、共生共荣的增量式融合。区别于传统意义的城乡统筹，城乡高质量融合发展，不仅深挖发展潜量、优化现有存量，同时创造发展增量。增量建立在高质量城乡融合发展后所形成新的、更广阔的发展空间之上，通过高质量城乡融合形成新的价值生长点，创造发展的新机遇、新就业、新业态、新场景、新模式，比如发展各种各样的乡村经济形态获得财富和精神的满足，形成一种城乡发展利益共生格局。这是一种重塑城乡发展关系、重建城乡发展格局，并将有利于充分释放城乡自身价值、创造增量价值的高质量融合发展。在城乡高质量融合发展的模式和格局下，农业农村农民将获得更多发展机会，分享更多发展成果，农村居民收入水平和经济社会地位也随之得到提升，城乡发展差距会不断缩小并最终达到均衡状态，[①] 这是一种可持续共赢发展的城乡融合。

三　城乡高质量融合是城乡物质精神系统有机式的融合发展

从融合内容形式上看，城乡高质量融合发展是一种以共有发展要素、共建发展格局、共享发展成果为特征的，以全领域、全过程、全价值融合为目标的，城乡有机一体、系统全面的自主性、能动性、双向性融合。城乡高质量融合发展致力于消弭城乡之间发展的不平衡，致力于推动乡村价值显化和城市价值优化，从而促进乡村全面发展进步、城市全面价值提升。城乡高质量融合发展不仅要使城乡在基础设施建设、公共服务供给、社会治理水平、生态环境质量、精神文明建设等领域在发展水平上保持一致性、均衡性，实现协同共进，更要在创造发展机会、构建发展能力、形成发展合力上形成城乡高质量一体联动的发展格局，消弭城市与农村之间、城市居民与农村居民之间、农民工群体内部之间的发展差异性，实现城乡系统全面可持续融合发展。

第四节　城乡高质量融合发展的特征阐释

城乡高质量融合发展将城乡两大地域系统作为一个有机整体系统，从城乡两大系统现有发展的存量空间及固有矛盾出发，从城乡融合发展的核心和关键要素“人”的需求满足出发，以实现融合发展的增量空间和效益为目标，形成城乡空间、功能、经济、政治、社会、文化、生态等自主、能动、有机、充分、系统的融合发展，其意义在于描述了城乡融合的进化性，体现了城乡融合的自主性，实现了城乡融合的增益性。其基本特征包括三个方面：一是城乡高质量融合是把城市与乡村作为一个整体地域系统来看待，而非分割定义城与乡，即城乡融合体，这体现了融合的进化和进阶，是一种具

① 马骏：《共同富裕视域下城乡高质量融合发展论析》，《求索》2023 年第 2 期。

有自主“意识”的自诉型主动融合。二是城乡高质量融合是城市与乡村的双向融合，是出于利用对方资源和要素实现自身更好发展的融合，而非吸附或牵引式的被动融合，是一种具有相互吸引力的互利型双向融合。三是城乡高质量融合是为了实现城乡融合体所创造的增量空间与增量价值，是一种为谋求更大发展、获得更大价值的增益型能动融合。

一　城乡之间具有内生融合诉求的自主融合

城乡高质量融合是一种自主式的融合。所谓自主，是一种为消除各自内在固有矛盾，因而具有内生融合诉求的融合。表现为城市与乡村两大地域系统，在空间布局、整体功能、经济发展、社会进步、政治文明、文化共振、生态建设等领域，自发、自觉、自愿与对方地域系统进行融合。这种融合不是以往城市占主导和支配地位、乡村为从属和辅助地位，城市对乡村“施舍式”“牵引式”、乡村为“被迫式”“被动式”的融合。由于城市和乡村在其自身的发展过程中，不可避免地出现二元对立、城乡分割，城市由此出现各种“城市病态”，诸如人口高度集中、交通环境拥堵、住房紧张短缺、生态环境质量下降、水源短缺、医疗卫生服务压力增大、教育资源不足等；另外，由于人口、劳动力等资源要素更多由乡村向城市集聚，乡村出现了包括发展后劲不足、产业发展迟滞、乡村建设迟缓、文化教育落后、生态环境污染加大等“农村病态”。两种病态随着时间的推移愈演愈烈，成为城市衰败、乡村凋敝的潜在隐患。而城市和乡村均无法单独依靠自身力量彻底改变这种病态与发展趋势。一般意义上的城乡融合，也注意到城乡各自的问题和矛盾，也从减小城乡差距的角度出发，提出了促进城乡协调发展的路径，但由于城乡长期积累的固有矛盾，本身是在城市对乡村资源汲取和占有的基础上形成的，因而只有城乡双方共同着力这个矛盾才能彻底得以解决。只有双方依靠对方的资源和力量，才能有效解决各自因交互不平衡发展所形成的积弊。通俗地讲，即单纯依靠城市和乡村自身的力量只能实现“治标”无法实现“治本”。只有当城乡两大地域系统依靠和利用对方的资源、价值时，如城市利用乡村地域宽广的资源，有机疏散高密度的城市人口、设施、产业，实现城市内部宜居宜业，乡村利用城市先进的科技、管理、知识，实现乡村资源转化、产业升级，从而系统有机地解决城乡各自发展矛盾，同时达到缩小城乡发展差距的效果。综上所述，城乡高质量融合，是一种在城乡发展演进过程中利用对方资源消解自身发展矛盾的进化行为，因此是一种城乡双方具有发展互诉性的内生式主动融合。

二　城乡之间具有彼此融合需要的双向融合

城乡高质量融合是一种双向式的融合。所谓双向，是一种为发挥各自资源要素优势，因而具有双方融合需要的融合。表现为城市与乡村两大地域系统，在科技创新、产业发展、社会建设、文化繁荣、生态文明等方面，平等、互动、双向与对方地域系统进行融合。这种融合不是以往城市“抽剥”农村资源、农村“支援”城市发展所形成的单向式、输送式、贡献式的城乡融合，表面上看城市与乡村资源、要素、产业等都在发生密切联系，实质上是一种价值交换不平等的城乡关系，所造成的结果是资源要素富集于城市，又在城市这个生产力加速器当中加速循环，进入持续上升的“良性循环”通道，相反地，在乡村发展资源和要素被剥离的同时城市在资本和市场属性下较少释放涓滴效应，导致乡村日益凋敝，进入持续走低的“恶性循环”通道，最终，城乡差距越拉越大，“马太效应”越发明显。在劳动力要素方面，在城乡产业生产率、生产效益不同的驱动下，农村大量的青壮劳动力流出乡村进入城市，形成数量庞大的农民工群体，投入城市建设和发展，城市以廉价劳动力成本在城市建筑、基础设施、道路交通、第三产业等方面获取了超常规发展。在产品价值方面，乡村优质的生态环境资源以固化在农副产品身上的方式，输送给城市居民消费、支撑城市的正常运行，但农副产品相对工业产品总量上相对较多，加之地力、生态价值的隐性融入，人工、技术、运输等成本实际更多成为产品的价格主体，价格相对低廉，没有真实反映产品的总体价格水平。在进入城市消费环节中，农副产品的价值也被变相、隐性剥离。在土地要素方面，在城市扩张和工商资本入乡过程中，农村土地资源要素或被低价征收，或被低价租赁，没有真实反映农村土地要素的客观生产力价值。相反地，城市优质的资本、技术、人才、知识、管理、数据等资源要素，由于投资和投入的回报比较优势不强，很难或较少进入农村，造成农村优质资源要素不断低廉输送给城市、城市优质资源要素阻滞隔离进入农村的要素单向式、价值单向式流动局面。城乡高质量融合，是建立在城乡优质资源要素自由流动、平等交换上的双向融合。

三 城乡之间具有整体融合增益的能动融合

城乡高质量融合是一种能动式的融合。所谓能动，是一种为实现双方融合增量价值，因而具有彼此融合增益的融合。表现为城市和乡村两大地域系统在融合成为一个有机整体即城乡融合体之后，在经济建设、政治建设、社会建设、文化建设、生态文明建设等“五位一体”[①] 总体布局的发展进程中，实现了更具规模、更优效率、更高质量的融合发展效益。这种融合不是以往城市各领域发展与乡村各领域进步的简单叠加，而是在新的系统下、格局下、机制下，形成新的价值理念、发展空间、科技创新、产业业态、消费场景、政策制度，形成城乡融合体一系列新的融合创新点、发展增长点、价值生长点。不同于以往的城市和乡村功能分工，城乡融合体作为一个完整的系统化的有机生命体，具有其内在的运行机理，将城市和乡村的优势充分激发和释放出来，在发展的价值理念上，以城乡融合体的整体效益最大化为基本追求，包括物质和精神两大层面。在发展空间上，突破传统城市和乡村两大地域系统的局限性，形成城乡融合体经济、政治、社会、文化、生态融合创新发展的新空间。在科技创新上，充分将自然世界和人类世界的文明规律有机结合，形成更多生态、智慧、有机的新技术和新产品。在产业业态上，拓展现有城乡产业边界，在城乡融合体中形成智慧产业、生态产业、人文产业融合渗透、消费无界的产业发展格局。在消费场景中，将城市的现代文明、多元文化、科技体验融入乡村消费场景，将乡村的生态文明、传统文化、自然体验融入城市消费场景，打造具有城乡优势的城乡融合体消费场

① 刘凤义、赵夫鑫：《推进中国式现代化的几点思考》，《理论与现代化》2023 年第 2 期。

景。在政策制度上，将偏重质量效益的城市政策供给与偏重价值持续的农村政策有机融合起来，设计符合城乡融合体的高质量发展政策，实现人的全面发展和物的价值生长。综上所述，城乡高质量融合，将城市和乡村两大地域系统融合为一个整体，在新的系统和功能下形成更加先进的发展理念、更加丰厚的发展基础、更加广泛的发展条件、更加强大的发展动力、更加文明的发展制度、更加优渥的发展成果，是一种为实现城乡整体有机融合增益性目标下双方能动式的融合。

第七章　乡村振兴战略下城乡高质量融合发展的运行机理推导

第一节　乡村振兴战略下城乡高质量融合发展的核心要素

本章阐释“人”作为一切发展要素中的主体、核心与关键性要素，在城乡高质量融合发展中的地位与作用，分析“人”的要素对于其他发展要素流动、集聚、融合的引领作用。分析我国城镇化进程中人口、资金、信息、技术、资源、产品等发展要素长期片面单向流入城市的内在逻辑，找出决定发展要素流动方向的根本原因——“人”本身的流动偏好与抉择因素。乡村振兴战略下城乡高质量融合发展的外部条件构建，一方面显化乡村价值，基于乡村地域、乡村资源、乡村产品、乡村特色、乡村文化、乡村生态等，讨论“乡村价值”如何显化；另一方面优化城市价值，基于高效、便利、规模、集聚、多元、创新等属性下的城市价值，在当前土地资源紧张、交通出行拥堵、住房价格高位、生态环境临压、阶层利益冲突、精神文化虚空的困境下，探讨其如何优化。基于显化了的乡村价值和优化了的城市价值，实现两者价值需求的互诉性、要素流动的能动性。

一　“人”的流动偏好与抉择因素

人民，只有人民才是创造世界历史的真正动力。我们党和国家始终坚持一切发展为了人民、依靠人民，由人民共享的宗旨，始终贯彻以人民为中心的发展思想。当前，我国城乡融合发展中存在生产要素流动不顺畅、交换不平等、公共资源配置不合理的矛盾，这些要素主要包括劳动力、人才、土地、资本、技术、信息、知识、数据等，而在所有城乡要素中，起引领和关键作用的是“人”的要素。一方面，乡村人口进入城市实现人口城镇化是历史的必然趋势，人口的流动带来流入地的劳动力增加和消费市场的扩大，进而引发新的投资，带来流出地劳动力减少和消费市场的萎缩，进而引发新的人口流失。另一方面，由于乡村振兴、乡村建设的深入推进，城市消费人群、各类投资人群、返乡创业群亦将目光投向乡村，将资本、技术、知识等要素投向乡村，并与乡村土地、劳动力等要素相结合，形成新的“生产—流通—销售”循环进入市场，产生新的价值、增加财富收入、拉动乡村发展。因此，人在城乡要素流动和交换中起决定性、引领性、根本性作用。推进城乡高质量融合发展，首要任务是将“人”这个所有生产力要素中最活跃的因素、最具创造力的因素、最有带动力的因素，在城乡之间形成良性互动、自由流动的格局。通过人的双向自由流动引致资本、技术、知识、管理、信息等生产要素的双向联动。而人口流动包括劳动力流动和人才流动，其本身的流动偏好与抉择因素又是关键中的关键。美国心理学家亚伯拉罕·马斯洛在《人类激励理论》论文中提出人的需要分为五个层次，从低至高依次为：生理需要、安全需要、社会需要、尊重需要和自我实现需要。根据该理论可以推理，城乡之间人口的流动，更多的是从第三层次即社会需要开始，向尊重需要和自我实现需要开展需求类追求。城乡社会各自拥有自身地域的吸引力，城乡社会各自拥有自身投资的回报力，城乡社会各自拥有实现其所在居民自身追求的价值力，这些“力”无论是对生活在乡村中的农民或市民，还是生活在城市中的农民或市民，在判断其流动偏好与抉择条件时，应重点考量对其经济收入、发展需求、社会地位、自我价值实现等方面积极或消极的因素，人们总会做出对自己相对更有利的选择并形成流动。因此，一方面，在城市应建立城市吸纳农村转移劳动力机制的同时，建立促进城市人口流量进入乡村实现其各层次需求的机制；另一方面，在乡村应建立吸引城市人口流量进入乡村发展机制的同时，建立乡村人口留乡、进城双向发展的机制。

二　显化乡村价值与优化城市价值

城市和乡村属于两大不同的地域系统，先贤亚里士多德曾说过“人们来到城市是为了生存，人们居住在城市是为了生活得更好”。相较于乡村文明，城市文明是一种聚类文明、高效文明和创新文明。前述“人”是一切生产力要素中最活跃、最关键、最根本的因素，带动其他各类要素发展。城乡之间要素流动不顺畅、不自由，关键在于人的流动不顺畅、不自由，但深层次原因在于人口流量无法从城乡各自吸引力及价值力之中寻求足量、适配的发展机会，形成这一制约的关键原因在于城市和乡村的价值没有形成平等、多元、充分和高频的交换格局。因此，需要在显化乡村价值的同时优化城市价值，对城乡资源、城乡要素、城乡市场进行深度“洗牌”，调整其利益固化格局，释放其价值交换需求，以价值自由和平等交换形成城乡高质量融合发展的基本前提和现实基础。乡村价值主要包括乡村生态环境价值、乡村自然景观价值、乡村历史文化价值、乡村人口生产价值、乡村产业发展价值、乡村农副产品价值、乡村文化旅游价值等“显性”乡村资源价值，同时还包括乡村生态环境稀释污染价值、乡村宁静舒缓康复身心价值、乡村生态系统自我修复价值、乡村地力生物持续循环价值、乡村广袤土地人口承载价值、乡村人际关系简单淳朴价值、乡村氏族宗亲群体稳定价值等“隐性”乡村资源价值。城市价值主要包括城市科技生产力价值、城市金融生产力价值、城市资本生产力价值、城市医疗生产力价值、城市教育生产力价值、城市文化生产力价值、城市数据生产力价值、城市管理生产力价值、城市产业辐射力价值、城市交通辐射力价值、城市消费辐射力价值、城市商业辐射力价值等“显性”城市资源价值，同时还包括城市运行效率高、城市信息密度高、城市土地价值高、城市就业比例高、城市劳动收入高、城市文娱品质高、城市休闲高、城市高水准设施、城市服务品质高、城市居民身份高等“隐性”城市资源价值。显化乡村价值应赋予其“显性”和“隐性”价值在产品、场景、体验过程中的生态当量、文化当量、舒适当量相应的价格“含金量”，使乡村价值产权化、资本化、市场化，改变乡村价值廉价、零价的属性。优化城市价值应赋予其“显性”和“隐性”价值在人才、技术、知识、信息、数据等方面的扩散力、传播力、投资力，使城市价值涓滴化、延伸化、创新化，改变城市价值闭环、畸高的属性。以城乡双方价值显化和优化，促动人的流动与抉择、物的创造与进步，推动城乡高质量融合发展。

三　城乡价值互诉性与城乡要素能动性

马克思的劳动价值学说揭示了价值与价格的关系，即价格是价值的货币表现，价值是价格的基础。城乡依据各自特有的价值，形成各自特有的产品价格，通过价值平等交换、实现城乡财富均衡积累，促进城乡经济融合，辐射带动政治、社会、文化、生态一体化高质量融合发展。在此过程中，只有彰显城乡价值的互诉性，才能实现城乡自主、双向、能动融合发展。在乡村振兴战略背景下，首先，应通过拓展农业多种功能、提升乡村多元价值，实现城乡产业和文化的互诉性。深入挖掘乡村生态、文化、田园、景观等价值，在乡村大力开发生态产业、旅游产业、文化产业、康养产业、体育产业、教育产业、农村电商、冷链物流等多种业态，同时促进乡村一、二、三产业融合发展，以此引领城市产业进驻乡村拓展发展，促进城乡产业和经济渗透融合、市场一体、高效循环。其次，应通过加快农村土地制度改革，完善农村承包地所有权、承包权、经营权分置制度，进一步放活经营权，探索宅基地所有权、资格权、使用权“三权分置”①，适度放活宅基地和农民房屋使用权，赋予农村集体经营性建设用地出让、租赁、入股权能，充分释放农村各类土地产权的市场化、货币化属性，吸引城乡资本特别是城市规模资本投资经营获利，实现资源价值变现。再次，应在乡村价值货币实现过程中，让农民更多分享增值收益部分，让城市工商资本投资人和企业获取相比在城市投资超额回报率，实现城乡收入增长的互诉性。最后，一方面通过开

① 李曦：《新中国（1949~2019）农业立法演进规律与发展趋势研究》，华中农业大学硕士学位论文，2019。

发乡村民宿经济、乡村露营基地、乡村养老院、乡村房屋租赁市场为广大都市居民下乡休闲、养老、居住提供良好的居住产品，另一方面通过建设廉租房、公租房为农村劳动力转移人口市民化提供良好的居住保障，实现城乡人居的互诉性，让人口自由选择城乡居住和生活方式。与此同时，为实现城乡要素流动的能动性，应加快建立城乡人口双向流动主观能动机制，包括公平就业、均衡收入、均等服务等；建立资本双向流动的利益趋向性机制，包括乡村现代投融资体系、乡村投融资信息平台、城乡一体化市场体系等；建立城乡信息双向流动的市场自发性机制，包括智慧城乡系统、城乡产业大数据中心、城乡物流数字化平台等；建立技术双向流动的发展适应性机制，包括城乡教育联合体、医共体，城乡产学研一体化联盟等；建立产品双向流动的消费需求性机制，包括特色小镇、田园综合体、现代农业观光园、城乡电商网络系统等。一体实现城乡产业融合价值最大化、要素流动效益最大化。

第二节　乡村振兴战略下城乡高质量融合发展的基本条件

乡村振兴战略旨在促进乡村产业振兴、人才振兴、文化振兴、生态振兴、组织振兴，实现产业兴旺、生态宜居、乡风文明、治理有效、生活富裕，其实质就是为了提升乡村的经济质量、社会文明、生态环境和治理水平，为城乡高质量融合发展创造必要的先决条件。坚持以人民为中心的发展理念，以提升人的能力、满足人的诉求为核心构建城乡高质量融合的内生动力。具体而言，城乡之间要实现高质量融合发展，必须具备公平的发展机会、对等的发展能力、均衡的发展水平，并且共有发展要素、共建发展格局、共享发展成果。发展机会公平确保城乡发展站在同一起跑线上，发展能力对等确保城乡发展速度同步，发展水平均衡确保城乡发展效益均等；共有发展要素确保城乡资源价值实现具有等值性，共建发展格局确保城乡财富创造流通具有等效性，共享发展成果确保城乡融合发展意义具有等比性。这些基本条件既是推进城乡高质量融合发展的前提，也是推进城乡高质量发展的目标，在实现城乡高质量融合发展过程中需重点关注和加快实现。

一　发展机会公平是城乡高质量融合发展的前提

发展机会公平是高质量融合的前提。城乡高质量融合发展需要充足、持久的内生动力，形成一种发自内在、主动融合的势能，这是一种自主型融合，而不是被动的融合。要实现城乡高质量融合发展，前提是确保生产要素在城乡之间自由流动，进而实现发展机会公平。发展机会公平从狭义上理解，主要是指人的发展机会公平。作为文明创造的主体，人是最活跃的生产要素，应当拥有公平的发展机会，即无论是城市还是乡村的人口，驻留城乡或是迁移城乡，都具有数质均等、回报均衡的就业和发展机会，人民是实现城乡融合的主体力量；而发展机会公平从广义上理解，是指除劳动力以外的资本、土地、知识、技术、管理、数据等生产要素，在其作为生产要素创造财富和价值的过程中，投入数量和产出效益城乡机会均衡，没有人为设置的城乡发展壁垒。共同富裕追求发展机会公平，而当城乡实现发展机会公平之后，城乡之间的优先回报率或相近回报率，将驱动生产要素在城乡之间自由充分流动，自主推进城乡有机融合发展。

二　发展能力对等是城乡高质量融合发展的基础

发展能力对等是高质量融合的基础。城乡融合不仅是实现城乡之间物质生产和创造能力的对等，而且要实现包括人的精神、文化、技能，乃至整体发展能力上协同共进，从而推进城乡可持续融合发展。城乡高质量融合发展需要城市与乡村两大地域系统互为吸引、同频共振，形成一种平等、互诉、互利、可持续的融合关系。实现城乡高质量融合发展，关键是包括人的自身素质、技能以及创造财富与价值的基础设施、流通市场、科技管理等在内的发展能力要对等，进而推动城乡互促、城乡共荣，直至在更高水平上实现一体发展的融合效益。发展能力对等从狭义上理解，主要是指人的知识结构、综合素质、劳动技能等基本发展能力城乡对等，即以人的自身能力为基础，实现较为公平的劳动回报和自我发展；而发展能力对等从广义上理解，则指在基础设施、交通物流、商品市场、金融资本、信息数据、科技创新、人才配置、营商环境等直接或间接地为城乡发展、城乡融合作出贡献的条件上，城乡之间实现对等衔接、共同发力，改变以往城乡在人、物、科技、管理等方面城乡发展能力的差距，形成城乡高质量融合发展的合力。

三　发展水平均衡是城乡高质量融合发展的条件

发展水平均衡是高质量融合的条件。城乡高质量融合发展旨在促进人的全面发展。在推动经济产业一体化、基础设施均衡化、公共服务均等化、生态环境共享化方面，城乡发展水平与发展质量实现充分而均衡，消除现有城乡发展水平的差距。无论是在城市生活的城市居民、在乡村生活的农村居民，还是在乡村生活的城市居民，抑或是在城市生活的农村居民，其自身生活生产、生态环境都能以其所在的地域环境为本底，实现无落差的生存、心理和发展状态。而城乡高质量融合发展，其结果将实现城乡之间包括居民收入、居住条件、营养健康、通勤环境、消费能力、文化娱乐、医疗教育、生态环境等领域的发展水平总体相当，差别只在于城市与乡村之间固有的自然地域景观差异。由于城乡具有天然的地域差别，尽管城乡高质量融合发展将实现均衡的现代化发展设施、服务与保障水平，但从人的心理感受和生活体验上仍具有城乡特质性差异，在全体社会公民精神文明同步提升的过程中，将充分发挥城乡各自优势与潜力，更大程度地激发城市与乡村的优长特色，增强人民群众的获得感、幸福感、安全感。

四　发展要素共有是城乡高质量融合发展的关键

共有发展要素是高质量融合的关键。发展要素一般包括劳动力、资本、土地、知识、技术、管理、数据等。当前，城乡之间在发展要素的数量与质量上存在不同程度的差距，比如劳动力素质与水平的差异、资本吸附与转化效益的差异、土地产权性质与价值实现的差异、知识技术创新与成果转化的差异、管理效能与投资回报的差异、数据获取与信息共享的差异等。城乡要素占有质量的不对等，将会造成城乡发展速度、水平的差异，必须不断弥合发展要素数量与质量的差异，使要素能够在自由并充分流动的基础上最大程度地发挥要素自身的价值属性。这要求包括劳动力、资本、土地、知识、技术、管理、数据等在内的发展要素应根据城乡地域系统自身特点和回报效率，自主、公平、有序、均衡地选择流向和规模，相对于城市，乡村地域在人才、资金、科技、管理、信息等方面存在弱势和短板，应充分发挥其土地、劳动力、生态环境、文化习俗、农林产品等地域优势，释放其蕴含的多种功能价值，实现发展要素在规模质量、投入产出上的城乡均衡共有，以此激发要素的生产性和创造性，有力推动城乡高质量融合发展。

五　发展格局共建是城乡高质量融合发展的保障

发展格局共建是高质量融合的保障。受发展要素双向自由流通的局限性影响，城乡统一、开放、融通的发展格局尚没有真正形成，城乡产业、技术、创新、数字、服务等融合发展壁垒依然存在。城乡高质量融合发展，必须将城乡两大地域系统置于统一的经济社会发展格局中整体推进，在充分发挥城市现代文明、科技创新、乡村自然景观、生态环境等优势的基础上，在基本持平的发展水平和总体格局中，城乡高效能吸附发展资源，高效益配置生产要素，实现两大地域系统优势互补、产业互促、资源共享、服务均衡。统筹规划和布局城乡融合发展的交通、能源、水利等重大基础设施，促进生产力发展基础均衡协同；统领开拓和建设城乡统一大市场，促进商品、贸易、技术、人才等经济活动高效流通；统筹发展和供给教育、医疗、文化、体育等公共服务，均衡城乡居民生活水平，在共建城乡经济社会发展格局中，更好地提升城乡产业对接的能力，有效提高城乡市场发展的协同性，更快促进城乡要素流通，形成城乡高质量融合发展的均质性基底，均衡提高城乡居民物质生活和精神生活的质量水平。

六　发展成果共享是城乡高质量融合发展的目的

发展成果共享是高质量融合的目的。当前，我国社会主要矛盾已经转化为人民日益增长的美好生活需要和不平衡不充分的发展之间的矛盾，我国发展最大的不平衡是城乡发展不平衡，最大的不充分是农村发展不充分，显然城乡发展差距大不是共同富裕的指征，而缩小城乡差距、充分发展农村就是要使广大农村居民共同享受城乡融合发展的成果红利。城乡高质量融合发展，就是要改变城乡之间发展不平衡、农村发展不充分的状况，满足城乡人民对美好生活的需要。城乡要实现高质量融合发展，必然要求在空间交融、经济发展、财富分配、社会治理、文化建设、环境塑造等一系列关系人民生产和生活的领域，实现新的高水平的供给与均衡，同时还要提升城乡居民各自享有对方地域系统发展成果的能力和手段，包括农村居民通过数字化、互联网、电商物流等享用城市的技术、商品和服务，城市居民通过交通可达性、信息可达性、体验可达性享受乡村的景观、生态、文化、农林产品，使城乡人民在高质量城乡融合发展中共享发展成果，切实同步提升获得感、幸福感和安全感。

第三节 乡村振兴战略下城乡高质量融合发展的主要动能

在乡村振兴战略下，乡村发展的规模和质量均得到有效提升，由于城市技术、资本、人才、知识、管理、数据等要素的投入，促进乡村在新的赛道上与城市同步发展并在发展中相互融合、互为市场。在此进程中，乡村丰富的人力资源不断提升自身发展的能力和素质，作为人口红利推动乡村产业振兴发展，在弥合城乡融合生产力水平和效益的同时，以人力资源高素质化赋能城乡高质量融合。乡村优渥的自然生态本底不断转化其资源价值，作为产品和市场推动乡村经济、生态文明建设提质升级，促进城乡资源价值的需求融合、市场实现。城市丰富的投资资本和乡村广泛的闲置资本有机结合起来，形成资本的规模效益，促进城乡资源开发联动、城乡地域发展共进。乡村丰富的土地资源，在产权改革的推动下，赋予土地要素的市场流通权，推动乡村土地价值变现，缩小城乡收入差距。城市数字经济活力融入乡村，变革乡村生产生活方式，推进城乡文明协同共进。

一 人力资源赋能消弭城乡融合的生产差距

高素质的人力资源赋能城乡劳动价值均等化。城市居民在获取教育、知识、管理、信息、技能等方面的资源相对于农村居民更为丰富、便利。城市在技术进步、知识更新、技能培训、信息传播等方面的速度也显著高于乡村。我国当前正处于由传统农业向现代农业转型的关键时期，大量先进农业科学技术、高效率农业设施装备、现代化经营理念模式越来越多被引入农业生产的各个领域，迫切需要高素质的职业农民、科技人员、经营管理人才。而现实情况是，一方面，随着农村劳动力大量向城市二、三产业转移，以及新生代农民工对农村土地、农事的“陌生”，留守农业农村人群以老年人、妇女和儿童为主体，农村在劳动力素质上呈现总量不足、素质偏低、结构失衡等问题。另一方面，新生代农民工难以完全融入城市文明、获取相应的发展技能和空间。在乡村振兴战略下，通过大力培养“生产经营型”“专业技能型”“社会服务型”新型职业农民，同时不断提高进城务工农民工群体的整体文明素质和自身发展技能，补齐乡村地区劳动力知识和技能水平相对较低的短板，让农民在劳动中充分融入市场经济价值链的中高端，有效发挥农民群体特有的吃苦耐劳、坚韧不拔的优秀品质，真正实现农村劳动力资源应有的经济功能和经济价值，提高其社会平均工资水平，使城乡人力资源供给、结构和质量相对均衡，缩小现有城乡劳动力素质水平差距造成的生产力差别。

二　绿水青山赋能激活城乡融合的需求动力

高质量的生态环境赋能城乡资源价值均等化。乡村地域系统属于自然力量主导的经济社会复合体，拥有城市地域系统所不具备的生态资源和天然物产。主要包括自然生态环境资源、山水田园景观资源、有机农林产品资源、民族民俗文化资源、乡村游憩旅游资源、乡村劳动人口资源等。乡村更多是以生产、输送农副产品和人口劳动力的形式进入城市换取资源价值，因而其长期处于城乡资源交换价值链的中低端，在乡村振兴战略下实现城乡高质量融合，核心是要解决融合的内生动力来源问题，关键是要盘活乡村特有的自然生态资源、激活农村闲置资源，重点是要将其价值转化实现。在乡村振兴战略下，促进乡村泛在的资源以一定形式转变为有形或无形的资产，实现“绿水青山就是金山银山”的价值转化，才能实现与城市在公平赛道上的等发、人口高密度集聚的地域系统，各类动产与不动产均具有高投资、高流转、高价值的特点，如城市高楼林立、交通繁忙，地价高房价高，汽车、船舶、直升飞机等交通工具都可以作为不动产发挥运营、租赁效益。相对而言，乡村土地广袤，投入产出效益远不及城市高，特别是农业传统生产方式、传统种养殖业产生的经济效益更低。在乡村振兴战略下，乡村发展的重点是要提高农民的经济收入水平，最终实现生活富裕的目标，其关键是要拓宽农民收入来源渠道，改变农民仅能获得工资性收入的困局。随着农村土地制度改革推进，集体经济组织及其成员允许依法盘活闲置宅基地和闲置住宅，通过自营、出租、入股、合作等方式实现产权市场化变现，并允许以土地经营权入股的形式从事农业产业化经营，实现土地权能价值化。同时，通过开辟农民各类财产要素转化为资金的市场通道，以中大型农机具、资金、技术、技能及可折股量的其他生产要素，入股参股新型农业经营主体，采取“公司+新型农业经营主体+基地+农户”等多种经营组织形式，开展股份制合作，实现农民变股东的身份转变，形成农民工资性收入、财产性收入、家庭经营性收入、转移性收入、集体分配性收入等多种收入来源的多元化渠道格局，其实质是使城乡等量贡献产生同等回报，缩小城乡高质量融合的居民收入差距，在此基础上实现城乡居民物质消费、精神消费、投资消费等实力和水平均等。

五　数字乡村赋能提升城乡融合的质量

高效能的数字科技赋能城乡系统发展均等化。在数字经济时代，城市的发展越来越呈现智能化、低碳化、精准化、高效化的特质，智慧城市为经济社会进阶发展提供了全新的动能。伴随产业数字化和数字产业化的深入推进，数字技术和实体经济深度融合的趋势愈发明显，数据正日益成为重要的生产要素，数字正加快成为衡量社会文明与进步的关键指标。相比之下，我国数字农业农村发展总体滞后，农业农村基础数据资源体系建设刚刚起步，存在关键核心技术研发滞后、数字经济在农业中的占比远低于工业和服务业、乡村数字化治理水平低、数字科技创新能力不足等诸多问题。当前，数价交换。绿水青山生态环境资源驱动城乡高质量融合发展，以供给和满足城市高水平物质和精神产品需求为指向，充分挖掘、显化和转化乡村特有的资源价值，通过创新乡村资源价值的实现形式，形成市场供给新需求，推动资源变资产，促进城乡财富重新分配流动，在城乡资源价值的平等、转化、融合过程中，提升乡村劳动收入和生活富裕水平，其实质是构建城乡高质量融合发展的价值基础，平等融入城乡经济和社会发展的市场体系，在共同创造需求、提供供给的过程中实现城乡经济融合、产业协同、收入均衡。

三　规模资本赋能均衡城乡融合的产出效益

高投入的规模资本赋能城乡资源要素产出均等化。城市地域系统属于人为力量主导的经济社会复合体，是资本、技术、信息、劳动密集的空间区域。资本具有天然的投资属性，因市场需求和投资需要而发生流动。相较于乡村，城市资本的数量、密度和投资势能远远高于前者。当城市资本投资领域逐渐趋于饱和、投资效益趋于边际时，伴随乡村振兴资源开发和价值显化，将吸引大量城市闲置、低效和机会型资本进入乡村市场。在乡村振兴战略实施下，乡村重点通过提高资金的规模效益，发挥资金的市场属性，增强资金的规模性、流动性、增值性，以实现资金的规模效应和乘数效应。借助乡村优质经营主体所具有的市场资源、企业管理、资金成本和品牌价值等优势，整合放大单个、单线资金运行效应，实现规模生产、规模经营和资本升值，推动资金变股金，充分发挥农村闲散资金的集聚和规模效应。在乡村振兴战略引领下，资本以市场的机制推动城乡高质量融合发展，将不断进入交通、电力、信息等基础设施建设领域和新基建行列，进入种植业、养殖业、农副产品加工业、文化旅游业等产业领域，进入医疗、养老、教育、住房等公共和社会服务领域，释放城市资本投资需求，形成以城市资本撬动乡村发展的新格局，其实质是均衡城乡资金的投入产出效益，消除乡村资本的比较劣势，提升城乡高质量融合发展的经济效益等值性和投入产出收益性。

四　财产要素赋能缩小城乡融合的收入差距

高价值的财产要素赋能城乡收入水平均等化。城市作为土地高强度开城乡发展差距大不是共同富裕的指征，而缩小城乡差距、充分发展农村就是要使广大农村居民共同享受城乡融合发展的成果红利。城乡高质量融合发展，就是要改变城乡之间发展不平衡、农村发展不充分的状况，满足城乡人民对美好生活的需要。城乡要实现高质量融合发展，必然要求在空间交融、经济发展、财富分配、社会治理、文化建设、环境塑造等一系列关系人民生产和生活的领域，实现新的高水平的供给与均衡，同时还要提升城乡居民各自享有对方地域系统发展成果的能力和手段，包括农村居民通过数字化、互联网、电商物流等享用城市的技术、商品和服务，城市居民通过交通可达性、信息可达性、体验可达性享受乡村的景观、生态、文化、农林产品，使城乡人民在高质量城乡融合发展中共享发展成果，切实同步提升获得感、幸福感和安全感。

第三节　乡村振兴战略下城乡高质量融合发展的主要动能

在乡村振兴战略下，乡村发展的规模和质量均得到有效提升，由于城市技术、资本、人才、知识、管理、数据等要素的投入，促进乡村在新的赛道上与城市同步发展并在发展中相互融合、互为市场。在此进程中，乡村丰富的人力资源不断提升自身发展的能力和素质，作为人口红利推动乡村产业振兴发展，在弥合城乡融合生产力水平和效益的同时，以人力资源高素质化赋能城乡高质量融合。乡村优渥的自然生态本底不断转化其资源价值，作为产品和市场推动乡村经济、生态文明建设提质升级，促进城乡资源价值的需求融合、市场实现。城市丰富的投资资本和乡村广泛的闲置资本有机结合起来，形成资本的规模效益，促进城乡资源开发联动、城乡地域发展共进。乡村丰富的土地资源，在产权改革的推动下，赋予土地要素的市场流通权，推动乡村土地价值变现，缩小城乡收入差距。城市数字经济活力融入乡村，变革乡村生产生活方式，推进城乡文明协同共进。

一　人力资源赋能消弭城乡融合的生产差距

高素质的人力资源赋能城乡劳动价值均等化。城市居民在获取教育、知识、管理、信息、技能等方面的资源相对于农村居民更为丰富、便利。城市在技术进步、知识更新、技能培训、信息传播等方面的速度也显著高于乡村。我国当前正处于由传统农业向现代农业转型的关键时期，大量先进农业科学技术、高效率农业设施装备、现代化经营理念模式越来越多被引入农业生产的各个领域，迫切需要高素质的职业农民、科技人员、经营管理人才。而现实情况是，一方面，随着农村劳动力大量向城市二、三产业转移，以及新生代农民工对农村土地、农事的“陌生”，留守农业农村人群以老年人、妇女和儿童为主体，农村在劳动力素质上呈现总量不足、素质偏低、结构失衡等问题。另一方面，新生代农民工难以完全融入城市文明、获取相应的发展技能和空间。在乡村振兴战略下，通过大力培养“生产经营型”“专业技能型”“社会服务型”新型职业农民，同时不断提高进城务工农民工群体的整体文明素质和自身发展技能，补齐乡村地区劳动力知识和技能水平相对较低的短板，让农民在劳动中充分融入市场经济价值链的中高端，有效发挥农民群体特有的吃苦耐劳、坚韧不拔的优秀品质，真正实现农村劳动力资源应有的经济功能和经济价值，提高其社会平均工资水平，使城乡人力资源供给、结构和质量相对均衡，缩小现有城乡劳动力素质水平差距造成的生产力差别。

二　绿水青山赋能激活城乡融合的需求动力

高质量的生态环境赋能城乡资源价值均等化。乡村地域系统属于自然力量主导的经济社会复合体，拥有城市地域系统所不具备的生态资源和天然物产。主要包括自然生态环境资源、山水田园景观资源、有机农林产品资源、民族民俗文化资源、乡村游憩旅游资源、乡村劳动人口资源等。乡村更多是以生产、输送农副产品和人口劳动力的形式进入城市换取资源价值，因而其长期处于城乡资源交换价值链的中低端，在乡村振兴战略下实现城乡高质量融合，核心是要解决融合的内生动力来源问题，关键是要盘活乡村特有的自然生态资源、激活农村闲置资源，重点是要将其价值转化实现。在乡村振兴战略下，促进乡村泛在的资源以一定形式转变为有形或无形的资产，实现“绿水青山就是金山银山”的价值转化，才能实现与城市在公平赛道上的等据作为新的生产要素，不仅自身具有社会资源要素功能，而且能够将其他生产要素资源高效关联起来，形成强大的数字生产力，催生更大的要素整合生产力。通过进一步解放和发展数字生产力，构建以知识更新、技术创新、数据驱动为一体的乡村现代化经济体系，建立灵敏高效的现代乡村社会治理体系，将开启城乡高质量融合发展和城乡现代化建设的新局面。在乡村振兴战略下，加快以云计算、大数据、物联网、人工智能等新一代信息技术应用为基础的数字乡村建设，将催生乡村数字经济、乡村智慧农业、乡村数商兴农、乡村网络文化、乡村数字社区，并深度改变乡村发展模式，深刻变革城乡融合发展的速度、广度和深度。其实质是解放发展乡村数字生产力，为城乡高质量融合发展注入数字新动能，在弥合城乡数字鸿沟中提升城乡融合的效率和水平。

第四节　乡村振兴战略下城乡高质量融合发展的运行模式

基于乡村价值显化和城市价值优化以及城乡融合态新发展空间需求，构建三种不同的城乡高质量融合发展模式。首先，基于乡村价值显化的城乡高质量融合发展模式，以满足城乡居民尤其是城市居民日益增长的精神文化需求、休闲体验需求、文化旅游需求、生命康养需求、运动体育需求等，通过挖掘、激活、释放、展示和转化原乡生态、环境、景观、产品、文化、旅游价值等，把乡村的绿水青山、历史文化转化为吸引城市投资、消费的核心卖点，带动乡村全方位发展，融入城乡经济、社会、文化、生态等体系，形成乡村生态价值力资源驱动型的城乡高质量融合发展模式。其次，基于城市价值优化的城乡高质量融合发展模式，以满足城市资本、人才、技术、知识、管理、数据等先进生产力要素不断开拓新增值空间的需要，融入农业农村现代化进程，促进城乡全方位深度融合发展。最后，基于打造城乡融合体、城乡融合态所形成创新发展的生长点、价值点，形成城乡高质量融合发展的新空间、新技术、新业态、新模式，实现城乡高质量融合。

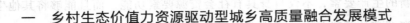

一 乡村生态价值力资源驱动型城乡高质量融合发展模式

城乡高质量融合初始阶段融合发展模式：乡村生态价值力资源驱动城乡高质量融合发展。乡村生态价值力，是城乡实现高质量融合发展进程中乡村释放的价值吸引力，是侧重于从乡村地域系统供给端创生价值、创造需求，激活乡村发展及城乡高质量融合发展的内生动力，即在推动乡村振兴发展的基础上实现与城市的高质量融合发展。从自然角度而言，乡村与城市最大的区别在于乡村是诞生于自然生态系统的产物。从这个意义上讲，乡村的这种自然性正是城乡之间最大的差异性和价值性。城乡之间要实现高质量融合发展，要有融合的基础、融合的条件、融合的意义、融合的价值。乡村这种独特的生态价值力，恰恰是城市不具有或难以模拟的。大自然赋予了乡村良好的生态本底，山水田园、风物景观、农耕文明中蕴藏着巨大的无形资产，当城市快速发展、城镇化持续推进时，城市病态由于城市发展的固有矛盾开始显现，人们在高节奏、高压力、高密度的环境下，具有本能的回归自然、向往田园的需求。如何在实现城市生活高价值回报的同时，享受乡村优美的自然生态环境、获取乡村有机生态环保的农副产品、体验乡村传统淳朴礼仪的民俗文化，使生活在都市的人们收获身心的自由与健康，是城乡高质量发展的重要课题，也是城乡高质量融合发展的重要立足点。通过挖掘、释放、转化乡村生态价值力，实现城乡“供给-需求”有机融合，进而引导城市生活理念、城市工商资本、城市技术文明、城市消费人群进入乡村地域，从而促进乡村一、二、三产业融合发展，乡村劳动力就近就地就业创业，农民工返乡投身家乡建设，进而开阔农民群体的眼界和思维，提升农民群体收入水平，实现乡村投资再扩大，实现乡村进入城市消费的能力和规模的扩大、消费的人群基数扩大，推动城市扩大商品生产、文化生产、技术创新，丰富乡村居民的知识、理念、追求，创造乡村居民物质文明和精神文明需求的扩大，进一步增强城市对乡村的要素、资源、产品、服务的投入，如此往复循环下，城乡经济、政治、社会、文化、生态建设等各个领域都将愈来愈彼此交融、深度融合。现实当中，乡村振兴战略的全面深入推进，为乡村实现这种生态价值力创造了良好的物质条件和精神准备，尤其是乡村生态振兴、乡村产业振兴、乡村文化振兴，为乡村利用和转化生态资源价值，促进城乡产业、市场、文明等方面高质量融合提供了现实的动力。综上所述，乡村生态价值力资源驱动型模式，是建立城乡高质量融合发展的初始阶段，旨在充分激发乡村内生发展动力，有效吸引城市资金、城市消费、城市技术、城市知识、城市管理的由乡村供给端到城市需求端的城乡高质量融合发展模式，简称乡村生态价值力驱动模式。

二 城市先进生产力要素驱动型城乡高质量融合发展模式

城乡高质量融合发展阶段融合发展模式：城市先进生产力要素驱动城乡高质量融合发展。城市先进生产力，是城乡实现高质量融合发展进程中，城市释放的生产驱动力，是侧重于从城市地域系统供给端释放价值、扩大供给，优化城市发展及城乡高质量融合发展的内生动力，即在推动城市优化发展的基础上实现与乡村的高质量融合发展。从人为角度看，城市与乡村最大的区别在于城市是诞生于社会生态系统的产物。从这个意义上讲，城市的这种人工性正是城乡之间最大的差异性和价值性。城乡之间要实现高质量融合发展，要有融合的空间、融合的因素、融合的动能、融合的效益。城市这种独特的先进生产力，恰恰是乡村不具有或难以比拟的。城市区别于乡村分散的空间集聚特点，为城市人才高富集、资本高容量、技术高水平、信息高流量、数据高通量、生产高效率、产业高利润奠定了坚实的形成基础。相比之下，实施乡村战略之前，乡村由于地域宽广、交通偏远、设施老旧、资本匮乏、信息闭塞、人才稀缺、技术滞后、数据缺乏、产业传统、效率偏低、利润保守，总体而言与城市发展不在同一赛道上。城市的先进生产力要素包括高质量人口、高效益资本、高精尖技术、高产出知识和高能级数据等。现实当中，由于国家大力推进乡村振兴战略，乡村的生态资源价值开始显现并加速转化，在此过程中，一方面，乡村出于自身振兴发展需要，开始寻求城市先进生产力的注入和加持，加快自身振兴速度、提升振兴质量；另一方面，城市出于自身优化发展的需要，即需要将先进生产力适配到更多的领域和方向，提高先进生产力的“投入-产出”价值，在新型城镇化战略深入实施下，城市优质的工商资本、金融信贷、技术人才、管理人才、数据资源、优质服务、新型基建、先进设备等先进生产力要素开始转投乡村，在乡村中实现投入回报增值发展。在此过程中，将进一步激活、辐射、带动乡村人口能力和素质的提升，乡村产业和业态的升级，乡村设施和设备的更新，乡村管理和服务的提质，乡村精神和文化的进步，从而实现乡村投资、消费、需求、产业、市场、要素等规模的进一步扩大，再促进城市先进生产力对乡村更大规模、更高水平的投入，进而促进乡村在更多领域、更大范围、更深层次、更高水平上实现与城市开放、合作、交流，形成城乡经济、社会、政治、文化、生态等方面全方位的互动融合发展。综上所述，城市先进生产力要素驱动模式，是建立在乡村振兴发展到一定阶段，乡村投资、消费、出口需求发展到一定规模水平时，城市为满足乡村发展所需先进生产力要素需求，并为实现自身先进生产力要素价值、优化城市发展效益，由城市端供给至乡村需求端的城乡高质量融合发展模式，简称城市先进生产力驱动模式。

三　城乡融合生命力创新驱动型城乡高质量融合发展模式

城乡高质量融合高级阶段融合发展模式：城乡融合生命力创新驱动城乡高质量融合发展。城乡融合生命力，是当城乡高质量融合进入高阶状态，城乡融合体为实现自身发展演进的需求所释放的生命力。这种生命力以城乡高质量融合态为载体，从城市文明的优越性和乡村生态的优越性出发，以实现人的自由和全面发展为终极目标，双向构建城乡高质量融合演进的新模式、新需求、新供给。作为吸收城乡两大地域系统各自优势、消弭双方缺陷的全新系统，城乡融合体将产生新的发展空间、发展动力和发展成果，是城乡关系演进到高级阶段的必然产物，它的诞生将彻底改写城乡关系的历史，实现人的全面发展和物的价值生长，实现人的自由和物的自然，人与物的自洽。这也实现了马克思、恩格斯提出的关于城乡融合后的目标和状态：城市和乡村之间已无明显的界限，城乡从形态和功能上实现了融合一体，所有人都能获得自由全面发展的机会。虽然现在还无法设想城乡融合体的具体样态，但由于其是一种全新的空间地域形态，其根本特征是城乡已经融为一体，其根本属性已非一般意义上的城乡融合，而是城乡高质量、高水平、高价值、高维度的城乡融合，在这样的全新的城乡融合态之下，必然有其专属的经济系统、社会系统、文化系统和生态系统，其生产方式、生活方式、生态模式不仅发生了量变，而且产生了质变，具有根本性、彻底性、革命性的创新意义。在城乡融合体的生命力作用下，创新成为其演进发展的根本动力，从城乡表观看，依靠创新可以改变乡村地域的外观，高度现代文明的乡村呈点状分布，大量自然生态环境原生态生长；与此同时，创新也深度改变了城市空间的面貌，城市向上、向下、向水生长，融会贯通乡村地域，汲取乡村地域生态养分、生命要素。从城乡产业看，乡村农业或许更大程度上依靠强大的大自然，用最原始、最自然、最生态的方式生产高品质的农作物和农产品，城市通过基因技术、生物技术、人工智能技术实现乡村原生农产品的城市化批量生产和加工，城市的现代产业及其产品以生物、生命、人机交互等模式在乡村地域实现智慧化应用。乡村和城市的多元文化旅游、虚拟现实、元宇宙、类人机器人等高智能服务业随处可见。从人口分布看，由于快速移动技术、零碳交通工具、管道运输设备的普及，人口实现了更频繁的交流和流动，人造自然海景、湖景、河景、山景、云景、潜景、空景技术和场景已经相当发达，实现了人口依需求制定环境的随时随地定居和迁移。综上所述，城乡融合生命力创新驱动模式，是建立在城乡高质量融合发展的高级阶段，城乡融合体已兼具城市乡村两大地域系统的独特优势、消弭两者本身固有的缺陷，在新的起点上，以创新为根本动力的城乡高质量融合发展模式，简称城乡融合生命力驱动模式。

第五节　乡村振兴战略下城乡高质量融合发展的指标评测

科学、合理并有针对性地构建衡量城乡高质量融合发展水平的指标体系，是评判我国城乡融合发展进程水平的重要方法，有效、准确并系统全面评价城乡高质量融合发展的现状、问题和差距是精准分析、有力构建支撑我国城乡高质量融合发展的实现路径、推进机制的前提基础。聚焦城乡高质量融合发展这一主题，凸显“人”的价值、“人”的需求、“人”的作用，坚持“以人为本”“以人民为中心”的发展理念，按照新发展理念的理论指引，重点从城乡空间高质量融合、城乡经济高质量融合、城乡社会高质量融合、城乡文化高质量融合和城乡生态高质量融合五大维度，并按照指标全面性、针对性、合理性、可比性、可得性、可操作性的基本原则，系统构建城乡高质量融合发展的指标体系，通过对2021年全国和31个省、自治区、直辖市的数据测算与结果分析，找到相应问题和差距所在，最终得出相应区域城乡高质量融合发展的实际水平及相关结论。

一　城乡高质量融合发展的指标体系构建

1. 指标体系设计的核心原理

基于乡村振兴战略下城乡高质量融合发展的基本概念、内涵与特征，强调实现城乡高质量融合发展的根本动因和最终目标是以满足“人”的发展需求作为核心驱动力，以此引领其他先进生产力要素重构城乡整体系统发展动力，驱动城乡两大地域系统自主、双向、能动、有机、充分、系统实现融合的过程与状态。因此，在城乡高质量融合发展指标体系的设计当中以及具体指标的选取上，重点以城乡居民的发展能力对等、发展机会公平、发展结果共享为根本考量，将城乡高质量融合发展的水平程度与“人”的获得感、幸福感、安全感的实现程度相对应起来，分别从城乡空间高质量融合、城乡经济高质量融合、城乡社会高质量融合、城乡文化高质量融合、城乡生态高质量融合五个维度，以城乡融合发展差异度的方式反向反映城乡高质量融合发展的融合度。由于数据的可得性等限制因素，城乡政治高质量融合指标本书未作设计。本指标体系以新发展理念为理论依据，分别从城乡空间协同、城乡产业协调、城乡生活和谐、城乡文化协和、城乡环境共生的视角定义了城乡空间、经济、社会、文化、生态5个一级指标，在此基础上，总计选取了25个二级指标（每个一级指标均含5个二级指标）用以描述和刻画城乡高质量融合发展的细分领域，着重从城乡要素畅通水平、城乡居民生活品质、城乡社会保障能力、城乡文明共进程度、城乡生态环境质量来衡量以

“人”的发展需求为核心的城乡高质量融合发展水平。

2. 指标体系构建的基本原则

一是全面性。尽可能从影响和促进城乡两大地域系统全面高质量融合的方面出发，将指标体系建立在空间、经济、社会、文化、生态等五大层面上，且每个一级指标相应对应了5个二级指标，使指标涵盖的范围更广、代表性更强。二是针对性。针对城乡高质量融合发展主题的高质量概念、内涵与特征，凸显“人”的价值、“人”的需求、“人”的发展，以指标解释城乡高质量融合的内生动力、实际效果、差距不足。三是合理性。所选指标能够合理反映城乡高质量融合发展的某一特征，二级指标能够典型反映一级指标相应内涵，通过现实的“差异性”合理地反映城乡高质量融合发展的“融合度”。四是可比性。所有数据均以2021年为时间截面，确保了数据的同期性。全国和31个省、自治区、直辖市都采取相同的指标体系进行测算，确保了数据的同质性。所有数据来源都以官方统一发布口径为准，确保了数据的同源性。五是可得性。所有数据来自官方统计年鉴，包括《中国统计年鉴2022》、《中国人口普查年鉴2020》、2020年第七次全国人口普查主要数据、《中国经济普查年鉴2018（第四次全国经济普查）》、《中华人民共和国2021年国民经济和社会发展统计公报》、《2022年中国城乡建设统计年鉴》、《2022年中国城市建设统计年鉴》、《2022中国卫生健康统计年鉴》、《中国文化文物和旅游统计年鉴2022》、《2021中国生态环境状况公报》、《2021民政事业发展统计公报》、《2021年生态环境统计年报》等，并结合各省、自治区、直辖市2021年统计公报。六是可操作性。综合考虑指标设计、数据来源、数据搜集、数据测算的难易程度，尽可能选择权威公开、惯用概念、易于理解的数据，避免较为复杂、歧义的指标定义。

3. 指标体系构成的内容阐释

基于以上指标体系构建的基本思路和特质指向，本书以全国和31个省、自治区、直辖市为评价对象，以2021年作为评价的时间横截面，以新发展理念为理论依据，以高质量融合为主题特色，凸显“人”的发展能力、“人”的生活品质、“人”的权益保障等，其满足和实现的程度作为城乡高质量融合的逻辑起点和内生动力，从城乡空间高质量融合度、城乡经济高质量融合度、城乡社会高质量融合度、城乡文化高质量融合度、城乡生态高质量融合度等五大维度，构建了一套涵盖5个一级指标、25个二级指标、800个数据样本的指标体系。所有指标取值至小数点后两位，按照“四舍五入”确定计算数值，运用熵值法确定指标权重。指标体系各级指标、计算方法、指标属性以及指标权重见表7-1。

表7-1 城乡高质量融合发展指标体系（2021年数据）

一级指标	二级指标	计算方法	指标属性	指标权重
城乡空间高质量融合度（A1）	城乡市政公用设施建设投入差异(B1)	城市(市、县)人均市政公用设施建设固定资产投资/乡村(建制镇、乡、村庄)人均市政公用设施建设固定资产投资	双向	0.073326
	城乡建成区面积差异(B2)	城市(市、县)人均建成区面积/乡村(建制镇、乡)人均建成区面积	双向	0.029891
	城乡供水普及率差异(B3)	城市(市、县)供水普及率/乡村(建制镇)供水普及率(单位:%)	双向	0.019081
	城乡燃气普及率差异(B4)	城市(市、县)燃气普及率/乡村(建制镇)燃气普及率	双向	0.054544
	城乡人均道路面积差异(B5)	城市(市、县)人均道路面积/乡村(建制镇)人均道路面积	双向	0.057433
城乡经济高质量融合度（A2）	城乡产业结构差异(B6)	第二产业人均增加值/第一产业人均增加值	双向	0.025228
	城乡居民收入水平差异(B7)	城镇居民人均可支配收入/农村居民人均可支配收入	双向	0.052052
	城乡居民消费水平差异(B8)	城镇居民人均消费支出/农村居民人均消费支出	双向	0.030814
	城乡居民财产性收入水平差异(B9)	城镇居民人均财产净收入/农村居民人均财产净收入	双向	0.034342
	城乡居民耐用品拥有量差异(B10)	城镇居民平均每百户家用汽车拥有量/农村居民平均每百户家用汽车拥有量	双向	0.020166

续表

一级指标	二级指标	计算方法	指标属性	指标权重
城乡社会高质量融合度（A3）	城乡就业人员数占比差异（B11）	城镇就业人员数占城镇人口的比重/乡村就业人员数占乡村人口的比重	双向	0.094517
	城乡初中阶段专任教师数量占比差异（B12）	城镇（城区、镇区）初中阶段专任教师数占城镇人口比重/乡村（乡村）初中阶段专任教师数占乡村人口比重	双向	0.051718
	城乡每千人口卫生机构技术人员差异（B13）	城市每千人口执业（助理）医师数/农村每千人口数执业（助理）医师数	双向	0.022989
	城乡每千人口医疗卫生机构床位差异（B14）	城市每千人口医疗卫生机构床位数/农村每千人口医疗卫生机构床位数	双向	0.020496
	城乡最低生活保障人数占比差异（B15）	农村最低生活保障人数占乡村人口的比重/城市最低生活保障人数占城镇人口的比重	双向	0.060477
城乡文化高质量融合度（A4）	城乡教育文化娱乐消费支出差异（B16）	城镇居民人均教育文化娱乐消费支出/农村居民人均教育文化娱乐消费支出	双向	0.031204
	城乡初中阶段在校生数量差异（B17）	城镇（城区、镇区）初中阶段在校学生数占城镇人口的比重/乡村初中阶段在校学生数占乡村人口的比重	双向	0.049931
	城乡艺术表演团体观众人次差异（B18）	国内演出城镇观众人次占城镇人口比重/国内演出农村观众人次占农村人口比重	双向	0.019549
	城乡宽带接入用户数占比差异（B19）	城市宽带接入用户数占城镇人口数的比重/农村宽带接入用户数占农村人口数的比重	双向	0.05242
	人均公园绿化面积差异（B20）	城市（市、县）人均公园绿地面积/乡村（建制镇）人均公园绿地面积	双向	0.025274

续表

一级指标	二级指标	计算方法	指标属性	指标权重
城乡生态高质量融合度（A5）	城乡环境基础设施建设投资数量差异(B21)	城镇人均环境基础设施建设投资/乡村(建制镇、乡、村庄)人均环境基础设施建设投资(包括:燃气、集中供热、排水、园林绿化、环境卫生)	双向	0.045681
	城乡污水处理率差异(B22)	城市(市、县)污水处理率/乡村(建制镇)污水处理率	双向	0.017036
	城乡生活垃圾处理率差异(B23)	城市(市、县)生活垃圾无害化处理率/乡村(建制镇)生活垃圾无害化处理率	双向	0.030043
	城乡建成区绿化覆盖率差异(B24)	城市(市、县)建成区绿化覆盖率/乡村(建制镇)绿化覆盖率	双向	0.059022
	城乡建成区公园绿地面积差异(B25)	城市(市、县)人均公园绿地面积/乡村(建制镇)人均公园绿地面积	双向	0.022767

注：①所有指标标准值为 1∶1，距离标准值等距值视为融合度相同。

②京津沪三大直辖市因均已没有县的行政建制（撤县设区），且与其他城市的情况也不相同，故在县级相关指标上城乡视为无差异。

③指标属性——双向，趋于 1 为最好状态。

一级指标城乡空间高质量融合度（A1），旨在描述城市与乡村两大地域系统在空间、功能、规划，特别是城乡经济、社会、生态系统上，城乡高质量融合发展的水平和程度。二级指标包括城乡市政公用设施建设投入差异（B1）、城乡建成区面积差异（B2）、城乡供水普及率差异（B3）、城乡燃气普及率差异（B4）、城乡人均道路面积差异（B5），此 5 个二级指标重点从城乡投资建设额度、城乡建成区面积、城乡管网联通度、城乡交通通达度等方面的差异来反映城乡地理空间、城乡系统功能、城乡要素流动融合发展的规模、速度和强度。

一级指标城乡经济高质量融合度（A2），旨在描述城市与乡村两大地域系统在产业协同、居民收入、居民消费，特别是城乡居民财富获取渠道和来源上，城乡高质量融合发展的水平和程度。二级指标包括城乡产业结构差异（B6）、城乡居民收入水平差异（B7）、城乡居民消费水平差异（B8）、城乡居民财产性收入水平差异（B9）、城乡居民耐用品拥有量差异（B10），此 5

个二级指标重点从工农产业的规模比重，城乡居民物质财富来源的渠道与数量、生活品质、消费能力等方面的差异来反映城乡经济发展、城乡财富创造、城乡生活品质融合发展的程度。

一级指标城乡社会高质量融合度（A3），旨在描述城市与乡村两大地域系统在社会事业、公共服务、社会保障，特别是城乡居民在实现就业公平、教育公平、医疗公平、救助公平上，城乡高质量融合发展的水平和程度。二级指标包括城乡就业人员数占比差异（B11）、城乡初中阶段专任教师数量占比差异（B12）、城乡每千人口卫生机构技术人员差异（B13）、城乡每千人口医疗卫生机构床位差异（B14）、城乡最低生活保障人数占比差异（B15），此5个二级指标重点从城乡就业、城乡教育、城乡医疗卫生、城乡社会保障方面的差异反映城乡居民平等、均衡、同质享有社会发展成果的程度。

一级指标城乡文化高质量融合度（A4），旨在描述城市与乡村两大地域系统在公共文化服务供给、文化娱乐消费需求和能力、文化信息获取渠道和量级、文化休闲品质水平，特别是城乡居民精神富足走向共同富裕上，城乡高质量融合发展的水平和程度。二级指标包括城乡教育文化娱乐消费支出差异（B16）、城乡初中阶段在校生数量差异（B17）、城乡艺术表演团体观众人次差异（B18）、城乡宽带接入用户数占比差异（B19）、人均公园绿化面积差异（B20），此5个二级指标重点从城乡居民知识信息获取能力、文化休闲消费能力、文化服务供给能力等方面的差异来反映城乡精神文明建设、城乡居民文化获得感、城乡文化建设融合发展的程度。

一级指标城乡生态高质量融合度（A5），旨在描述城市与乡村两大地域系统在生态环境质量、生态文明建设，特别是城乡居民宜居生活环境品质上，城乡高质量融合发展的水平和程度。二级指标包括城乡环境基础设施建设投资数量差异（B21）、城乡污水处理率差异（B22）、城乡生活垃圾处理率差异（B23）、城乡建成区绿化覆盖率差异（B24）、城乡建成区公园绿地面积差异（B25），此5个二级指标重点从城乡生态环境建设投入、城乡宜居生活环境建设、城乡生态品质提升等方面的差异来反映城乡生态环境质量、人居生活品质、生态价值潜力融合发展的程度。

二　城乡高质量融合发展的测度方法阐述

1. 指标体系评价方法的确定

在建立城乡高质量融合发展评价指标体系的基础上确定指标体系的计算方法。参考现有相关文献研究和计算方法，指标体系计算方法主要分为客观评价方法和主观评价方法。客观评价方法主要包括因子分析法（Factor Analysis，简称 FA）、主成分分析法（Principle Components Analysis，简称 PCA）和熵值法（The Entropy Method）等；主观评价方法多为专家打分法。综合指标设置和数据来源特点，权衡两类方法的利弊，最终确定采用熵值法这一客观方法来测算城乡高质量融合发展的水平程度。①

2. 熵值法的计算过程

熵值法（The Entropy Method）是用来判断指标离散程度的方法。通过权重和综合得分进行评价分析。共分为如下八个步骤。

第一步，构建原始矩阵。

研究对象个数 i，j 个评价指标，构建原始矩阵，即

$$\{X_{ij}\}_{m\times n}$$

其中，X_{ij}为 i 省第 j 项指标值。

第二步，数据的标准化处理。

指标X_{ij}的标准化处理为

$$x_{ij}^{'} = \frac{|x_{ij} - 1|}{\max(\max_j x_{ij} - 1, 1 - min_j x_{ij})}$$

第三步，指标同度量化。

计算第 j 项指标，第 i 个研究对象指标数值的比重，即

$$P_{ij} = \frac{x_{ij}^{'}}{\sum_{i=1}^{m} x_{ij}^{'}}$$

① 丁凡：《城乡融合发展理论内涵与水平测度——基于新发展理念视角的研究》，南京大学硕士学位论文，2019。

第四步，计算熵值。

计算第 j 项指标的熵值为

$$e_j = -k\sum_{i=1}^{n} P_{ij}\ln(P_{ij})$$

其中，$k>0$，ln 为自然对数，$e_j>0$。当$P_{ij}=0$时，其自然对数 $\ln(P_{ij})$ 无意义，故修正为$P_{ij}=\dfrac{1+x_{ij}'}{\sum_{i=1}^{m}(1+x_{ij}')}$

第五步，熵值取值范围。

若x_{ij}'对于第 j 项指标的数值全部相等，则有：$P_{ij}=\dfrac{x_{ij}'}{\sum_{i=1}^{m}x_{ij}'}=\dfrac{1}{m}$。此时，$e_j\rightarrow\max$，即：$e_j=-k\sum_{i=1}^{m}\dfrac{1}{m}\ln\left(\dfrac{1}{m}\right)=k\ln(m)$。故此，若令 $k=\dfrac{1}{\ln m}$，则必有 $0\leqslant e_j\leqslant 1$。此处 $k=0.291207$。

第六步，计算差异性系数。

计算第 j 项指标差异性系数h_j。一般而言，X_{ij}间差异越大，则熵值e_j越小，表明该 j 项指标作用越大，故令

$$h_j = 1 - e_j$$

差异性系数h_j越大，表明该指标越重要。

第七步，确定权重。

第 j 项指标的权重为

$$\omega_j = \frac{h_j}{\sum_{j=1}^{n} h_j}$$

共有 $j=n$ 个指标，此为第 j 项指标的权重。其中，$\sum_{j=1}^{n}\omega_j=1$。

第八步，计算综合得分。

根据熵值法确定权重之后，综合得分计算公式为

$$G_r = \sum_{j=1}^{n}\omega_{rj}G_{rj}$$

其中，G_r为 R 子系统的总和得分；G_{rj}为 U 子系统的第 j 项指标值；ω_{rj}为指标权重。

3. 指标体系一、二级指标权重的确定

通过标准化数据计算、P 矩阵和新矩阵计算，最终得出一、二级指标的权重数值，如表 7-2 所示。

表 7-2　城乡高质量融合发展指标体系一二级指标权重

一级指标	权重	二级指标	权重
城乡空间高质量融合度（A1）	0. 234275	城乡市政公用设施建设投入差异（B1）	0. 073326
		城乡建成区面积差异（B2）	0. 029891
		城乡供水普及率差异（B3）	0. 019081
		城乡燃气普及率差异（B4）	0. 054544
		城乡人均道路面积差异（B5）	0. 057433
城乡经济高质量融合度（A2）	0. 162602	城乡产业结构差异（B6）	0. 025228
		城乡居民收入水平差异（B7）	0. 052052
		城乡居民消费水平差异（B8）	0. 030814
		城乡居民财产性收入水平差异（B9）	0. 034342
		城乡居民耐用品拥有量差异（B10）	0. 020166
城乡社会高质量融合度（A3）	0. 250197	城乡就业人员数占比差异（B11）	0. 094517
		城乡初中阶段专任教师数量占比差异（B12）	0. 051718
		城乡每千人卫生机构技术人员差异（B13）	0. 022989
		城乡每千人口医疗卫生机构床位差异（B14）	0. 020496
		城乡最低生活保障人数占比差异（B15）	0. 060477
城乡文化高质量融合度（A4）	0. 178377	城乡教育文化娱乐消费支出差异（B16）	0. 031204
		城乡初中阶段在校生数量差异（B17）	0. 049931
		城乡艺术表演团体观众人次差异（B18）	0. 019549
		城乡宽带接入用户数占比差异（B19）	0. 05242
		人均公园绿化面积差异（B20）	0. 025274
城乡生态高质量融合度（A5）	0. 174548	城乡环境基础设施建设投资数量差异（B21）	0. 045681
		城乡污水处理率差异（B22）	0. 017036
		城乡生活垃圾处理率差异（B23）	0. 030043
		城乡建成区绿化覆盖率差异（B24）	0. 059022
		城乡建成区公园绿地面积差异（B25）	0. 022767

从一级指标的权重来看，城乡空间高质量融合度（A1）、城乡社会高质量融合度（A3）此两项所占的指标相对较大，两项合计为0.484472，约占50%的比重，而城乡经济高质量融合度（A2）、城乡文化高质量融合度（A4）、城乡生态高质量融合度（A5）三项权重值相对接近，这也在一定程度上反映出其他一级指标最终在城乡空间、城乡社会高质量融合发展的程度。从二级指标的权重来看，城乡就业人员数占比差异（B11）、城乡市政公用设施建设投入差异（B1）、城乡最低生活保障人数占比差异（B15）、城乡建成区绿化覆盖率差异（B24）、城乡人均道路面积差异（B5）此五项指标权重位列所有二级指标前五，其权重依次对应为0.094517、0.073326、0.060477、0.059022、0.057433，这也反映出城乡高质量融合发展的核心和关键因素“人”的获得感、幸福感和安全感在指标体系中的权重大小。

三　城乡高质量融合发展的测度结果

一是全国层面指标体系综合得分情况（一、二级指标）。如表7-3所示。

表7-3　城乡高质量融合发展指标体系综合得分（全国）

一级指标	得分	二级指标	得分
城乡空间高质量融合度（A1）	0.186554	城乡市政公用设施建设投入差异(B1)	0.62395
		城乡建成区面积差异(B2)	0.982143
		城乡供水普及率差异(B3)	0.871795
		城乡燃气普及率差异(B4)	0.887755
		城乡人均道路面积差异(B5)	0.807692
城乡经济高质量融合度（A2）	0.089217	城乡产业结构差异(B6)	0.845669
		城乡居民收入水平差异(B7)	0.304147
		城乡居民消费水平差异(B8)	0.457831
		城乡居民财产性收入水平差异(B9)	0.628083
		城乡居民耐用品拥有量差异(B10)	0.811966

续表

一级指标	得分	二级指标	得分
城乡社会高质量融合度（A3）	0.16578	城乡就业人员数占比差异(B11)	0.590909
		城乡初中阶段专任教师数量占比差异(B12)	0.64464
		城乡每千人卫生机构技术人员差异(B13)	0.771186
		城乡每千人口医疗卫生机构床位差异(B14)	0.884058
		城乡最低生活保障人数占比差异(B15)	0.673653
城乡文化高质量融合度（A4）	0.140962	城乡教育文化娱乐消费支出差异(B16)	0.650685
		城乡初中阶段在校生数量差异(B17)	0.646209
		城乡艺术表演团体观众人次差异(B18)	0.933908
		城乡宽带接入用户数占比差异(B19)	0.893536
		人均公园绿化面积差异(B20)	0.921762
城乡生态高质量融合度（A5）	0.129142	城乡环境基础设施建设投资数量差异(B21)	0.810606
		城乡污水处理率差异(B22)	0.98328
		城乡生活垃圾处理率差异(B23)	0.735537
		城乡建成区绿化覆盖率差异(B24)	0.665179
		城乡建成区公园绿地面积差异(B25)	0.615123
总指数	0.711655	总得分	18.6413

从全国层面一、二级指标得分来看，全国城乡高质量融合发展的总指数为0.711655，较为符合整体国情状况，但同时也说明距离城乡高质量融合发展的目标仍有一定的空间和差距。从总得分的情况看也能说明该问题。

二是31个省、自治区、直辖市层面五个城乡高质量融合一级指标得分、总指数分值及融合度分类情况。一级指标得分、总指数分值情况，如表7-4、7-5、7-6所示。

经城乡高质量融合发展指标体系综合得分测算，城乡空间、经济、社会、文化、生态等五个一级指标高质量融合度，根据分值大小分别导出全国31个省、自治区、直辖市城乡高质量融合度分类情况，如表7-7所示。

表 7-4　城乡高质量融合发展指标体系综合得分（31 个省、自治区、直辖市）

一级指标	北京	天津	河北	山西	内蒙古	辽宁	吉林	黑龙江	上海	江苏
空间高质量融合度（A1）	0.164811	0.194666	0.156868	0.157689	0.128291	0.166855	0.207942	0.121108	0.181836	0.201276
经济高质量融合度（A2）	0.088828	0.112549	0.106436	0.083653	0.101049	0.106265	0.114446	0.127666	0.082736	0.102914
社会高质量融合度（A3）	0.232255	0.18636	0.135373	0.126708	0.111361	0.115408	0.160742	0.155489	0.162309	0.116062
文化高质量融合度（A4）	0.14393	0.139198	0.14731	0.106118	0.06298	0.107397	0.112558	0.113649	0.121613	0.112197
生态高质量融合度（A5）	0.151483	0.14207	0.124316	0.119807	0.070173	0.117348	0.129983	0.070761	0.143743	0.163552
总指数	0.781308	0.774842	0.670302	0.593975	0.473854	0.613273	0.725671	0.588673	0.692237	0.696001

表 7-5　城乡高质量融合发展指标体系综合得分（31 个省、自治区、直辖市）

一级指标	浙江	安徽	福建	江西	山东	河南	湖北	湖南	广东	广西
空间高质量融合度（A1）	0.202352	0.151385	0.189143	0.137673	0.17837	0.156455	0.17209	0.15279	0.218024	0.170629
经济高质量融合度（A2）	0.104409	0.1014	0.090975	0.099124	0.096054	0.100836	0.09833	0.087337	0.093113	0.099556
社会高质量融合度（A3）	0.138834	0.159367	0.164262	0.160155	0.110254	0.158266	0.102951	0.184949	0.096455	0.152488
文化高质量融合度（A4）	0.136748	0.150177	0.152716	0.144866	0.121691	0.13029	0.140038	0.13478	0.142351	0.13416
生态高质量融合度（A5）	0.149706	0.140678	0.15774	0.109755	0.157391	0.105278	0.131256	0.144367	0.135987	0.125305
总指数	0.732049	0.703006	0.754836	0.651573	0.663759	0.651126	0.644665	0.704222	0.68593	0.682138

表 7-6　城乡高质量融合发展指标体系综合得分（31 个省、自治区、直辖市）

一级指标	海南	重庆	四川	贵州	云南	西藏	陕西	甘肃	青海	宁夏	新疆
空间高质量融合度（A1）	0.179249	0.100134	0.160909	0.103889	0.142708	0.137351	0.154884	0.118231	0.17479	0.178771	0.13921
经济高质量融合度（A2）	0.07674	0.097538	0.101516	0.050686	0.084279	0.068032	0.078594	0.058226	0.096279	0.101421	0.09971
社会高质量融合度（A3）	0.186247	0.139271	0.125595	0.173261	0.152411	0.115938	0.120337	0.111019	0.17662	0.180102	0.208744
文化高质量融合度（A4）	0.113421	0.130607	0.127275	0.092813	0.123179	0.068413	0.097491	0.120933	0.124142	0.12009	0.145807
生态高质量融合度（A5）	0.149127	0.115572	0.079704	0.120344	0.091023	0.029652	0.084781	0.109601	0.12278	0.138039	0.13296
总指数	0.704784	0.583121	0.594999	0.540993	0.593601	0.419387	0.536087	0.518011	0.694611	0.718422	0.72643

表 7-7　城乡高质量融合发展一级指标融合度分类情况（31 个省、自治区、直辖市）

一级指标	融合度分类	省份（含自治区、直辖市）
空间高质量融合度（A1）	融合度高	广东、吉林、浙江、江苏、天津、福建
	融合度较高	上海、海南、宁夏、山东、青海、湖北
	融合度一般	广西、辽宁、北京、四川、山西、河北、河南
	融合度较低	陕西、湖南、安徽、云南、新疆、江西
	融合度低	西藏、内蒙古、黑龙江、甘肃、贵州、重庆
经济高质量融合度（A2）	融合度高	黑龙江、吉林、天津、河北、辽宁、浙江
	融合度较高	江苏、四川、宁夏、安徽、内蒙古、河南
	融合度一般	新疆、广西、江西、湖北、重庆、青海、山东
	融合度较低	广东、福建、北京、湖南、云南、山西
	融合度低	上海、陕西、海南、西藏、甘肃、贵州
社会高质量融合度（A3）	融合度高	北京、新疆、天津、海南、湖南、宁夏
	融合度较高	青海、贵州、福建、上海、吉林、江西
	融合度一般	安徽、河南、黑龙江、广西、云南、重庆、浙江
	融合度较低	河北、山西、四川、陕西、江苏、西藏
	融合度低	辽宁、内蒙古、甘肃、山东、湖北、广东
文化高质量融合度（A4）	融合度高	北京、新疆、天津、海南、湖南、宁夏
	融合度较高	青海、贵州、福建、上海、吉林、江西
	融合度一般	安徽、河南、黑龙江、广西、云南、重庆、浙江
	融合度较低	河北、山西、四川、陕西、江苏、西藏
	融合度低	辽宁、内蒙古、甘肃、山东、湖北、广东
生态高质量融合度（A5）	融合度高	福建、安徽、河北、新疆、江西、北京
	融合度较高	广东、湖北、天津、浙江、湖南、广西
	融合度一般	重庆、河南、四川、青海、云南、山东、上海
	融合度较低	甘肃、宁夏、黑龙江、海南、吉林、江苏
	融合度低	辽宁、山西、陕西、贵州、西藏、内蒙古

三是 31 个省、自治区、直辖市城乡高质量融合发展总指数分值分梯度融合度情况，如表 7-8 所示。

表 7-8 城乡高质量融合发展总指数分梯度融合度情况（31 个省、自治区、直辖市）

融合度总指数分类	省份（含自治区、直辖市）
城乡高质量融合总指数分值高	北京、天津、福建、浙江、新疆、吉林
城乡高质量融合总指数分值较高	宁夏、海南、湖南、安徽、江苏、青海
城乡高质量融合总指数分值中等	上海、广东、广西、河北、山东、江西、河南
城乡高质量融合总指数分值较低	湖北、辽宁、四川、山西、云南、黑龙江
城乡高质量融合总指数分值低	重庆、贵州、陕西、甘肃、内蒙古、西藏

四是全国四大板块城乡高质量融合发展总指数分类对应省份情况，如表 7-9 所示。

表 7-9 全国四大板块城乡高质量融合发展总指数分类对应省份情况

总指数分类	东部地区	中部地区	西部地区	东北地区
城乡高质量融合总指数分值高	北京、天津、福建、浙江	—	新疆	吉林
城乡高质量融合总指数分值较高	海南、江苏	湖南、安徽	宁夏、青海	—
城乡高质量融合总指数分值中等	上海、广东、河北、山东	江西、河南	广西	—
城乡高质量融合总指数分值较低	—	湖北、山西	四川、云南	辽宁、黑龙江
城乡高质量融合总指数分值低	—	—	重庆、贵州、陕西、甘肃、内蒙古、西藏	—

四 城乡高质量融合发展的结果分析

1. 全国层面

从全国总体层面看，总指数为 0.711655，尽管距离城乡高质量融合仍有不小差距和空间，但仍较为客观地反映出我国当前城乡融合发展的进程与建设成就。从城乡两大地域系统空间高质量融合度、经济高质量融合度、社会高质量融合度、文化高质量融合度、生态高质量融合度等五个一级指标指数来看，表现最好的为城乡空间高质量融合度，这与我国城镇化率水平，交通、水利、电力、通信、网络等城乡基础设施建设力度、广度直接相关且反映了基本事实。其后，城乡高质量融合发展指数水平从高到低依次是城乡社会高质量融合度、文化高质量融合度、生态高质量融合度，这与近年来国家注重社会民生均衡发展、城乡文化同步建设、城乡生态协同治理不无关系。相对而言，指数水平最低为城乡经济高质量融合度，这也与我国城乡居民收入比、城乡居民就业水平差异、城乡居民财产性收入差异、城乡产业附加值差异、城乡产业投入水平差异等因素直接相关，说明我国城乡产业、城乡就业、城乡收入依然存在较大的差距，是未来亟待补齐的城乡高质量融合发展的短板所在。

2. 省域层面

从 31 个省、自治区、直辖市层面来看，指标测算结果较为客观地反映出全国不同发展区域、不同发展水平、不同发展政策的背景下，分省市城乡高质量融合发展的客观水平，北京作为首都和政策、资金、产业、文化、生态等各类资源最富集的地区排位第 1，符合实际情况。指数相对靠前的省份为：福建、浙江、新疆、吉林、宁夏、海南、湖南、安徽，也基本符合各省城乡融合发展水平与实际情况，其中：宁夏、海南分值相对较高与其省域人口数量相对其他省份偏低，而城乡建设投入较大、基础设施完善水平较高，城乡人均收入水平差异较小直接相关。新疆则主要是由于城乡社会高质量融合度指标值相对较高，吉林则是城乡空间高质量融合度指标值相对较高。而广西、河北两省总指数分值，基本位于中位数水平，这与地方经济实力、城乡人口比例、区位交通条件等因素情况基本相符合。内蒙古自治区、西藏自治区总指数分值较低，与其省域经济水平、人口分布密度、城乡规模体量等因素高度相关，符合实际发展水准。值得注意的是上海的指标值相对较低，与实际感观有所不符，造成该结果的原因一方面是上海市城乡人口数量比已达到 9.84：1，另一方面是因为上海市第一产业产值仅为 100 亿元，第二产业产值则高达 11449.3 亿元，城乡人均产值差异高达 13.7：1，与此同时，在城乡初中阶段专任教师数差异（B12）和城乡初中阶段在校生数量差异（B17）这两项二级指标上，城乡人均差异分别高达 32.7：1 和 38.07：1，因此，城乡人口、城乡产业、城乡教育的绝对差异和离散程度拉大了城乡高质量融合发展的“差距”。

3. 区域板块层面

从东部地区、中部地区、西部地区和东北地区四大板块层面来看，指标测算结果整体上符合板块功能定位、板块发展水平、板块总体情况。其中：东部地区，10 个省份总体上城乡高质量融合总指数分值较高，这与东部地区城乡融合水平、共同富裕程度直接相关。中部地区，6 个省份城乡高质量融合总指数位于较高、中等、较低三个梯度区间，总体符合我国中部地区现实发展水平。西部地区，12 个省份涵盖了城乡高质量融合总指数分值高、较高、中等、较低、低五个梯度区间，分布相对均衡，与西部地区 12 个省份地理空间跨度与经济发展梯度相适宜。东北地区，3 个省份中吉林位于城乡高质量融合总指数分值高区间，辽宁、黑龙江则位于城乡高质量融合总指数分值较低区间，相对而言与东北地区人口数量、区位条件、产业经济、城乡建设水平总体相当。

4. 基本结论

结合指标设计、数据来源、测算方法，全国与各省、自治区、直辖市城乡高质量融合发展水平测度及排位情况总体符合我国城乡、区域城乡高质量融合发展水平的客观实际，虽有个别省份排位、数据相对异常，也属于可以解释的范畴。当前，我国城乡高质量融合发展水平与程度大约为 71%左右，仍有较大提升空间和发展余地。值得注意的是，城乡经济高质量融合度，无论在全国层面，还是在省市地方层面，都是目前亟待突破和解决的关键、短板、弱项。协同提升城乡居民财产性收入、协同布局城乡高附加值产业、协同破解城乡高质量融合发展的体制机制依然是我国城乡高质量融合发展的重中之重。

第六节　乡村振兴战略下城乡高质量融合发展的实现路径

在全面实施乡村振兴战略的辐射带动下，乡村的资源价值得以转化，城市的要素价值得以实现，按照提高乡村资源变现能力、缩小城乡居民收入差距、破解城乡要素市场阻隔、消除城乡设施服务落差、弥合城乡发展数字鸿沟的目标，城乡之间通过资源变现实现城乡功能需求互补满足、通过劳动增值实现城乡收入回报协同共进、通过要素交换实现城乡经济渗透循环、通过民生共建实现城乡生活品质均等、通过数字联通实现城乡智慧治理高效同步等五大基本路径，朝向城乡空间、功能、经济、政治、社会、文化、生态等多维度高质量融合发展，系统而圆满地解决城乡之间因价值交换不对等、收入水平不对等、要素流动不对等、民生保障不对等、发展效能不对等的核心和关键掣肘，为推动城乡实现高质量融合发展提供资源价值、人口动力、要素保障、基础支撑和数字效能，为打通城乡高质量融合的实现路径提供现实依据和方向指引。

一　以提高乡村资源变现能力促进城乡功能需求互诉

只有当乡村有效对接城市对乡村投资、消费、文旅等多种需求时，乡村各类资源才能实现充分而快速地变现，因此需要彰显和转化乡村各类隐性资源价值。

首先，显化乡村土地资源价值。乡村振兴战略下推动城乡高质量融合发展，应进一步夯实乡村土地的产权基础，以提升农户福利能力为目标，以对接城市消费和产业投资需求为方向，深化农村土地制度改革，构建多元化的农村土地产权价值实现途径；通过开展农村闲置宅基地整治，依法依规利用城乡建设用地增减挂钩等政策，为乡村建设和产业发展等提供土地要素保障。

其次，显化乡村生态美学价值。乡村振兴战略下推动城乡高质量融合发展，应彰显城乡生态和美学的差异性价值，充分挖掘山水林泉、土地荷田、民宿文化的生态美学价值，大力开发农耕体验型、生态康养型、露天露营型、民宿农旅型、户外拓展型、文化休闲型等多元化的乡村文化旅游产品，围绕转化工业农村生态资源、自然景观、村落建筑、文化历史、传统美食等多种价值和多元功能，建设宜居和美乡村，将城市文化市场需求导入乡村，完善乡村基础设施、消费场景、体验场所，形成城乡文明交融、相映生辉的生动美学图景。

最后，显化乡村传统文化价值。乡村振兴战略下推动城乡高质量融合发展，应释放乡村特有的传统文化魅力和价值，将其转变为文化消费需求、文化体验产品、文化消费场景。重点结合乡土物质文化遗产和非物质文化遗产两大类资源，依托乡土特有的古色村寨、村落、建筑，以民族风情、民俗礼仪、传统节庆、手工艺品、民间曲艺等作为表达形式和内容，形成浓郁的乡土文化气息，开发对接城市居民、旅游游客为重点的消费人群的特色文化载体、文旅项目、文创产品。在保护和传承优秀乡土文化的同时，高质量满足城市不断扩张的文化消费需求，以文化资源开发文化项目，以文化项目带动文化产业，以文化产业实现文化富民和精神文明，实现城乡文明交融发展。

二　以缩小城乡居民收入差距促进城乡共同富裕

有效扩大农村人口的收入来源、提升收入技能和收入水平，优化农业农村经济投资回报率，实现城乡共同富裕促进城乡高质量融合的目标要求。首先，提高农村创业就业回报。为实现城乡资源要素平等交换和合理配置，在推动进城务工人员尽快真正融入城市的同时，有效提高农业、农村吸引力，引导一部分高素质劳动力驻留在农村，将乡村产业的增值收益留在农村。通过就地培养更多爱农业、懂技术、善经营的新型职业农民，引导农民工、大中专毕业生、退役军人、科技人员等返乡入乡人员和“田秀才”“土专家”“乡创客”在广阔农村天地里创新创业，提高乡村工匠、文化能人、手工艺人和经营管理人才创业技能，培育一批家庭工厂、手工作坊、乡村车间，从而提高农村创业就业回报。其次，优化城乡产业价值链条。新发展格局要求立足扩大内需这个战略基点，转变乡村发展一产，城市发展二、三产业的固有局面，在激活乡村内需市场的同时，推动城乡产业在新的供给和需求关系中优化升级，在更高水平上实现协同和共享发展。通过构建农村一、二、三产业融合发展体系，推动城乡产业全环节提升、全链条增值、全产业融合。通过建立健全城乡产业利益联结机制，做强现代种业、做精乡土特色产业、做强农产品加工业、做优乡村文化旅游业、做活农村电商，培育乡村新型服务业，实现乡村潜力产能向乡村现实产值的转变，使以农业农村资源为依托的乡村二、三产业尽可能留在农村，让农民合理分享全产业链增值收益。最后，释放集体经济共富效益。持续增强村级集体经济发展活力和产业实力，更大更好地发挥村级集体经济带领农村实现增产增收的功能作用。培育壮大新型农村集体经济组织，鼓励和支持村集体以可支配的资源、资产、资金等要素为依托，不断拓宽新型农村集体经济发展途径，立足优势发展资源经济，盘活资产发展物业经济，突出特色培强产业经济，对接需求做活服务经济，整合资源开发旅游经济。通过深度、精准开发村级集体经济组织增收项目，实现集体资产保值增值和收入稳定，从而吸纳农民转移就业并从中获得收益回报，实现城乡居民共同富裕。

三　以破解城乡要素市场阻隔促进城乡经济循环互补

要素阻隔将城市与乡村两大彼此需求的市场分离开来，无法形成总体意义上高效益、高水平、高质量的经济融合，需要推动城乡要素、市场、业态融合发展。首先，实现城乡要素合理配置。为彻底破除阻碍城乡要素自由流动和平等交换的体制机制壁垒，在城市和乡村之间形成土地、资金、技术、人才、产业、信息流动的良性循环，应以改革促进各类要素更多向乡村流动，为城乡高质量融合发展注入新变量，带来新增量。通过健全农业转移人口市民化机制，推动农民工特别是新生代农民工融入城市。建立城市人才入乡激励和城乡人才合作交流机制，[1] 吸引各类人才返乡创业。完善农村承包

---

① 《中共中央　国务院关于建立健全城乡融合发展体制机制和政策体系的意见》，《人民日报》2019 年 5 月 6 日。

地“三权分置”制度，探索宅基地所有权、资格权、使用权“三权分置”和价值实现机制，吸引更多社会资金和工商资本投入乡村建设。其次，促进城乡资源畅通循环。健全城乡统一的土地市场，形成城乡统一的建设用地使用权转让、出租、抵押二级市场。完善城乡建设用地增减挂钩结余指标、补充耕地指标跨区域交易机制。健全统一规范的人力资源市场体系，促进劳动力、人才跨地区顺畅流动。完善城乡统一的大产权保护制度，平等保护农村土地经营权，确保可以依法向金融机构融资担保、入股从事农业产业化经营。推动实行统一的市场准入制度，确保集体经济组织平等进入城乡服务市场、参与社会资本合作。建立健全城乡融合的电信、能源等基础设施网络，确保市场设施高标准联通。最后，加快城乡经济互补融合。县城是我国城镇体系中的重要组成部分，是城乡融合发展的关键支撑。加快以县城为重要载体的城镇化建设，将为城乡经济深度融合发展创造重要的链接和场景。应充分发挥县城向上链接都市圈、城市群，向下辐射乡镇、广大农村地区的天然纽带功能，主动接收中心城市、都市圈乃至城市的功能转移，发挥自身区位优势和产业基础、特长，构建特色产业型、交通物流型、专业市场型、公共服务型县城，建设与大城市功能互补、产业配套的卫星城，提高产业专业化发展和促进人口就近就地城镇化的能力。

四 以消除城乡设施服务落差促进城乡生活品质均等

消除城乡基础设施、公共服务、生态环境等方面的现实落差，将促进城乡生活品质品位高水平融合共享。首先，促进城乡基础设施互联互通。把公共基础设施建设重点放在乡村，着重提高乡村现代化基础设施的水平和覆盖范围。重点针对农业农村发展的薄弱环节，在农村交通基础设施、农村安全饮水设施、农村天然气供应设施、农村环境保护设施、农村物流网络设施、农村信息化设施等方面，加强与城市基础设施的规划衔接、建设同步、功能联动，推进城乡基础设施高水平建设融合发展。以市县域为整体，高质量实施乡村建设行动，提升乡村宜居宜业宜游水平。统筹城乡道路客运一体化，畅通城乡交通运输连接。不断提高农村生活污水治理率和农村生活垃圾分类覆盖率。有序推进农房翻建、清洁能源、数字乡村等重点工程，建设宜居和美乡村。其次，推动城乡公共服务普惠共享。加快城市公共服务体系、公共服务设施向农村延伸，社会事业、社会保障向农村覆盖，健全全民覆盖、普惠共享、城乡一体的基本公共服务体系。打破按照行政登记配置公共服务资源的惯性思维，强化县城特别是人口流入较多县城的公共服务设施建设投入。推进义务教育学校扩容增位和普通高中、职业高中办学条件改善。增加公办和普惠性幼儿园托位供给。强化县级医院、疾控中心和妇幼保健院建设。加强以县城为重点、覆盖乡镇的公共服务软件和能力建设，进一步推动城市优质的教育、医疗卫生资源下沉到县城，加快推进远程教育、远程医疗服务、城乡医共体建设和专业对口帮扶。加快构建居家社区机构相协调、医养康养相结合的养老服务体系。最后，实现城乡消费生活互补共进。围绕产业转型升级和居民消费升级需求，重点培育乡村多元消费市场，满足驻乡的城乡居民物质、文化、精神消费需求。以文化惠民、文化下乡等活动形式，丰富农村文化供给、繁荣乡村文化市场。建设乡镇超市、特色卖场、特色商业街，提高农村生活性服务业供给质量。结合文旅小镇、特色小镇、田园综合建设，发展乡村民宿、特色餐饮、休闲娱乐等新型消费业态，完善游客接待服务中心、乡村土特产商店、交通站场、自驾游停车场、旅游厕所等设施配套。

五　以弥合城乡发展数字鸿沟促进城乡治理高效同步

数字经济有利于弥合城乡数字鸿沟，提升城乡高质量融合的效率和效益，推进乡村发展、乡村治理协同联动。首先，推动城乡智联融合发展。推动城乡高质量融合发展，需要着力弥合城乡“数字鸿沟”，通过进一步解放和发展数字生产力，整体带动和全面提升农业农村现代化发展水平，以此开启城乡智慧融合发展和现代化建设新格局。通过城乡数字平台共建、城乡数字产业互联、城乡数字设施共享，推动城乡生产、生活、生态“三生”智能化、智慧化协同联动发展。通过新型城市基础设施建设，向乡村延伸覆盖智能设施和智慧服务，引导城市5G网络、信息技术和数据人才等数字资源向乡村流动。加快发展“互联网+”特色产业，形成以城带乡、城乡共享的数字化城乡融合发展新生态。其次，加快智慧绿色乡村建设。通过引入互联网、大数据、人工智能等新一代信息技术，对乡村基础设施、农业产业发展和农村生态环境管理等领域开展智慧化转型和绿色化升级行动。重点面向农业农村现代化建设，推动农村交通、水利、能源、物流等基础设施体系建设和运营实现低碳化、绿色化和生态化，着力推进智慧农业、智慧水利、智慧物流发展，实现种业、畜牧业、渔业、种植业的数字化生产、经营和流通。强化农村生态环境数字化管理，提升农村自然资源和生态环境智能监测水平，提高农村生态保护信息化水平，实现城乡生态建设数字化互联互通。最后，提升乡村数字治理能力。充分应用新一代信息技术治理乡村，推动乡村治理体系和治理能力现代化。以“互联网+党建”，引领农村基层党建信息化建设，建立健全党建信息化平台，推动党务、村务、财务网上公开，畅通网络社情民意；以“物联网+社区”，引导农村社区信息化、数字化建设，加快社情民意收集、村民议事协商、公共信息发布、农村公共服务等村级事务上网运行，推动农村基础设施建设、农村公共服务供给等在线管理。推动“互联网+公共法律服务”，全面构建乡村数字治理新体系。

第八章　乡村振兴战略下城乡高质量融合发展的推进机制构建

第一节　建立城乡空间高质量融合发展的推进机制

为实现城乡两大地域系统空间和功能的高质量融合发展，建立以人口均衡发展、人口便捷流动、人口价值实现为导向，人口、资源、环境、经济、社会高质量融合发展的城乡空间格局，构建城乡空间功能高质量融合实现机制、各级各类城镇城乡高质量融合机制、城乡基础设施高质量融合发展机制。从顶层设计入手，统筹城乡空间协调发展格局、城乡土地整体利用格局。面向不同规模等级、不同功能定位的城市，均衡城乡融合发展的资源要素，发挥城乡融合差异化的特色优势，实行差异化的城乡高质量融合发展机制，建立健全以县域为主体、以县城为重要载体的城乡高质量融合发展机制，提升县域、县城向上向下融入城乡的动能。针对城乡重大基础设施规划、布局和建设，构建反映城乡利益诉求、城乡损害成本、城乡收益价值的融合发展机制，构建城乡基础设施均衡发展机制，适度超前建设乡村智慧型基础设施。充分发挥有为政府和有效市场作用，构建以市场为基础城乡基础设施一体管护机制，加快建立城乡基础设施智慧化管理机制。①

---

① 黄承伟：《全面推进乡村振兴是新时代建设农业强国的重要任务》，《红旗文稿》2023 年第 1 期。

一　构建城乡空间功能融合实现机制

1. 制定城乡空间功能融合发展规划

国土空间是国家人口、资源、环境、经济、社会发展的载体和基础。城市和乡村两大地域系统要实现高质量融合发展，首先要从国土空间上实现空间布局一体融合、土地利用高效融合、资源开发协同渐进，以此确保城乡空间格局、系统功能和发展目标的优化实现。当前，我国从优化国土利用的角度，分别由国家、省、市、县级制定了国土空间规划；而从优化区域功能的角度，分别由国家、省、市、县级制定了主体功能区规划，尚缺乏推动城乡融合发展集国土利用、空间功能于一体的相应规划，缺乏从目标、战略、思路、原则、重点、任务、保障等具体的指引和规范，这样不利于城乡从更高层级的地域系统出发谋划和实现城乡高质量融合发展的空间布局和功能互补。因此，有必要建立城乡空间功能融合实现的规划体系，即制定国家、省、市、县级城乡空间功能融合发展规划。从顶层设计出发，重点制定城乡融合的空间发展战略目标、国土空间格局优化方向、城乡用地结构优化措施、城乡资源保护开发利用措施、国土综合整治修复方案、城乡产业协同发展空间布局、城乡风貌协调引导措施、村庄建设规划指引等内容，实现城乡高质量融合发展的空间协同与功能互补。

2. 制定城乡经济社会融合发展规划

经济和社会发展带动区域经济和城乡发展全局，是促进实现城乡融合发展的重要手段和途径。当前，我国的各级国民经济和社会发展规划纲要，系统地从发展基础、发展环境、发展理念、发展目标、发展战略、发展任务、发展保障出发，谋划国家、省域、市域、县域、镇域五年的经济和社会发展总体战略任务，发挥了顶层引领、突出重点、项目落地、促进发展的实效。从我国现有的规划体系来看，城市和乡村都拥有自己的发展规划，比如《新型城镇化规划》《乡村振兴战略规划》等，分别从城市和乡村的角度出发建立了各自发展的体系和脉络。但缺乏指导城乡融合发展的经济社会发展规划，这样不利于从整体上发挥城乡经济社会系统的优长，系统推动城乡要素双向高效流动、城乡资源价值平等交换。[①] 因此，有必要建立城乡经济社会融合发展的规划体系，即制定国家、省、市、县、镇级城乡经济社会融合发展规划。重点确定本级城乡经济社会融合发展的目标、原则、战略，经济融合、政治融合、社会融合、文化融合、生态融合发展的重点任务、重大工程、具体项目，以及相应的财政、资金、组织、人才等保障措施，从而实现城乡经济社会高质量融合发展。

3. 制定区域城乡平衡充分发展规划

当前，我国社会的主要矛盾已转变为人民日益增长的美好生活需要和不平衡不充分的发展之间的矛盾，而最大的不平衡、不充分是区域之间、城乡之间发展的不平衡、不充分。[②] 制定区域城乡平衡充分发展规划，有利于有的放矢、精准识别区域和城乡两大板块发展的突出矛盾和关键问题，有力促进我国社会主要矛盾及其突出表现得以逐步缓解并最终解决。制定区域城乡平衡充分发展规划，应立足较大区域尺度，至少以省级为基本单位，涵盖京津冀地区、长三角、粤港澳大湾区、长江经济带、成渝地区等国家战略重点区域，对应国家东部地区、中部地区、西部地区、东北地区等国家四大区域经济板块，从区域经济发展的角度，谋划区域和城乡平衡发展、充分发展的理念、目标、战略、任务、重点、项目、保障等。着重从区域城乡人口流动一体化、区域城乡要素市场一体化、区域城乡创新驱动一体化、区域城乡产业布局一体化、区域城乡公共服务一体化、区域城乡生态环保一体化、区域城乡基础设施一体化等领域进行重点谋划，以区域经济一体化为动力，促进区域城乡协同发展，形成区域城乡平衡、充分发展的动能，从而推动城乡高质量融合发展的目标实现。

① 庄晋财、黄曼、程李梅：《中国乡村创业理论构建与未来展望》，《外国经济与管理》2023年第1期。

② 曹敏：《建立健全体制机制　推进城乡融合发展》，《中国经贸导刊》2019年第10期。

二 构建各级各类城镇城乡融合机制

1. 构建各级规模城市的城乡融合机制

我国目前城市等级划分体系以城区常住人口数量规模构建了五级城市体系，分别是超大城市（人口1000万以上）、特大城市（人口500万～1000万）、大城市（人口300万～500万）、中等城市（人口50万～100万）、小城市（人口50万以下）。2022年，我国共有北京、上海、广州、深圳、重庆、成都、天津等7座超大城市，武汉、东莞、西安、杭州、佛山、南京、沈阳、青岛、济南、长沙、哈尔滨、郑州、昆明、大连等14座特大城市，[①] 84个大城市，135个中等城市和598个小城市。不同等级城市对应不同规模人口，在城乡高质量融合发展中，应采取不同的机制策略。如超大城市，拥有巨量的人口资源和强劲的科技创新动力，在建立其城乡高质量融合发展机制中，应加快城乡融合发展组织制度建设、积极开展城乡融合发展试验、完善城乡融合发展规划、大力推进城乡科技产业融合创新、不断深化郊区乡村综合改革。又如中小城市，数量占全国城市总量的87.5%，具有覆盖地域广、直接辐射农村、城乡联系密切等特点，在城乡高质量融合发展中，应重点构建城乡产业发展融合化、居民基本权益平等化、公共服务均等化、居民收入均衡化、要素配置合理化等相关机制。

2. 构建各类功能城市的城乡融合机制

不同功能类型的城市，是在城市长期发展进程中，立足自身资源禀赋、区位交通、功能定位而形成的类型特点。通常，除按前述人口规模划分为超大、特大、大、中、小城市以外，按地理位置可分为内陆城市、沿海城市、边陲城市，按功能可分为政治城市、文化城市、商业城市、工业城市、港口城市、旅游城市、综合性城市[②]等。不同功能类型的城市其资源特点、发展定

① 邵任薇、张立宇：《宜居水平对超大特大城市人口规模的影响效应研究——基于第七次全国人口普查数据》，《上海城市管理》2023年第1期。

② 谢永熙：《基于公共部门视角的城市照明工程决策研究》，华南理工大学硕士学位论文，2019。

位、经济结构、产业类别、人口结构均有差异。在此背景下，建立不同功能类别城市相对应的城乡融合机制就十分必要。例如，沿海发达的工商业型城市，应构建以出口外贸为导向的城乡特色产业协同发展机制；文化旅游型城市，应建立文化旅游消费市场城乡共建共享融合发展机制，以特色小镇为节点打造城乡全域旅游产业网络；政治型城市，应加快建立城乡治理体系和治理能力现代化促进机制，提高城乡居民政治参与度和政治表达权；综合性城市，应建立城乡基础设施规划建设一体化机制、城乡资源要素流动一体化机制；内陆型、边陲型城市，则应立足乡村振兴战略、新型城镇化战略推进实施，建立健全乡村产业现代化发展机制和城市资本、人才、技术快速下乡机制。

3. 构建以县域为主体的城乡融合机制

县域既是我国乡村地区的主体，也是联系大中城市和乡村地域的桥梁纽带，应加快建立以县域为基本单位、以县城为重要载体的城乡融合发展机制。根据县城的资源基础和功能定位，按照大城市周边县城、专业功能县城、农产品主产区县城、重点生态功能区县城、人口流失县城等五大类型分类引导县城和县域的城乡融合发展。在促进县城产业配套设施提质增效、市政公用设施提档升级、公共服务设施提标扩面、环境基础设施提级扩能、增强县城综合承载能力①、提升县城发展质量的基础上，提高县城辐射带动乡村能力，促进县、乡、村功能衔接互补。重点加快建立县城基础设施向乡村延伸发展并统一管护运行的机制、县城公共服务向乡村覆盖发展的机制、农业转移人口市民化机制等三种促进城乡融合发展的机制，以此推动县城市政供水供气供热管网向城市郊区乡村及规模较大乡镇延伸，建立县级医院与乡镇卫生院紧密型县域医疗卫生共同体，发展城乡教育联合体，健全县、乡、村三级相衔接的养老服务网络，全面落实取消县城落户限制政策，确保新落户人口与县城居民享有同等公共服务，保障农民工等非户籍常住人口均等享有教育、医疗、住房保障等基本公共服务。

---

① 《中共中央办公厅　国务院办公厅印发〈关于推进以县城为重要载体的城镇化建设的意见〉》，中国政府网，2022 年 5 月 6 日。

三 构建城乡基础设施融合发展机制

1. 构建城乡重大基础设施建设机制

城乡重大基础设施包括交通、能源、水利、通信、市政、新基建等领域。构建城乡重大基础设施布局机制包括两大内容，即城乡重大基础设施统筹规划建设机制、城乡居民利益协调机制。其中：城乡重大基础设施统筹规划建设机制，是指涉及城乡重大前瞻性、全域性基础设施规划建设的，应充分考虑乡村发展需求、乡村受益人口、乡村承载条件、乡村损害成本、城市收益价值等核心因素，建立城乡重大基础设施城乡设施规划同步机制、城乡项目协商立项机制、城乡投融资责任共担机制、城乡受益损害平衡机制、城乡项目协同推进机制、城乡设施效益共享机制；城乡居民利益协调机制，是指在建设城乡重大基础设施过程中，涉及征地拆迁、公众利益诉求、矛盾纠纷化解事项时，建立健全乡村利益受损第三方评估机制、乡村生态环境破坏就地补偿和修复机制、乡村居民利益诉求和表达机制、乡村居民矛盾纠纷政府、市场、利益相关居民三方协商化解机制等。通过建立健全城乡重大基础设施建设机制，保障乡村和乡村居民切身利益，维护城乡发展公平正义，实现城乡之间重大基础设施规划、建设过程中城乡并重、利益共享、责任共担、共建共享。

2. 构建城乡基础设施均衡发展机制

城乡基础设施均衡发展主要体现在给水、电力、电信、燃气、电视、网络、垃圾和污水处理等市政基础设施，城乡公路客运等交通基础设施，以及冷链物流、电商平台、农贸市场等生产和生活性基础设施在规划、布局、功能、标准、容量上的均衡供给。在规划布局层面，要建立健全乡村基础设施网络化、体系化、层级化发展机制，根据乡村人口数量、分布特点和发展需求，因地制宜科学测算实际需求，建立基础设施建设均衡共享利益最大化实现机制，实现精准投入、避免无效建设，适度超前布局乡村智慧型基础设施。在建设发展层面，要加快构建事权清晰、权责一致、中央支持、省级统筹、市县负责的城乡基础设施一体化建设机制。健全分级分类投入机制，对乡村道路、水利、渡口、公交和邮政等公益性强、经济性差的设施，建设投入以政府为主。对乡村供水、垃圾污水处理和农贸市场等有一定经济收益的设施，政府加大投入力度，积极引入社会资本，并引导农民投入。对乡村供电、电信和物流等经营性为主的设施，建设投入以企业为主。支持有条件的地方政府将城乡基础设施项目整体打包，实行一体化开发建设。实现城乡基础设施普惠均衡、高效协同发展。①

3. 构建城乡基础设施一体管护机制

城乡基础设施一体管护，有利于更好地发挥有为政府的作用和有效市场的作用，提高管理效能、提升基础设施运营效益。首先，要创新乡村基础设施的投入机制和管理模式，加快农村基础设施产权制度改革，明晰产权，明确责任，充分调动各方面投资建设和管理维护基础设施的积极性，建立长效的建设、运营和管护机制，以此提高乡村基础设施的运行效率和服务水平。其次，要合理确定城乡基础设施统一管护运行模式，健全有利于基础设施长期发挥效益的体制机制。对城乡道路等公益性设施，管护和运行投入纳入一般公共财政预算。明确乡村基础设施产权归属，由产权所有者建立管护制度，落实管护责任。以政府购买服务等方式引入专业化企业，提高管护市场化程度。推进城市基础设施建设运营事业单位改革，建立独立核算、自主经营的企业化管理模式，更好地行使城乡基础设施管护责任。最后，要建立智慧化的城乡基础设施管理机制和运营模式，通过建立城乡信息化基础设施管理平台，实现城乡交通、物流、能源、水务、信息等基础设施智能化运营和远程维保，对其运营状态和使用效率实现在线监测和数据分析，将大数据并入智慧城乡建设管理平台。

第二节　建立城乡经济高质量融合发展的推进机制

以提高农业现代化水平、农业平均生产率、农业产业价值为导向，以增

① 《中共中央　国务院关于建立健全城乡融合发展体制机制和政策体系的意见》，《中华人民共和国国务院公报》2019 年第 14 期。

加农民工资性、家庭经营性、财产性、转移性收入为目的，以提升农村生产生活现代化水平为基础，面向城乡产业新业态、新模式、新趋势，着重从资源共享、要素共融、利益分享的市场化机制出发，充分发挥城市产业价值链、创新链的引领作用，不断提升乡村产业发展的基础、效能和效益，突出城乡产业融合发展的业态增量空间和利润增值效益，构建城乡资源要素双向流动机制、城乡现代产业协同发展机制和城乡收入分配一体均衡机制，全面促进城乡劳动力、土地、资金、技术、人才、知识、管理、数据等资源要素双向能动流动融合发展，以及城乡产业和乡村一、二、三产业高质量融合发展的格局，全面提高城乡收入分配的均衡性与公平性，打通城乡资源要素自由流动和平等交换的利益瓶颈，畅通城乡产业资源、资本、技术、产品和市场双向流通、互利共享的融合渠道，确保城乡产业发展具有相互融合的条件、动力和价值，全面提高城乡经济高质量融合发展的融合度。

一　构建城乡资源要素双向流动机制

1. 构建城市先进生产力要素驻乡机制

城市先进生产力要素包括高质量人口、高效益资本、高产出知识、高精尖技术和高能级数据等。其中，高质量人口包括高素质人口和高水平人才，建立促进高素质人口乡村交流、培训、消费机制。针对高校毕业生、公务员、教师、医生等职业人群，建立职称、职务晋升绿色通道机制促进人才资源长久驻乡。针对律师、管理型和经营型人才以及社会各界知识型、技能型、管理型、实用型人才，建立超市场平均回报的政府补贴机制，促进其下乡帮扶，传播知识、提供服务、开展培训，提升乡村生产生活劳动技能和发展能力。建立乡村学生、病患、农民等乡村群体入城学习、诊疗、培训、观摩机制，接受城市先进知识、技术和服务。建立城乡科技协同创新和成果转化应用机制。面向推动农业农村现代化，建立乡村产业科技创新需求、市场、信息交流机制，促进城乡技术与乡村需求市场对接。建立企业科技成果转化应用入乡机制，建立促进大专院校、科技机构涉农科研转化推广的激励机制和利益分享机制。建立面向广大农村农业公益性、经营性农机推广的引导实现机制，赋予农技推广人员农技增值效益提成权益。建立城市工商资本、银行信贷能动式支农、扶乡发展机制，扩大此类项目政府购买相应产品的数量、规模和比例，探索在政府引导下工商资本与村集体合作共赢模式，建立乡村营商环境持续优化机制。

2. 构建农村优质劳动力资源融城机制

农业优质劳动力包括职业技能认证人员、入城投资经营投资额 100 万元以上的人员、农村户籍大学毕业生等人群，针对这部分人群融城市民化需求，应建立市民身份快速认定机制和住房优先保障机制。针对进城务工农民工群体，健全其人口市民化机制。建立相关政策信息传播交流帮扶机制，驻点城市和乡村开展政策宣传和服务帮助。进一步深化和落实户籍制度改革，确保放开放宽除个别超大城市外的城市落户限制。完善城镇基本公共服务足额供给机制，建立基本公共服务与常住人口挂钩、由常住地供给的机制，建立健全由政府、企业、个人共同参与的农业转移人口市民化成本分担机制，全面落实支持农业转移人口市民化的财政政策、城镇建设用地增加规模与吸纳农业转移人口落户数量挂钩政策，以及中央预算内投资安排向吸纳农业转移人口落户数量较多的城镇倾斜政策。建立农业转移人口劳动力技能提升机制，面向城市用工紧俏行业，有针对性地定期开展用工实用技能培训和职业技能认证。建立农业转移人口随迁子女基本公共服务保障机制，加大教师编制和学校资源的财政供给力度。健全完善农业转移人口社会保险统筹制度，建立社会保险和基本医疗保险顺畅衔接机制。健全农民工劳动权益保障机制，确保其平等就业的机会和权利。

3. 构建城乡资源要素能动式流动机制

建立乡村高中以上学历人员城乡双重身份机制，使其拥有城市市民待遇的同时，便利其具备回乡创新创业的资格、条件。完善农村承包地“三权分置”制度，健全土地流转规范管理制度，允许土地经营权入股从事农业产业化经营。探索宅基地所有权、资格权、使用权“三权分置”，适度放活宅基地和农民房屋使用权。鼓励农村集体经济组织及其成员盘活利用闲置宅基地和闲置房屋。建立并推广集体经营性建设用地入市制度，健全集体经营性建设用地入市后收益分享机制。建立土地征收公共利益认定机制，完善依法依规并探索以市场收益规模分成补偿机制。建立乡村金融供给扩容机制，创新中小银行和地方银行金融产品提供机制，建立开发性和政策性金融支持逐年扩容机制。建立健全农业信贷担保体系，完善市场化担保机构担保机制。健全和完善农业保险制度，建立政策性保险扩面、增品、提标实现机制，完善农村金融风险防范处置机制。健全政府财政投入保障机制，建立涉农资金统筹整合长效机制，建立各级政府农业农村财政投入稳定增长、占比提高实现机制。建立政府资本投入联动社会资金投入机制，并建立提高社会资本投入回报的动态评估机制。

二 构建城乡现代产业协同发展机制

1. 构建城市二、三产业带动乡村机制

结合乡村振兴战略深入实施，建立先进制造业面向农业现代化的产品投入研发机制，针对提高农业机械、农田水利、农作物病害预防和治理的能力和效率，建立问题信息收集、市场资本风投、产学研联合创新的产品、技术攻关机制，解决长期影响和制约农业现代化的设施设备问题。建立城市现代服务业入乡发展机制。建立健全园区乡村农副产品产加销一体化合作机制，实现农副产品乡村初级筛选加工、园区精深加工物流配送、城区展销一体化协作。推动规划设计、建筑园林、环境治理、现代金融、现代物流、现代商贸、房地产、文化旅游、文化创意、体育康养、养老等现代服务业全方位开拓乡村市场，建立城乡产业信息交易平台，完善市场准入和监管机制。建立大数据产业乡村协同发展机制，逐步完善乡村农业生产、基础设施建管、农民消费、物流运输、综合治理、政府服务等领域的数字化平台建设。建立城市品牌运营对接乡村品牌创立机制，打造并推广更多农业、农产品品牌。建立城乡文化旅游产业联动发展机制，促进城市文旅消费人群和市场品牌资源下沉到乡村，形成城乡全域旅游协同发展格局。建立城乡现代商贸市场展销联动机制，提高商品循环率。

2. 构建乡村一、二、三产业融合发展机制

建立乡村新产业新业态培育机制。构建农村一、二、三产业融合发展体系，依托“互联网+”和“双创”推动农业生产经营模式转变，健全乡村创意农业、文化旅游、民宿经济、共享经济、休闲农业、健康养老、农耕文化体验、特色文化产业等新业态培育机制，探索农产品个性化定制服务、会展农业和农业众筹新模式，完善农村电子商务支持政策，实现城乡生产与消费多层次对接。健全乡村产业发展利益分享机制，建立保底分红、股份合作、利润返还等多种形式的农民利益实现机制。建立农村电商主体培育壮大机制。引导平台企业、物流、商贸、金融、供销、邮政、快递等各类主体到乡村布局，完善农村商贸服务体系。① 建立农业观光园、田园综合体、现代农庄、农业特色小镇、农业示范园区一、二、三产业一体化发展机制，实现农业多种功能、农村多元价值。建立农产品加工业和农业生产性服务业协同发展机制。建立生态产品价值实现机制和优秀农耕文化遗产保护利用机制。建立保障乡村一、二、三产业融合发展的土地供给机制，在年度新增建设用地计划指标中安排一定比例支持乡村三次产业融合发展的项目，探索建立混合用地等模式，健全项目用地保障机制。②

3. 构建城乡产业协同融合发展机制

设立城乡产业融合发展基金，通过市场化方式设立基金，引导社会资本培育一批城乡产业融合示范项目。建立城乡产业协同发展平台引领机制，共同培育创建城乡产业协同发展先行示范区，引领城乡土地、资本、技术、人才、管理等要素跨界配置、产业交互融合。建立特色小镇城乡产业融合发展承载创新机制，以主题、特色、专业、品牌为基础，建立集农、文、旅、康、养、学于一体的城乡一、二、三产业高质量融合发展模式。建立农村特色小城镇链接城市专业市场机制，形成产品流通双向价格比较优势。围绕打造农业全产业链，构建城乡产业主体、经营主体、市场主体利益链接机制，

① 《农业农村部关于拓展农业多种功能促进乡村产业高质量发展的指导意见》，《中华人民共和国农业农村部公报》2021 年第 12 期。

② 曹敏：《建立健全体制机制　推进城乡融合发展》，《中国经贸导刊》2019 年第 10 期。

前端联结农业研发、育种、生产等环节，后端延展加工、储运、销售、品牌、体验、消费、服务等环节，优化提升产业链、供应链水平[①]，延长产业链、提升价值链、完善利益链，实现全环节提升、全链条增值、全产业融合。建立农产品质量安全、品牌创建、信息共享一体化市场追溯机制。构建促进现代农业产业体系、生产体系、经营体系高质量发展的城乡现代产业体系协作机制，提升种植、养殖、设施、加工、物流、销售等环节信息交互、技术反馈、市场营销、业态融合等协作水平。

三　构建城乡收入分配一体均衡机制

1. 构建农民多元化收入分配格局机制

健全完善农民工资性收入、经营性收入、财产性收入和转移性收入多元化收入格局。首先，完善农民工资性收入增长机制。研究建立农民工资性收入逐年递增机制。对于稳定在城市或企业就业的农村劳动力，结合市场化工资调节机制和物价增长机制，建立工资随劳动技能及劳动年限增加认定与调增机制。建立农业转移人口、农村劳动力职业技术等级与其工资相匹配机制。健全城乡均等的公共就业创业服务制度，确保城乡劳动力实现同工同酬。健全农民工输出输入地劳务对接机制，提升就业服务质量，扩大劳动工作机会。其次，健全农民经营性收入增长机制。完善财税、信贷、保险、用地等政策对培育壮大新型农业经营主体的支持机制。建立农产品品质品牌价格正向激励机制。完善企业与农民利益联结机制，引导农户自愿以土地经营权等入股企业，通过利润返还、保底分红、股份合作等多种形式，拓宽农民增收渠道。建立农民财产性收入实现机制。建立资源变资产、资金变股金、农民变股东的价值实现机制。探索建立农村集体经营性资产折股量化到集体经济组织成员的折股量化机制。完善对农民直接补贴政策和生产者补贴制

① 上海市农村经济学会课题组：《上海乡村建设中充分彰显美学价值研究》，《上海农村经济》2023年第2期。

度，探索建立普惠性农民补贴长效机制。[①]

2. 构建城市居民收入农村再消费机制

构建城市居民收入在城市内部消费之外，多元化、常年化、投资化进入乡村再消费的机制。建立乡村文化消费机制，充分挖掘乡村独特的民俗民族文化，每年定期举办非遗文化节庆、民俗文化节庆、民族文化节庆、城乡文化联谊节庆等文化节庆活动，丰富文化消费项目和产品，带动乡村文化创意产品、非遗手工艺术品、文化体验产品消费市场。建立乡村休闲旅游消费机制，大力发展各类型民宿产品、农耕体验产品，积极开发历史文化景点、传统村寨古建筑、生态山水景点，构建都市假日经济流量入乡常态化机制，建立城市旅行社城乡旅游景点整合带团模式，对结合城乡旅游市场的旅行社按旅游人数进行补贴。建立乡村健康消费、养老消费合作机制，探索建立城市公立、民营医院康复疗养城乡合作机制，联合开拓乡村康养运动市场。建立乡村亲子研学消费机制，联合城市幼儿园、中小学结对乡村研学基地，常态化定期开展亲子研学活动。建立乡村电商消费绿色通道机制，建立城市社区、超市、寄宿学校、企事业单位与乡村优质农产品的电商平台连接和消费机制，在农村电商平台上展示优质蔬菜、水果、畜禽、肉类等优质农产品，建立市场化交易平台和机制。

3. 构建城市居民资金投资乡村振兴机制

盘活利用巨大的城市居民收入盈余资金、储蓄资金、投资需求资金，用以投入乡村振兴和乡村建设，解决仅靠政府财政和市场投融资总量不足的问题。探索建立城市居民促进乡村振兴投资合作机制。建立乡村振兴股民投资专业板块，重点面向乡村产业振兴、乡村生态振兴、乡村人才振兴、乡村文化振兴，汇集城市居民资金，以投资振兴具体项目的模式归集城市闲散、闲置资金。建立资金专业管理平台项目投融资机制，探索城市居民定活期储蓄利息投融资乡村振兴和乡村建设具体项目的实现机制，探索城市居民乡村振

① 《南宁市人民政府办公室关于印发南宁市新型城镇化规划（2021~2035年）的通知》，《南宁政报》2022年第2期。

兴基金定投投融资机制。探索建立城市居民资金投入乡村龙头企业、规模经营大户、农村集体经济组织的实现机制。建立城市居民投资乡村文化旅游项目、乡村民宿经济项目、特色小镇项目、田园综合体项目、农业现代产业园项目等实体农业产业项目的投融资机制。建立健全城市居民资金投资乡村振兴项目的监管机制、评估机制和投资回报机制，建立健全城市居民资金投资各类乡村实体经济项目的信息公开、风险预判、成本保障等机制。稳慎探索建立国企、民企、个体等实体经济组织投资乡村振兴和乡村建设的实现机制。

第三节　建立城乡政治高质量融合发展的推进机制

长期以来偏重于城市和城市居民的政治资源分配格局、城乡居民政治参与意识和能力的不对等导致城乡政治权利实现水平存在较大区别，不利于加快实现国家治理体系和治理能力现代化。推动城乡政治高质量融合发展有利于破解城乡发展利益矛盾，有利于实现城乡居民公平的政治权利，有利于维护党和国家的民主、公正、权威的形象，有利于提升城乡发展的包容性、科学性和可持续性。以实现全过程人民民主推进城乡政治高质量融合发展，确保城乡地域系统、城乡居民群体拥有相同的政治生活参与权、政治诉求表达权、政治权益实现权，加快构建城乡政治生活公平参与机制、城乡政治诉求同步表达机制、城乡政治权益一体实现机制三大机制，重点提升乡村居民政治参与意识、参与能力，强化乡村自治的公正性和法治性，畅通乡村居民政治表达和利益诉求的渠道，赋予基层党组织引领城乡居民政治参与的首要作用，确保城乡和乡村居民之间拥有均等的政治资源、公平的政治机会、等效的政治效能，有力推动实现城乡政治高质量融合发展。

一　构建城乡政治生活公平参与机制

1. 健全并落实乡村基层选举和自治制度

健全完善村民委员会选举制度。进一步健全村委会贿选惩处机制，在村委会换届选举中，加强对候选人在监督、考核、选拔和罢免过程中的制度公正与制度约束，完善村委会科学管理的制度保障。建立健全党委领导、政府负责、社会协同、公众参与、法治保障的现代乡村社会治理体制。[①] 建立健全多层次基层协商制度。依托村民会议、村民议事会、村民代表会议、村民理事会、村民监事会等，形成民事民议、民事民办、民事民管的多层次基层协商格局。建立自治德治法治结合互促治理机制。[②] 健全和创新村党组织领导的充满活力的村民自治机制，使村民真正成为村民村务自我管理的主体。加强乡村法治基础建设，增强基层干部和广大村民的法治意识，提高执法学法用法的能力和水平。建立健全乡村调解、县市仲裁、司法保障的农村土地承包经营纠纷调处机制。建立健全村民法律援助和司法救助机制，提高服务村民的主动性和实效性。构建乡村德治氛围提升机制，完善以德育人、以德感人的奖励机制。建立和完善乡村综合服务平台，建立一门式办理、一站式服务、线上线下结合的村级综合服务平台，完善网格化管理体系和乡村便民服务体系。

2. 建立村民政治参与意识能力提升机制

建立国家政治思想宣传常态化入户机制，使村民真正了解并掌握自身的政治权利和政治权限。针对基层人民代表大会制度的内容、作用、机制，建立相关政策宣传到人机制。定期开展典型政治参与案例观摩宣传活动，使村民获悉感知政治参与的利益好处，让每一位村民充分知晓自身政治权益。建立村民教育文化水平提升机制，结合农业知识技术培训课程，常态化开设政治、经济、社会、科技、信息、文化、生态等领域的教育培训，不断提高广大村民的知识储备和素质素养，增强政治参与的主动性和融入性。建立信息化村民政治参与机制。充分应用手机 App、网络、广播、手机短信等现代信息传播手段，设计简易通用、方便实用的村民政治参与问卷调查、诉求反映、投诉建议，提高村民政治参与的便利性和互动性。建立村民全方位政治

① 《乡村振兴战略规划（2018~2022 年）》，中国政府网，2018 年 9 月 26 日。

② 《中共中央　国务院关于实施乡村振兴战略的意见》，《农村工作通讯》2018 年第 3 期。

参与促进机制，建立除表达村民自身经济利益诉求之外，对自身法治权益维护、对村务民主协商管理、对农村重大发展事项等方面的参与意识和机制。建立农民工就地政治参与机制，促进农民工在所居住的城市社区享有同等的政治参与和公共事务管理参与权利，实际赋予农民工特别是新生代农民工在城市有效政治参与的权利和渠道。

3. 建立城乡规划政策制度制定参与机制

良好的规划、政策和制度是保障广大城乡居民拥有良好生活、生产、生态空间的前提。为使城乡居民真正成为城乡建设和发展的参与者，拥有参与规划制定的话语权，应完善规划制定的城乡居民广泛参与机制，以城市社区和农村乡镇为主体，以城市居委会和农村村委会为单位，城乡各界代表为组成，建立广大城乡居民参与城乡规划一体化、城乡产业融合发展、城乡基础设施一体化规划和建设、城乡重大项目开发的公众民主化参与机制。在规划编制过程中增加城乡居民、利益相关方的民主参与环节，广泛听取相关意见和建议，增强规划的民主性和科学性。完善政策制定的大众化利益平衡机制，落实对相关利益群体走访调查、政策宣传、建议征集、公开听证、征求意见、规划公示等法定义务，增强政策的包容性。完善制度制定的大众化信息沟通机制，利用各种网络渠道、移动终端和媒体资源，畅通信息传递和反馈机制，重点做好制度制定宣传、解释、研讨、协调、统筹等各方面工作，使制度信息和反馈信息及时、准确、完整地传递给广大城乡居民，促进城乡发展利益协调统一，提高城乡规划制度制定和执行的可操作性，增强规划的实效性和融合性。

二　构建城乡政治诉求同步表达机制

1. 建立城乡基层党建引领表达机制

强化城乡基层党组织的核心战斗堡垒作用，以基层高质量党建引领城乡居民政治诉求同步表达。建立城乡基层党组织首诉机制。强化城乡基层党组织引领居民政治诉求表达的核心地位，充分树立权威、信任、高效的基层党组织形象，树立基层党组织为城乡居民政治诉求第一反映对象、第一受理组织、第一责任单位的形象和功能。建立城乡基层党组织居民政治权利宣讲机制。强化城乡基层党组织维护和保障国家公民政治权益的桥梁纽带作用，充分宣传相关政策、方针，消弭城乡居民政治诉求表达信息盲点，提升城乡居民政治诉求表达知情权。建立城乡基层党组织连接处置机制。充分发挥城乡基层党组织在基层治理中的核心作用、中枢功能，建立城乡居民政治诉求高效处置、协商机制，根据不同诉求表达联系不同政府部门、单位组织、特定群体，组织政治诉求相关方面对面协商处置。建立城乡基层党组织民意吸收机制。广泛吸纳吸收城乡各类党员代表，包括外出务工经商人员、本乡大学毕业生、复员退伍军人等群体，充分扩大民意代表范围，包括但不限于青年农民、老年人、妇女、农民工、下乡创业人员等群体，最大范围和程度听取并实现城乡居民政治诉求表达。

2. 健全城乡诉求协同表达处置机制

运用现代信息技术和科技手段，提升城乡利益诉求表达的智慧化、实时化、精准化水平。健全城乡居民利益诉求大众化社情反映机制，综合运用城乡智慧管理云平台（大数据中心）、城乡治理手机 App、城乡智能多媒体信箱、城乡治理相关部门网站、城乡社区居民意见台、城乡居民热线、媒体爆料等多种方式和渠道，加快构建一个“泛在、实时、高效、善治”的城乡治理大众化表达系统，增强表达的便捷性。健全城乡居民利益诉求的大众化民意送达机制，针对城乡居民提出的利益诉求相关意见和建议，设立专门机构负责信息的精准收集、整理、甄别、分类、分拨、送达，及时准确地将群众反映的具体问题落实到管辖部门、责任单位和责任人，增强表达的精准性。健全城乡居民利益诉求的大众化处置机制，通过开展快速听证、多方研讨、积极决策、限时处理的方式，高效率解决村民反映的城乡居民利益诉求问题，实现科学化、民主化、快速化解决城乡居民利益诉求问题，增强表达的时效性。健全城乡居民利益诉求的快速反馈机制，在开设城市市长热线的同时，开设乡村建设建言专门热线，形成特定地域人群利益诉求快速表达和反馈机制。

3. 建立城乡治理居民一体监督机制

监督权是实现表达权的重要保障，建立城乡治理居民一体监督机制，将推动城乡治理形成同步推进、同权实现的公平格局。为提升城乡治理现代化水平，使广大居民真正成为城乡治理的监督者和评价者，拥有推进城乡治理问题解决的监督权和评价权，建立城乡治理的大众化公开监督机制，构建以问题为导向的城乡治理居民监督平台，相关部门应定期在相关平台上回复和反馈问题解决的进度并限期解决，同时确保城乡居民有进一步投诉相关部门懒政、怠政、庸政的权利和渠道，增强监督的针对性。建立城乡治理的大众化客观评价机制，构建以结果为导向的城乡治理居民评价机制，由城乡治理利益相关人、矛盾问题反映人、城乡社区居民代表、相关领域专家、业内人士等多种人群共同组成的城乡治理评价委员会，定期对相关行政部门处置城乡治理问题的效能、效果及效益开展评价，评价结果与行政考核相挂钩，增强评价的公正性。建立城乡治理的大众化行政问责机制，畅通居民就城乡治理行政失职、不作为、乱作为问题的问责渠道，以问责倒逼城乡治理水平和能力的提升，增强问责的严肃性，以良好畅通的城乡治理监督渠道促进城乡治理水平和实效融合。

三　构建城乡政治权益一体实现机制

1. 健全农业农村财政投入增长机制

国家财政资源的投入分布，从效率和效益上直接影响和改变城乡发展格局，为补齐农业农村发展短板，确保乡村振兴战略取得实效，促进城乡高质量融合发展，应加大国家财政对农业农村的投入力度。建立健全乡村振兴战略财政投入保障和增长机制。[①] 确保各级政府公共财政更大力度、按年递增投向乡村振兴。政府应加大对农业现代化生产、农村人居环境、基本公共服务等乡村建设领域的投资力度。充分发挥规划的引领作用，推进行业内资金

① 李伟、胡可：《中国式财政分权对财政扶贫效率的影响研究》，《统计与信息论坛》2021年第10期。

整合与行业间资金统筹相互衔接配合，加快建立涉农资金统筹整合长效机制。强化支农资金监督管理，提高财政支农资金使用效益。建立乡村投融资渠道开拓机制，坚持将农村土地出让收益主要用于“三农”的原则，提高土地出让收益用于农业农村比例，调整和完善土地出让收入使用范围、提高农业农村投入比例的政策性意见。改进耕地占补平衡管理办法，建立高标准农田建设等新增耕地指标和城乡建设用地增减挂钩节余指标跨省域调剂机制，将所得收益通过支出预算全部用于支持实施乡村振兴战略。建立健全中国农业银行、中国农业发展银行、中国邮政储蓄银行、国家开发银行等国有银行和金融机构支农力度提升机制。

2. 构建城乡政策制度均衡供给机制

建立城乡政策均衡供给机制，改革长期偏向城市发展的政策状况，加大对“三农”问题的研究，从根源性问题出发，从体制机制出发，研究出台更多惠及“三农”的支农护农政策，形成强大的政策体系，系统化形成帮扶和支持力量。特别是在税收、公共服务、社会保障领域给予重点政策支持。建立城乡政策一体设计机制，统筹考虑城乡融合发展重大关切、重大问题、重大项目，提升政策促进城乡融合发展的一体化和协同性，优化城市发展动力的同时增强乡村内生发展动力，促进城市各类资源要素源源不断地流入乡村，推动乡村优质资源实现价值转化、市场转化后进入城市。建立城乡融合发展政策体系。进一步完善城乡融合发展体制机制和政策体系，维护城乡居民在城乡融合发展进程中的政治权益和发展权利。重点针对城乡要素流动不顺畅、城乡公共资源配置不合理、城乡产权制度和要素市场化权利不对等问题，动态建立健全农业农村优先发展、乡村振兴与新型城镇化协同推进、共同富裕加快实现等重大战略、重点领域的促进机制、实现机制和保障机制。引导城乡要素自由流动、平等交换，促进城乡基本公共服务普惠共享，推动城乡基础设施一体发展，缩小城乡收入差距。

3. 健全城乡政治权利侵害纠偏机制

国家保障人民参与管理国家事务，管理经济和文化事业，管理社会事务，监督国家机关及其工作人员等权利。[1]《中华人民共和国宪法》规定，凡年满18周岁的公民，除依法被剥夺政治权利者外，都享有选举权与被选举权；政治表达自由；言论、出版、集会、结社、游行、示威的自由以及宗教信仰自由；批评、建议、申诉、控告、检举权和依法取得赔偿权；请愿权、申请行政复议权和诉讼权、平等权等。在现实生活中，城乡居民政治权利遭受侵害的案例并不少见，一旦侵害发生将不同程度地影响公民公平参与国家政治生活的权利。相比城市，乡村政治权利侵害更具有多发性、隐蔽性，因此健全城乡政治权利侵害纠偏机制将有利于保障和实现城乡公民公平享有宪法赋予的政治权利。完善城乡政治权利受损反映机制，建立健全城市社区居委会、街道办事处，农村村委会、乡镇政府的公民政治权利受损反映渠道，畅通投诉举报信箱、12345政府热线、网上投诉举报平台、投诉举报科室等线上线下反映渠道。健全城乡政治权利受损处置机制，健全和完善各级人民法院诉讼机制、人民调解机制、行政复议以及相关仲裁机构申请仲裁机制，进一步完善城乡基层司法援助维权机制。

第四节　建立城乡社会高质量融合发展的推进机制

城乡社会高质量融合发展事关民生建设和保障大局，事关社会主义制度优越性的集中体现，事关人的全面发展，建立公平正义的社会和国家是城乡高质量融合的目标追求。要从体制机制上作出调整和安排，彻底改变社会群体权利、政府财政投入、政策制度设计、公共管理力度偏重于城市的畸形格局，促进国家发展理念和国家财力、物力、人力资源更多倾向、优先乡村发展，统筹构建城乡公共服务均等供给机制，城乡社会保障标准统一机制，城乡社会治理现代一体机制，在提升乡村教育、医疗卫生、养老、就业等基本

① 饶龙飞：《我国现行宪法中"政治权利"的概念解读——基于文义解释的维度》，《山东科技大学学报》（社会科学版）2015年第1期。

公共服务质量水平的同时，[①] 稳步提高乡村居民基本医疗、大病保险、养老保险、失业保险、工伤保险、生育保险标准水平，兜底一体保障城乡低保特困人群、低收入家庭，建立社会保险、社会救助、慈善事业城乡一体的托底机制，推动城乡社会保障水平均衡、标准协同，协同推进城乡现代社会治理体系建设，形成城乡社会高效、联动、智慧、共进的现代治理格局，持续提升城乡居民质量均衡的获得感、幸福感和安全感。

一　构建城乡公共服务均等供给机制

1. 建立城乡教育资源均衡配置机制

农村教育事业关系乡村人口整体素质，是城乡人口发展能力均等、发展机会均衡的关键前提条件之一。建立国家财政农村教育事业倾斜投入机制，按照乡村人口教育事业发展目标正向测算乡村教育事业年度财政投入力度，根据城乡教育资源、教育水平、教育实效的差距反向测算乡村教育事业的财政资金投入规模，并建立教育事业投入优先方向评估机制，测算投入产出的回报效益，将重点教育财政资金优先投放到相关地区、教育阶段和教育领域。建立乡村市场导向育人机制，大力建设设立农业农村专业、实用技术专业、经营管理专业的大中专学校，根据市场需求有针对性地开设相关实用专业，分层次分类别实行实用职业技能低学费或免学费教育、培训。建立优质教育资源城乡共享机制，全面实行义务教育学校教师“县管校聘”制度，推行县域内校长教师交流轮岗和城乡教育联合体模式，制定按年累计加速递增乡村轮岗教师工资补贴收入机制、按年累计双倍认定城市教师职称评定成果机制，充分提高入乡教师能动性和回报率。建立城乡义务教育学校标准化建设机制，建立按学生数量分等分类配备城乡义务教育学校师资、校舍、设施、设备的财政投入建设机制。建立城乡教育信息化资源共享机制，提高乡村学校信息化基础设施水平，大力推行“互联网+教育”的线上教育模式，

---

① 《吉林省人民政府办公厅关于印发吉林省“十四五”推进农业农村现代化规划的通知》，《吉林省人民政府公报》2022年第11期。

实现省市优质教师资源直达乡村学生。

2. 健全乡村医疗卫生服务提升机制

乡村医疗卫生服务水平的高低直接关系广大农民身心健康、劳动能力，关系农民群体的获得感、幸福感和安全感。完善乡村基层医疗卫生服务体系健全机制，建立国家财政乡村医疗卫生事业倾斜投入机制，按现有城乡人均医疗卫生预算资金1.5倍数量投入乡村，确保实现每个乡镇建有1所公立乡镇卫生院，每个行政村设有1所卫生室，每个乡镇卫生院都配备有全科医生，加快推动乡镇卫生院和村卫生室标准化建设。健全乡村医疗卫生人员充实机制，对应城市标准，加大高校、卫校毕业生选派乡村力度，建立医疗卫生人才下乡服务，城市购房、购车、自身与配偶及子女教育和医疗、父母养老等多元化优惠政策，激励和保障医疗卫生人才服务乡村的自愿性和能动性，稳步提升乡村每千人口执业医师、每千人口注册护士、每千人口护理人员的比例。同一县市内按年递增现有乡村医疗卫生人员生活补贴标准，增速不低于城市医疗卫生人员每年工资增长水平，提高乡村医疗卫生人员工作稳定性。科学研究探索建立乡村医疗卫生人员按实际诊疗人数计算职称评聘成果的认定机制，激发乡村医疗卫生人才工作积极性。鼓励县医院与乡镇卫生院建立县域医共体，鼓励城市大医院与县医院建立对口帮扶、巡回医疗和远程医疗机制。全面建立分级诊疗制度，实行差别化医保支付政策。加大乡村文明健康生活理念、生活方式宣传和推广力度。

3. 健全城乡就业养老服务均等机制

城乡居民实现充分就业和有效创业不但能推动国民经济和社会发展，还能从根本上提升城乡居民收入的均衡化水平。建立城乡平等的劳动力市场机制，消除农村劳动力就业歧视，健全农民工劳动权益保障机制，落实农民工与城镇职工平等就业、同工同酬制度。建立覆盖城乡的公共就业服务机制，建立城乡两地双向职业技能培训机制，面向农村进城、留乡，以及城市入乡、返乡就业和创业人员，建立城乡两地双向职业技能培训、就业信息服务、创业导师培训就业、创业服务机制，引导并推进农村劳动力转移城市就业、就近就地就业，城市劳动力和专业技术人才转移乡村就业创业。健全城乡劳动力、用人单位、市场服务信息化平台。建立城乡就业创业综合服务信息平台，建设三方需求市场融合线上线下服务平台，创建手机 App、微信小程序线上综合服务信息平台，完善法律咨询与保障相关配套服务，链接城乡教育、医疗、工商、税务等相关部门、政策、服务和资源，全方位系统化解决城乡劳动力就业创业后顾之忧。构建多层次多元化农村养老服务供给机制，加大农村基本养老服务网络建设的投入力度，鼓励和引导社会资本进入农村养老市场，建立具有综合服务功能、医养相结合的养老机构，与农村基本公共服务、农村特困供养服务、农村互助养老服务相互配合，形成农村基本养老服务网络体系。①

二　构建城乡社会保障标准统一机制

1. 建立城乡标准均衡统一的社会保险制度

建立城乡标准均衡统一的社会保险制度，是社会主义制度优越性的集中体现，是社会财富再分配、公民权利再平衡的实现手段。在推动城乡高质量融合发展中，体现了身份统一、标准统一、待遇统一的内在要求，体现了全民覆盖、普惠共享、城乡一体的目标追求。健全完善城乡统一的城乡居民基本医疗保险制度和大病保险制度，健全医疗救助与基本医疗保险、城乡居民大病保险及相关保障制度的衔接机制，巩固城乡居民医保全国异地就医联网直接结算。完善城乡居民基本养老保险制度，建立城乡居民基本养老保险待遇确定和基础养老金标准正常调整机制，逐步提高城乡居民基础养老金标准。② 健全城乡养老保险制度体系，实现基本养老保险全国统筹，放宽灵活就业人员参保条件，实现社会保险法定人群全覆盖。发展多层次、多支柱城乡养老保险体系，提高企业年金覆盖率，规范发展第三支柱养老保险。推进

---

① 韩润霖、韩晓静、张立龙等：《中国农村失能老年人口的规模、结构与发展趋势——基于 CLHLS 数据和第七次全国人口普查数据的研究》，《人口研究》2023 年第 2 期。

② 宋洪远、江帆：《农业强国的内涵特征、重点任务和关键举措》，《农业经济问题》2023 年第 6 期。

失业保险、工伤保险向职业劳动者广覆盖，实现省级统筹。[①] 做好社会保险关系转移接续工作，建立以国家政务服务平台为统一入口的社会保险公共服务平台。完善划转国有资本充实社保基金制度，优化做强社会保障战略储备基金。[②]

2. 健全城乡一体化的社会救助和慈善制度

健全城乡基本救助和专项救助制度。以城乡低保对象、特殊困难人员、低收入家庭为重点，健全基本生活救助制度和医疗、教育、住房、就业、受灾人员等专项救助制度，完善救助标准和救助对象动态调整机制。建立城乡最低生活保障标准统一机制。逐步加大政府投入，以省为单位分类定级，实行城乡最低生活保障金统一标准。健全低保标准动态调整机制，确保管理对象应保尽保。建立特困人员救助供养全覆盖机制，对特殊困难人员提高兜底保障能力建设，加强社会救助的主动性，提高救助服务的质量。将进城落户农业转移人口全部纳入城镇住房保障体系，确保住有所保。建立预防困难农民因病返贫机制，加强困难农民重特大疾病救助、帮扶、托底工作。健全城乡居民临时救助政策措施，强化提升急难社会救助功能。健全分层分类的社会救助体系，尽快实现城乡居民常住地救助申领。建立市场化社会服务救助机制，积极发展服务类社会救助，加大政府购买社会救助服务力度。健全和完善城乡慈善事业互促发展机制，完善财税等慈善减免和激励政策。[③] 规范发展城乡网络慈善平台，加强城乡彩票和公益金管理，提高彩票收入用于社会救助和慈善的比例。

3. 完善城乡妇女儿童残疾人权益保障机制

贯彻男女平等基本国策，坚持促进儿童优先发展，提升残疾人关爱服务水平，切实保障妇女、未成年人、残疾人等群体发展权利和发展机会公平正义。健全农村留守儿童和妇女关爱服务体系，困境儿童保障工作体系，残疾

---

① 《中华人民共和国国民经济和社会发展第十四个五年规划和2035年远景目标纲要》，中国政府网，2021年3月13日。

② 刘洪清：《擘画新蓝图　启航"十四五"》，《中国社会保障》2021年第3期。

③ 王勇：《引导社会力量参与　激发社会治理活力》，《公益时报》2021年3月16日。

人福利制度和服务体系。[①] 建立城乡妇女全面发展机制，促进妇女平等依法行使权利、参与经济社会发展、共享发展成果。保障妇女平等享有受教育权利，持续提高受教育年限和综合能力素质。保障妇女平等享有经济权益，依法享有产假和生育津贴，保障农村妇女土地权益。保障妇女平等享有政治权利，推动妇女广泛参与社会事务和民主管理。保障妇女享有卫生健康服务，完善宫颈癌、乳腺癌综合防治体系和救助政策。提高城乡留守妇女关爱服务水平。严厉打击侵害妇女和女童人身权利的违法犯罪行为。提升未成年人关爱服务水平，加强困境儿童分类保障，完善农村留守儿童关爱服务体系，健全孤儿和事实无人抚养儿童保障机制。[②] 建立残疾人保障和发展机制。健全残疾人帮扶制度，帮助残疾人普遍参加基本医疗和基本养老保险，动态调整困难残疾人生活补贴和重度残疾人护理补贴标准，健全残疾人就业帮助、自主创业扶持机制。

三　构建城乡现代社会治理一体机制

1. 建立城乡协同的现代社会治理机制

城乡协同的现代社会治理，是促进城乡经济高效循环、社会发展和谐有序的根本途径，是实现城乡高质量融合发展的重要保障。建立健全党委领导、政府负责、社会协同、公众参与、法治保障的现代城乡社会治理体制，健全完善人文化治理、法治化治理、市场化治理、信息化治理的现代城乡社会治理机制。建立城乡基层社会治理体系共建机制，同步建立城乡基层党组织领导下的自治、德治、法治相互结合促进的社会治理模式，共同完善基层民主协商制度，构建人人有责、人人尽责、人人享有的城乡社会治理共同体，确保城乡现代社会治理标准一致、目标统一、行动协同。建立健全城乡基层群众自治机制，完善村（居）民议事会、理事会、监督委员会等自治

① 《第十三届全国人民代表大会第四次会议关于国民经济和社会发展第十四个五年规划和2035年远景目标纲要的决议》，《中华人民共和国全国人民代表大会常务委员会公报》2021年第3期。

② 《保障妇女未成年人权益　加强家庭建设》，《中国妇女报》2021年3月13日。

载体，健全村（居）民参与社会治理的组织形式和制度化渠道。加强城乡基层群众性自治组织规范化建设，合理确定其功能、规模和事务范围。建立健全市场化基层治理供给机制，完善招投标程序环节，落实基层民众、利益相关方治理监督权。建立基层矛盾调处化解机制，建立运行高效、成果实效的基层矛盾处置机制，及时把矛盾纠纷化解在基层、化解在萌芽状态，确保城乡基层社会治理更加高效、精准。

2. 健全城乡一体的社区管理服务机制

建立城乡一体的社区单元管理机制。按照精细化管理、动态化监测、网格化覆盖、目标化考核的要求，建立健全“全覆盖、定网格、明职责、责到人”的社区单元管理体系。创新城市社区网格化、乡村镇村网格化管理方法，建立“党建+微网格”体系，明确各级党员责任人，负责推进普法宣传、安全生产、环境治理、防火防汛等工作落到网格中。完善城乡网格化服务管理重点机制，建立服务管理联抓、矛盾纠纷联调、突出问题联治、社会治安联防、重点人员联管、应急工作联动、基层平安联创等管理工作联动机制。建立城乡社会治理服务重心下移机制，推进审批权限和公共服务事项向基层延伸，构建网格化管理、精细化服务、信息化支撑、开放共享的基层管理服务平台，推动就业社保、养老托育、扶残助残、医疗卫生、家政服务、物流商超、治安执法、纠纷调处、心理援助等便民服务场景有机集成和精准对接。① 完善城市社区居委会、乡村村委会职能，逐步推行乡村村级物业管理，强化业委会和物业服务企业履行职责，提升社区服务水平。构建专职化、专业化的城乡社区工作者队伍。建立市场化城乡社区管理服务供给机制，引导社会力量参与社区服务。

3. 建立城乡联动的公共安全治理机制

坚持人民至上、生命至上，健全城乡公共安全体制机制，保障人民生命

① 《中华人民共和国国民经济和社会发展第十四个五年规划和 2035 年远景目标纲要》，《人民日报》2021 年 3 月 13 日。

安全。健全城乡治安群防群治机制，针对城乡之间特别是城市郊区、城乡接合部等公共安全事件多发区，完善城乡警务联动出警机制，提高天网监控系统的覆盖率。加强城乡一体联动的公共安全视频监控规划、建设和联网应用，加快在应用层面统一技术规范、基础数据和数据开放标准。健全城乡公共安全体系，持续推进农村“雪亮工程”建设，深入开展“平安城市”创建，深入开展城乡安全隐患排查治理。建立公共安全能力互动提升机制，完善和落实安全生产责任制，建立城乡公共安全隐患排查和安全预防控制体系。严格城乡食品药品安全监管，建立健全从农田到餐桌的食品安全溯源机制，强化城乡重点领域食品安全联合整治力度。建立城乡生物安全风险防控机制，健全城乡重大生物安全事件信息统一发布机制，建立沿水域、大气、土壤移动追踪的城乡生物安全风险联查机制。健全和完善城乡应急管理机制，制定应对气象灾害、地质灾害、洪灾、火灾、地震、台风、海啸、烈性传染疾病等突发应急灾害的城乡一体研判、决策、处置机制，提升城乡防灾减灾抗灾救灾能力一体化建设水平。

第五节　建立城乡文化高质量融合发展的推进机制

文化是一个国家、一个民族的灵魂，文化自信是一个国家、一个民族发展中更基本、更深沉、更持久的力量。乡村振兴战略下的城乡高质量融合发展中，文化高质量融合发展既是目标也是动力，只有从人的精神内核上具有坚定的信仰、高尚的文明、丰厚的底蕴，才能推进城乡居民、城乡社会实现精神上、信仰上、文化上的高度融合，才能形成全社会统一的内在合力和价值追求。面对当前城乡精神文明建设不协同、城乡文化服务供给不均衡、城乡文化消费市场割裂的现实，努力构建城乡精神文明协同发展、城乡文化服务均衡供给和城乡文化消费市场共建三大机制，同步提升城乡居民社会的文明素质，加快促进城乡优秀文化交流互鉴，不断丰富城乡公共文化产品服务，持续推动城乡群众文化生活交融，协同推进城乡文化产业发展，共同促进城乡文化市场繁荣，加快形成城乡文化旅游融合发展的良好局面。通过政府、市场、民众三方共同努力，构建一系列融合发展推进机制，确保城乡居民和社会精神振奋、文化共享、文明互鉴、和谐共进。

一　构建城乡精神文明协同发展机制

1. 建立城乡精神文明一体建设机制

构建社会主义精神文明城乡培育机制，加强城乡全体公民社会主义精神文明建设，培育和践行社会主义核心价值观，[①] 坚定中国特色社会主义共同理想。制定城乡一体化的思想政治教育入心入脑机制，将社会主义精神文明教育标准化、常态化融入学前教育、义务教育、高中阶段教育、大中专教育、高等教育。建立城市社区居委会、乡村村委会定期宣讲社会主义核心价值观的宣传教育机制，将党史、新中国史、改革开放史和社会主义发展史用生动形象的方式教育广大城乡居民，形成爱党爱国爱民族的爱国主义、集体主义广泛而强烈的氛围，增进公民文化自信。建立城乡居民文明素养持续提升机制，持续提升城乡公民道德水平，以视频、广播、网络等传播形式，开展城乡社会公德、职业道德、家庭美德、个人品德建设，积极开展“时代楷模”、道德模范、劳动模范、最美人物、身边好人评选表彰活动，广泛开展文明城市、文明村镇、文明单位、文明校园、文明家庭评选表彰活动，大力开展新时代市民、农民先进模范人物评选活动，鼓励见义勇为、爱心奉献、善人善举并给予精神和物质同步重奖。建立城乡惩戒失德行为机制，定期在媒体上公布老赖、失信人员名单。

2. 建立城乡优秀文化交流互鉴机制

构建城市优秀现代文化推广机制，深入挖掘市民公约文化、团队协作文化、高效工作文化、爱心传递文化、邻里互促文化、见义勇为文化、终身学习文化、社交娱乐文化、诚信经营文化、法治意识文化、产业工人文化等优秀现代城市文化，提炼城市文化精神内核，在城市和乡村中利用优秀文化展

① 李群：《努力建设社会主义文化强国》，《中国党政干部论坛》2021 年第 2 期。

览、视频短片展播、文艺汇报表演、报纸广播电视、网络手机微信等多种形式进行交流推广，让广大乡村居民充分感受城市优秀文化的时代性和价值力。构建乡村优秀传统文化传播机制，深入挖掘乡风文化、农耕文化、民族文化、民俗文化、礼仪文化、勤劳文化、淳朴文化、守信文化、非遗文化、孝养文化、家风文化、生态文化等优秀传统乡村文化，提炼乡村文化精神内核，在乡村和城市中开展乡村优秀传统文化进小区、进社区、进校园、进企业、进市场、进公园、进党政机关单位、进高速公路服务区、进体育赛事场馆，让广大城市居民充分体验乡村优秀传统文化的根基性和生命力。构建城乡文化艺术学习交流机制，建立城市工艺美术展览进乡村，乡村非遗文化展览进城市；城市文化艺术演出下乡村，乡村民俗风情演出进城市，城乡文化相互交流、文明互鉴机制。

3. 建立城乡中华文化协同开放机制

构建城乡中华文化融合表现机制，充分运用影视创作、摄影拍摄、创作采风、创作写生、歌曲创作等文化艺术创作与表现形式，将城乡优秀中华文化元素、场景、人物、故事融入其中，增强城乡中华文化的艺术表现力、艺术传播力。构建城乡中华文化多元展演机制，挖掘城乡优秀中华文化资源，大力创作、改编、排演情景剧、实景剧、舞台剧、话剧等多种艺术类型的文化艺术节目，借助传统民族民俗节、城市传媒艺术节、乡村音乐节、城市美食节、城乡各类国际国内赛事、城乡各类活动开幕式等平台载体进行展演宣传。构建城乡中华文化携手传播机制，重点对接“一带一路”开放建设，东南亚华人华裔聚居国家，北美欧洲大洋洲等西方发达地区国家，以文化艺术展演、文化艺术交流等形式，将中国传统农耕文明和现代城市文明的基因、精神、内核、素材高度融合起来，创作表达新时代中国城乡进步与发展的壮美图景，推进城乡中华文化携手“走出去”，利用“感知中国”、“视听中国”、“走读中国”和中国文化年、中国旅游节等活动品牌和影响力，大力推广城乡优秀中华文化作品、艺术展品、演艺佳品、文化人才走出国门，实现城乡协同对外文化交流和文明对话。

二　构建城乡文化服务均衡供给机制

1. 健全城乡公共文化服务体系共建机制

构建乡村文化资源投入倾斜机制，统筹规划和布局城乡公共文化设施，加大乡村公共文化人才、公共文化服务投入。推动城市文化馆、美术馆、艺术馆、音乐馆、博物馆在当地县、乡镇设立小型分展馆，引导城市文化类馆藏资源定期下乡展览，提高乡村文化资源的可及性。建立城市培育乡村文化人才机制，加大城乡文化和文艺人才培育力度，定期举办乡村文化人才教育培训课程。探索城市文化人才轮岗乡村文化场馆实习、工作、培训等人才下沉机制。建立城市文化结对帮扶乡村机制，鼓励并促进社区、企业、学校、医院、机关事业单位利用自身文化资源和人才开展下乡结对文化帮扶，并与干部用人提拔、单位绩效奖励、企业所得税减免等正向激励相联系。建立基层文化机构多元文化服务机制，结合社会主义精神文明教育，推出服务形式多样、群众喜闻乐见的文化惠民活动。建立城乡居民文化服务评价反馈机制，加大居民参与公共文化服务建设管理力度，定期发放调查问卷、开展群众座谈，搜集城乡居民建言建议。建立文化工作者和志愿者下乡服务机制，促进企事业退休人员、高校学生、毕业生，社会各类文化人才下乡开展文化支援和服务工作。

2. 完善城乡公共文化产品服务供给机制

建立城乡文化产品相互供给机制，促进城市文艺表演、文艺汇演、文艺展演、文化书刊、工艺展品下乡村、下基层。引导城市文化人才、文化场馆、文化机构下乡采风、拍摄素材、构思创意，建立乡村原生态生活场景与城市文化生产对接机制，推动乡村多开辟相关景点、古建筑、古村寨、古遗迹等实体性对象供城市文化生产利用，多举办民族性、民俗性、大众性文化活动，供城市文化生产采集素材。建立数字化城乡文化资源共享机制，丰富城乡数字化文化资源供给，加大博物馆、音乐馆、图书馆文化资源数字化建设，强化与乡村文化站点、基层综合文化中心的资源对接共享。开展城乡文化资源交流机制，定期免费征集居民双向参观、观摩、交流，带动公共文化服务双向供给，扩大城乡文化服务受众、丰富城乡文化服务内容、提高城乡文化服务质量。健全乡村文化资源保护利用机制，保护并利用好传统建筑、传统村落、民族村寨、文物古迹、农业遗迹和灌溉工程遗产，以此为基础和对象开拓创新城乡公共文化产品和服务，加大对农村非物质文化遗产的保护、传承和利用，推动城乡非物质文化遗产工艺、产品互动交流、活态传承。加大政府购买社会文化服务力度。

3. 建立城乡群众文化生活互动交流机制

构建城乡文化活动资源互动机制，促进乡村传统演艺队伍、地方文艺节目、民俗文化产品、农耕文化技艺常态化进城展演，特别是进社区、进学校，提高城市居民乡村优秀文化可及性，传承中国传统文脉。推动城市文艺演出、美术展览、音乐剧目、文博会展开拓乡村适应型活动场景，丰富乡村居民文化生活，提高乡村居民城市现代文化可得性。构建城乡文化活动观众互动机制，在城市群众文化活动展演中，预留部分票源赠送给乡村居民，免费接送乡村观众。在乡村群众文化活动展演中，预留部分票源免费给城市居民，免费接送城市观众，充分提高城乡群众文化活动观众的互动性、交融性。构建城乡文化活动联展联办机制，在城市举办书法、摄影、舞蹈、唱歌、戏曲、诵读、阅读、武术、骑行、马拉松等群众文化活动，充分鼓励乡村居民、乡村文化团队、乡村文化机构报名参与。在乡村开展民族节庆活动、民俗节气活动、民众文化活动、民间艺术活动、民风宣传活动，大力引导城市居民、城市文化团队、城市文化机构积极报名参与，特别是加大城市社区、城市小区居民参与力度，同时提高游客参与度，促进城乡民间文化活动群众参与互动、学习交流。

三　构建城乡文化消费市场共建机制

1. 建立城乡文化产业协同发展机制

构建城乡文化产业布局优化机制，充分发挥城乡文化产业资源分布差异性优势，充分发挥乡村古色、红色、绿色资源丰富，传统文化底蕴深厚的特点，充分发挥城市文化企业、文化园区、文化人才丰富，文化产品多样化创意的特色，建立城乡文化产业互动协同的产业布局，城市作为文化产品的重点精深加工地，乡村主要作为文化素材的发掘采集地，建立城乡文化产品采集—加工—创新—市场流通通道。构建乡村文化产业培育增长机制，推动乡村文化产业与旅游、农业、体育等相关业态融合发展，大力开发乡村“文化+旅游”“文化+康养”“文化+体育”“文化+美食”“文化+研学”“文化+亲子”“文化+生态”“文化+科技”跨界融合型文化产品项目，推动乡村发展场景化、数字化等文化产业新业态，建设一批文化特色鲜明的乡村文化集镇、乡村文化街区、乡村文化景点。鼓励和引导龙头文化企业、大型文化机构投资乡村，建设影视拍摄基地、民宿体验基地、文化创意基地、文化旅游基地、文艺演出基地，促进城乡文化产业资本、人才、技术、市场一体化融合发展。利用市场机制依托城市文化产业园区，促进乡村非遗文化产品实现文化创意创新和附加值提升。

2. 建立城乡文化市场共同繁荣机制

构建乡村文化市场主体培育机制，制定引导扶持政策，支持和鼓励城市各类文化企业，开拓乡村文化产业市场，在乡村开设小微文化企业、工作室，扶持文化个体创作者驻留乡村发展。发挥乡村文化能人、旅游达人、产业带头人、非物质文化遗产代表性传承人、工艺美术师、民间艺人等领头作用，① 鼓励并引导其参与文化市场建设，协同推动文化事业、文化产业市场繁荣发展。推动城乡文化市场“双创”服务平台、众创空间、初创企业孵化器建设，培育和发展“专、精、特、新、优”的小微文化创意企业。构建城乡文化消费市场升级机制，扩大和培育文化消费市场，鼓励引导城乡文化消费，完善文化消费设施和环境。② 健全促进文化消费长效机制，创造和满足新的文化消费需求，以文化消费推动文化产业繁荣发展。创新文化消费补贴方式，增加政府购买公共文化产品和服务的品种范围。推动文创产品进超市、商场和景区。探索开展城乡居民文化惠民消费季活动，撬动大众文化

---

① 桑艳艳：《挖掘乡村文化旅游价值 激发乡村振兴新活力》，《山西农经》2023 年第 5 期。

② 伍皓：《以更加坚定的决心 更加有力的举措 加快民族文化强州建设——学习贯彻党的十八大精神之关于民族文化强州建设宣讲提纲》，《红河探索》2012 年第 12 期。

消费。加强城乡文化产业投融资平台建设，探索建立文化金融服务中心，推动文化产权市场创新发展。加强城乡文化市场监管力度，推进文化市场综合执法改革，加强协会行业自律。

3. 建立城乡文化旅游融合发展机制

构建城乡文化旅游市场对接机制，引导城市演艺娱乐、影视传媒、新闻出版、工艺美术、文化创意、游戏动漫、节庆会展、体育休闲产业市场主体深度融入乡村振兴各领域、各环节，重点实施产业振兴、文化振兴、生态振兴文化旅游赋能工程。鼓励各类金融机构为乡村文化和旅游经营主体提供信贷支持，引导各类投资机构投资乡村文化旅游项目，鼓励保险机构开展针对乡村文化和旅游项目的保险业务。构建城乡文化旅游产品互补机制，将城市文化旅游中特有的网红元素、科技元素、业态元素、创意元素融入乡村文旅市场，综合运用营销手法、宣传渠道、传播机制，培育和塑造一批具有鲜明原乡文化特色的原创 IP，充分运用动漫游戏、网络文学、网络音乐、网络表演、网络视频、数字艺术、现代创意设计等产业形态，培育更多乡村数字文化产品和品牌。将乡村文化旅游中特有的农耕元素、礼仪元素、民俗元素、民族元素融入城市文化和旅游产品和项目，开发乡村文化旅游节、乡村文化美食节、乡村文化农事节、乡村传统文化节，在城市郊区开辟稻田公园、种植乐园、都市花园，增加城市体验乡村文化的体验环节、互动项目、消费场景，深度促进城乡文化旅游全域、全民融合发展。

第六节　建立城乡生态高质量融合发展的推进机制

优渥的自然和生态环境是人类赖以生存和发展的根本基础，尊重自然、顺应自然、保护自然，是全面建设社会主义现代化国家的内在要求。促进人与自然和谐共生，既是实现高质量发展的内在要求，[①] 也是实现城乡高质量

① 习近平：《高举中国特色社会主义伟大旗帜　为全面建设社会主义现代化国家而团结奋斗——在中国共产党第二十次全国代表大会上的报告》，《中国合作经济》2022 年第 10 期。

融合发展的目标追求。城市和乡村两大地域系统，相对而言，乡村具有明显的生态优势和环境容量，维护好城乡特别是乡村的生态环境，促进城乡生态高质量融合发展是践行“绿水青山就是金山银山”发展理念的关键所在。坚持将城乡系统放在山水林田湖草沙大生态系统中谋划，树立城乡自然生态大循环格局观，通过建立健全城乡生态环境一体保护机制、乡村生态产品价值实现机制、城乡生态文明融合创新机制，积极探索、建立和实现以“生态当量”为核心的乡村生态产品价值变现和市场多元化生态价值补偿机制，实现乡村生态价值显化。加快建设城乡现代环境治理体系，统筹推进城乡发展方式绿色转型、生产方式低碳转型、生活方式生态转型，协同推进城乡降碳、减污、扩绿、循环发展，实现城乡生态文明建设高质量融合发展。

一　构建城乡生态环境一体保护机制

1. 建立城乡环境基础设施提升机制

构建城乡环境基础设施一体机制，构建城乡一体的垃圾、污水、固废、医废、危废等处理和处置设施建设机制，推进城市环境基础设施向建制镇和乡村腹地延伸和覆盖，建立城乡网络化环境基础设施体系。构建城市环境基础设施提档机制，开展城市污水处理精准提标，促进城镇污水管网全覆盖，推广污泥集中焚烧无害化处理。构建乡村环境基础设施提标机制，加快补齐农村生态环境基础设施短板，建立健全农村生活垃圾收运处理系统，在条件允许的地区加大垃圾就地分类和资源化利用力度。分步梯次推进农村生活污水处理系统提标扩容，逐步消除农村黑臭水体。深入实施“厕所革命”，加快普及清洁化、生态化卫生厕所。构建城乡废弃物集中处置机制，健全县域范围医疗废弃物收集和转运体系，建设地级市以上城市医疗废弃物集中处置利用设施，构建以产业园区为主的危险废弃物集中处置设施。健全城乡生态环境监测网络，重点针对污染型行业企业及周边土壤污染状况、大气质量情况、大气重金属沉降情况、饮用水水源地水质情况、地下水污染情况、农业面源污染情况等，建立全域覆盖、功能完善、动态监测、及时反馈的城乡一体化生态环境监测网络体系。

2. 建立农村环境问题综合治理机制

构建山水林田湖草沙系统治理机制，树立各级党委和政府的大格局观、大生态观，把山水林田湖草沙作为一个生命共同体，统一保护、一体修复。健全耕地森林草原湖泊河流休养生息制度，完善水生生态保护修复制度，全面实行水资源消耗总量和强度双控行动，[①] 开展国土绿化行动，推进荒漠化、石漠化、水土流失综合治理，维护生物多样性和生态系统自愈性。构建农村重点环境问题治理机制，强化农业面源污染预防整治工作，整体推进畜禽粪污处理、有机肥替代化肥、废弃农膜回收、农作物秸秆综合利用、病虫害绿色防控，实现生产清洁化、投入物减量化、废弃物资源化、产业模式生态化。构建农村生活污水联动治理机制，联动治理水源保护区、城乡接合部、乡镇政府驻地、中心村、旅游风景区等村庄生活污水，提升农村厕改与生活污水治理联动衔接、一体推进协同度。构建土壤、地下水、生活环境一体治理机制，统筹推进农村土壤、地下水污染防治和农业农村环境治理，健全耕地污染源头控制、工矿企业和建设用地土壤污染修复、地下水污染防治、饮用水源保护、种植业污染防治、养殖业污染防治、农村黑臭水体治理、生活污水和垃圾治理等一体化机制。

3. 建立城乡生态环境联防联治机制

构建城市污染乡村转移禁止机制，建立健全城市工业和城镇污染转移乡村举报机制，鼓励城乡居民积极举报相关违法行为并对举报人给予匿名保护和物质奖励。建立健全城市工业污染和城镇污染转移乡村惩处机制，对已经实施污染转移的企业、单位和个人予以经济处罚，将相关责任人列入失信黑名单并在社会公布，限制其乘坐飞机、高铁和高消费等行为。构建城乡生态环境一体防控机制，深入推进城乡环境污染防治攻坚战，持续打造城乡蓝天、碧水、净土保卫战。重点加强城乡大气、水体污染物协同防控力度，统筹城乡水资源、水环境和水生态治理，加强城乡土壤污染源头防控和治理，

---

① 《2018 年中央一号文件决定　以绿色发展引领乡村振兴　打造人与自然和谐共生发展新格局》，《中国水利》2018 年第 3 期。

协同开展城乡新污染物治理。全面实施城乡排污许可制度。构建城乡重要饮用水源地一体保护、联动防控机制，协同推进城乡黑臭水体一体化治理，建立城乡流域水体治理一体化机制，加强城乡接合部环境噪声污染协同治理。健全城乡生态环境联动监管机制，完善城乡生态环境质量监测网络体系，提高智慧化、精准化、快速化锁定污染源，提升处置污染事件的监测、分析和溯源能力。建立健全城乡公众监督、举报、反馈机制，形成全社会共同参与生态环境治理的局面。

二 构建乡村生态产品价值实现机制

1. 探索乡村生态产品价值变现机制

探索建立“生态当量”核算机制，由生态环境部牵头，相关高校、科研机构参与，科学定义生态当量，将水资源、大气资源、土壤资源、生物资源、营养资源作为生态当量的基本主体，结合科技种植养殖水平，人工投入及机械投入量值，电力、能源、化学需氧量等生态环境消耗，废气废水废渣等生态环境损耗，系统测算乡村粮食作物、经济作物、农副产品、空气和水等生态产品的生态价值当量，将生态价值当量作为乡村生态产品价格的重要组成部分，体现在乡村生态产品的市场价值实现当中。建立健全生态调节服务类产品价值实现机制，以当地行政区为主，结合跨行政区生态保护行为，建立健全水源涵养、水净化、碳中和、水土保持、气候调节等生态调节类服务市场化价值实现机制，刚性开展生态调节类产品价值核算，通过政府对公共生态产品采购、[①] 消费者对生态环境附加值付费、生产者对自然资源约束性有偿使用、供需双方在生态产品交易市场中的权益交易等方式，实现生态调节类服务市场价值。建立和完善自然资源资产产权制度，根据不同资源禀赋和自然资源品质，加快确立自然资源产权，推动自然资源实现资产抵押、融资授信等市场流通价值。

2. 建立乡村生态产品服务供给机制

构建乡村生态农业种养体验机制，面向都市休闲游憩人群，建立乡村生

---

① 《〈习近平生态文明思想学习纲要〉摘编（七）》，《林业与生态》2023 年第 4 期。

态农业种植、养殖体验基地，开展认养田地、认领畜禽生态农业体验活动，让都市农耕兴趣人群按市场机制，有机会、有场地、有项目开展生态农业生产体验活动，实现乡村农户和城市居民利益双赢。构建乡村生态经济产品开发机制，充分利用乡村特有的山水田园资源、历史文化资源，大力开发乡村生态休闲游、乡村生态观光游、乡村生态研学游、乡村生态摄影游、乡村生态文化游、乡村康养运动游等系列生态旅游产品，大力发展生态型观光经济、生态型民宿经济、生态型花卉经济、生态型亲子经济、生态型康养经济、生态型度假经济、生态型休闲经济，从吃、住、行、游、购、娱、康、养、学等多维度系统开发乡村生态经济产品，重点发展民宿、农家乐、田园颐养、艺术田园、农耕体验、研学、绿道骑行等多种生态型业态、产品和服务。构建乡村康养运动服务供给机制，大力发展乡村生态型养老设施、乡村生态型运动设施，大力开发乡村生态康养、生态型运动服务。构建生态产品服务市场运营机制，探索农户自主经营型、“公司+农户”型、“合作社+农户”型乡村生态产品服务发展模式。

3. 建立市场化多元化生态补偿机制

构建生态资源产品价格形成机制，应用市场化、资本化、法治化手段，建立健全体现资源稀缺程度、生态损害成本、环境污染代价的资源价格形成机制，形成生态环境保护者受益、使用者付费、破坏者赔偿的利益导向机制，健全地区之间、城乡之间、流域上中下游之间的生态保护补偿机制，探索建立城乡之间生态产品购买、森林碳汇等市场化补偿制度，[①] 为实现城乡生态补偿奠定坚实的市场基础。完善纵向生态保护补偿制度，建立中央、省级财政对重点生态功能区的财政转移支付、资金分配机制。鼓励地方政府通过设立产业发展基金等方式，统筹生态领域转移支付资金，专项用于城乡生态系统保护修复建设开支。探索发行企业生态债券和社会捐助等方式，拓展城乡生态保护资金来源渠道。[②] 强化生态产品供给区的居民生态补偿。建立

① 《中央一号文件　聚焦乡村振兴　关注绿色发展》，《浙江林业》2018 年第 2 期。

② 莫琳、李清华、王斌等：《自然保护地生态产品价值实现的龙口经验》，《中国土地》2023 年第 6 期。

横向生态保护补偿机制，重点支持流域出入境截面开展横向生态保护补偿。探索在生态产品输出地和生态价值受益地之间建立异地生态开发补偿机制，共同承担风险、共同分配利益。健全生态环境损害赔偿制度，提高企业、单位及个人破坏生态环境的违法成本，建立和完善生态环境损害评估、鉴定和执法联动机制。

三　构建城乡生态文明融合创新机制

1. 建立城乡生产方式低碳转型机制

完善工业生产节能减排机制，加快园区生产方式向低碳化、清洁化、循环化转型升级，建立刚性约束机制逐步降低万元 GDP 能耗、水耗。实行工业企业排放达标全覆盖机制，确保工业生产“三废”全部达标。完善工业废弃物资源循环再利用机制，逐步提高工业废弃物循环利用比例。完善农业生产绿色生态机制，加快农业技术创新，减量农药化肥利用。实施种养循环模式，整县开展畜禽粪污资源化利用试点。提高生态农膜应用比例，恢复田间生态链和生物群落。全面落实秸秆焚烧禁止制度，推进农林产品加工剩余物和秸秆废弃物综合利用。加大城乡绿色低碳建筑生产、应用，逐步改造和新建低碳节能型新型绿色建筑。深入开展农村土地整治，大力开展农村荒地、废弃地、低效利用地等土地再利用整理行动，重点开展农村闲置宅基地和闲置农房激活行动，实施农村闲置宅基地综合整治，进一步优化乡村建设用地结构布局。建立乡村有机废弃物再利用体系。建立城乡绿色交通、绿色能源、绿色水利、绿色通信等低碳型、清洁型基础设施的覆盖比例，在建设过程中不断加大技术创新、工艺创新、流程创新，持续降低基础设施建设能耗，减少对城乡生态环境的影响和破坏。

2. 建立城乡生活方式绿色转型机制

构建城乡健康生活宣传机制，充分利用城市社区、居民小区，乡村村部、党员活动室、文化站点，常态化开展城乡生态文明教育宣传，通过观影、视频、讲座、参观等多种方式，倡导城乡居民绿色、低碳、健康的城乡生活理念和生活方式。构建城乡绿色生活激励机制，建立城乡居民绿色生活积分制度，反映居民生活消费中绿色化、低碳化生活贯彻实行程度，如机动车加油、超市购物袋、燃煤使用量等计入负积分，电车公里数、垃圾分类量、餐食打包量等计入正积分，探索建立积分利益实现机制和价值应用场景。建立低碳出行推广机制，加大城乡公交系统新能源汽车购买和运营力度，扩大线路覆盖面、增加运行时间和频次。加大政府对城乡居民购买清洁能源交通工具的补贴力度，提高补贴比例、延长补贴时间。构建有机生态环保产品消费普及机制，加大有机生态环保产品技术创新、产品生产和产品应用激励力度。加大房地产绿色节能建筑推广力度，加大居民用节能家电、节水器具市场占有率，提高政府对企业的奖补资金，持续分批制定高耗能落后型家用产品淘汰目录，加快淘汰高耗能污染型生活用品如高耗能家电、一次性器具等，提高城乡生态环保产品利用率。

3. 建立城乡生态文明创建协同机制

构建以正确政绩观引领发展的机制，推进各级党委和政府树立正确的政绩观，建立以绿色 GDP 为导向的政绩考核机制，坚决抵制毁绿的 GDP、蚀本的 GDP，在全社会形成生态文明、绿色发展的导向与共识。建立城乡碳达峰、碳中和联动机制，健全城乡能源消耗总量强度调控机制，强化对化石能源消费的控制，加大对碳排放实行总量和强度“双控”。推动清洁能源城乡低碳高效利用，持续推进城乡建筑、工业、交通、生活等领域清洁低碳转型。健全城乡碳排放权市场交易制度，提升生态系统固碳、碳汇能力。构建城乡生态系统多样性联动机制，实施城乡生物多样性保护联动工程，开辟地域和城乡野生动植物迁徙通道，持续开展城乡地域国土绿化行动，城乡联动落实长江十年禁渔行动，城乡联动加强生物安全管控，联防联治外来入侵物种。构建城乡环境风险一体防控机制，针对固体废物非法堆存、重金属污染、有毒有害化学物质污染、放射性污染等环境风险，建立健全城乡一体、实时监控、高效联动、举报反馈的处置机制，确保城乡环境风险局部可防、总体可控。构建城乡现代环境治理机制，统筹城乡、陆海、地上地下，建立现代生态环境治理制度，全面落实排污许可、污染源限期达标排放、节能减排环境保护约束指标管控、河湖长制等。

第九章　结论与展望

第一节　研究结论

在人类社会的发展进程中，城乡发展史既是一部矛盾斗争史，也是一部人类进化史，城乡关系历经分离、对立最终走向融合，始终伴随着生产力的发展而变化演进。城乡融合既是人类文明的高级形态，也是人类文明的必由之路。在城乡融合的过程中，推进城乡高质量融合发展既顺应了时代的要求，也加快了融合的进程，关键是提高了融合的质量。城乡高质量融合，不同于普通意义上和一般概念上的城乡融合，有其自身的定义、内涵、特征、动力、模式和实现路径，具有鲜明的时代特征，即高质量发展的目标和要求，实现了量的存量优化与增量扩张、质的内涵提升和创新发展。在乡村振兴战略的大背景下，我国城乡融合的基础条件、发展动能、价值追求都展现出积极的转变，“五大振兴”有机融合支撑乡村与城市在同一赛道上并肩同行。新型城镇化战略和乡村振兴战略分别从城乡两大地域系统出发，合力优化城乡发展关系，促进城乡融合进程。立足新发展阶段，贯彻新发展理念，构建新发展格局，城乡之间互为发展资源、互为发展要素、互为发展市场，以高质量发展为主题，通过显化乡村多元价值提振乡村发展内生动能，优化城市现代文明消解城市发展固有积弊，关键在于平等城乡价值交换、激发城乡融合动力、创造城乡融合增量，实现城乡自主、双向、能动融合。

1. 加快形成工农互促、城乡互补、全面融合、共同繁荣的新型工农城乡关系，走城乡高质量融合发展之路既是以中国式现代化领航中华民族伟大复兴的必然也是中国历史发展的必然

回顾西方平等协调城乡关系学说，马克思、恩格斯城乡融合发展思想，马克思主义城乡关系思想中国化，国内外城乡融合发展的实践，自始至终可以探析人类对城乡发展关系的认知和实践，都是建立在缓解城乡矛盾、改善城乡关系、消除城乡对立的理念指引下的自觉行动，都是为追求人类公平与正义、进步与发展而做出的思想和行动。这些思想的形成有其固有的社会背景，其行动的产生也有其特定的历史意义。尽管有些属于空想社会主义、共产主义的理想图景，但均不妨碍城乡关系按照哲学辩证规律演进发展。人类认识规律和运用规律是一个历史过程，尤其是在城乡关系发展史中，交织着阶级矛盾、社会矛盾、发展矛盾下的城乡融合发展道路曲折，但笃行不怠。在我国，自新中国成立以来，城乡关系一直不断改善，直至改革开放后通过实施家庭联产承包责任制，极大地释放了农村生产力，进入新世纪后，党和国家将统筹城乡发展、解决“三农”问题摆在了重中之重的位置，城乡一体发展进入快车道，而自党的十八大开始特别是党的十九大以来，中国开启了城乡全面融合发展的新纪元，着力从体制机制和政策体系架构城乡全面融合发展的总体框架，为城乡全面融合发展注入了强劲动能。应该说，作为全球人口最多的发展中国家，我国已初步完成了工业化和城市化积累，从理论和实践上具备了推进城乡高质量融合发展的基础和条件，城乡高质量融合发展是中国式现代化引领中华民族实现伟大复兴的必由之路。

2. 我国城乡关系发展与变迁史实质上是文明发展的进化史，是理性与非理性交互作用下人类实现自身自由与人、物和谐共生的“否定之否定”辩证史

翻开我国城乡关系发展的历史画卷，审视城乡关系的形成、演化和发展脉络，在城乡分立、城乡分离、城乡对立、城乡互动、城乡协调、城乡融合的表象背后，始终存在人类为实现自身发展的价值判断和价值追求的影子，历史忠实地记录了我国城乡关系由形成到分离再到分割直至对立后到互动再到协同直至融合的全过程。无论是战争需要、国家统治、阶级分层，还是产业发展、对外开放、技术进步，城市和乡村这两大地域系统背后，存在一套固有的演进逻辑和自身的价值追求，乡村以劳动价值和产品价值差异支撑城市超额高速发展，城市集聚并创造先进文明成果，缓慢涓滴乡村发展，城乡不同阶级、集团利益持续固化并形成对立和矛盾，制约城市发展空间、剥夺乡村发展机会，城乡因此进入新的矛盾平等状态，动态平衡、波浪前进、不平衡发展成为常态和结果。纵观我国城乡关系发展史，总结其基本演进逻辑可以这样表述：生产力水平的不断提升是城乡关系演进的大逻辑，人类对财富创造和占有的原始欲望是城乡关系分化对立的大动因，城乡二元发展的边际递减效应与人类精神与文明的自身进步是城乡关系走向融合共生的大前提。判断其基本价值追求可以这样描述：从物的集中到人的文明记载城乡关系价值变迁，从固化存量到融合增量印证城乡关系价值追求，从利益分割到价值共生演绎城乡关系价值导向。我国的城乡关系发展到今天的城乡融合，实质上是人类文明的自我反省和人造世界的自我突破，总体而言，是一种进化革新行为。

3. 我国发展最大的不平衡是城乡发展的不平衡最大的不充分是农村发展不充分，城乡发展不平衡、不充分问题已经成为我国当前社会主要矛盾的突出表现，根本原因在于城乡人口发展能力不对等、城乡要素流动动力不对等、城乡政策配置效力不对等、城乡资源价值交换不对等、城乡生态损害成本不对等

新中国成立以来，特别是改革开放之后，尽管我国的城乡建设取得了历史性成就，城乡二元矛盾不断破除，城乡一体、工农互促的生动格局不断形成，但是由于长期以来城乡二元结构所形成的体制机制矛盾积弊已久，导致城乡融合发展还存在包括经济、政治、社会、文化和生态文明等领域中的质量失衡。党的十八大以来，我国进入“五位一体”总体布局的新发展阶段，经济建设、政治建设、文化建设、社会建设、生态文明建设“五位一体”、全面推进，“创新、协调、绿色、开放、共享”的新发展理念引领全局高质量发展。当前，我国虽然已进入城乡全面融合发展的历史阶段，但城乡发展差异依然面广量深，城乡融合发展仍然任重道远。具体表现为：城乡经济建设不平衡、政治建设不协同、社会建设不均衡、文化建设不同步、生态文明建设不协调。通过国家和相关部门统计数据对城乡发展差异进行实证评价，得出造成这种不平衡的基本原因是城乡人口结构与就业水平差异大、城乡收入水平与消费能力差异大、城乡财政投入与设施供给差异大、城乡公共服务与社会保障差异大、城乡生态环境与治理投入差异大，而导致这些差异的背后深层次原因是城乡人口发展能力不对等、城乡要素流动动力不对等、城乡政策配置效力不对等、城乡资源价值交换不对等、城乡生态损害成本不对等，这五个不对等分别对应人口、要素、政策、价值、成本，是造成我国城乡融合发展失衡的核心关键，也是实现城乡高质量融合发展的破题之口与关键所在。

4. 乡村振兴是实现城乡融合发展的必然要求，城乡融合发展是实现乡村振兴的根本途径，两者互为前提条件和实现路径，乡村振兴与新型城镇化协同驱动城乡融合发展

民族要复兴，乡村必振兴。中国特色社会主义进入新时代，我国社会的主要矛盾转变为“人民日益增长的美好生活需要和不平衡不充分的发展之间的矛盾”。推动高质量发展必然要求加快推进城乡融合发展，必然需要补齐乡村发展不充分这个现实短板。目前，我国脱贫攻坚历史性任务已经圆满完成，已具备全面实施和深入推进乡村振兴战略的基础和条件。实施乡村振兴战略是党的十九大作出的重大决策部署，是深刻把握我国城乡关系演进规律的伟大实践，是加快形成工农互促、城乡互补、全面融合、共同繁荣的新型工农城乡关系的重要前提，① 如果把城乡融合作为最终发展的目标和状态，乡村振兴则是实现城乡融合发展的必然要求。因此，乡村振兴既是城乡融合发展的基础前提，也是城乡融合发展的目标追求，更是城乡融合发展的任务内容。在全面实施乡村振兴战略过程中，通过走城乡融合的发展道路，将有效推动乡村产业、人才、文化、生态、组织振兴，将为乡村实现产业兴旺、生态宜居、乡风文明、治理有效、生活富裕的发展目标提供科学的路径

① 秦亚冰、袁凯：《我国城乡融合发展的现状、问题及对策》，《沈阳农业大学学报》（社会科学版）2023 年第 2 期。

指引，从这个意义上讲，城乡融合发展不仅为乡村振兴提供科学引领，而且为乡村振兴注入内生动力，还为乡村振兴创造生长空间，[①] 因此城乡融合发展是推进乡村振兴的根本途径。在城乡两大地域系统上，乡村振兴战略与新型城镇化战略是区域发展的一体两翼，两大战略的交集在于城乡融合发展，两大战略分别从各自的主要矛盾和矛盾的主要方面出发双轮驱动城乡融合发展。

5. 城乡高质量融合发展是一种从城乡两大系统现有发展的存量空间及固有矛盾出发，从城乡融合发展的核心和关键要素“人”的需求满足出发，以实现融合发展的增量空间和效益为目标，形成城乡空间、功能、经济、政治、社会、文化、生态等自主、能动、有机、充分、系统、增量、创新的融合发展

从城乡融合到城乡高质量融合，这一转变既是遵循城乡关系演进基本规律的必经之路，也是顺应我国社会进入新发展阶段的必然要求。国家立足新发展阶段，贯彻新发展理念，构建新发展格局，围绕高质量发展主题，推动发展质量变革、效率变革、动力变革，中国城乡关系也站在新的历史起点上，必须以新发展理念和要求，以新发展目标和原则，以新发展动力和模式，推进城乡融合向城乡高质量融合转变，努力实现更高质量、更有效率、更加公平、更可持续、更为安全的城乡融合发展。[②] 区别于一般概念上的城乡融合发展，城乡高质量融合发展凸显“高质量”这个前缀，“高质量”的概念表达了城乡融合的主动式、双向式、能动式，通过构建城乡要素双向流动、资源相互利用、资本相互转化、基础相互支持、经济相互共生、利益相互动向等相关条件，促进彼此主动交融趋同、相互内生生长、系统有机融合，最终形成城乡融合发展的高级状态即城乡融合体，其基本内涵在于：从融合的内生动力上看，城乡高质量融合发展是一种城乡资源要素双向能动式的融合发展；从融合的整体效益上看，城乡高质量融合发展是一种城乡经济

① 贺羡、张腾：《农村基层党组织引领乡村振兴的挑战与应对》，《党政干部学刊》2022 年第 6 期。

② 韩文秀：《领悟习近平经济思想的历史逻辑、理论逻辑、实践逻辑》，《旗帜》2022 年第 8 期。

体系互利共生式的融合发展；从融合的内容形式上看，城乡高质量融合发展是一种城乡物质精神系统有机式的融合发展。其基本特征在于：首先，城乡高质量融合是把城市与乡村作为一个整体地域系统来看待，而非分割定义城与乡，即城乡融合体，这体现了融合的进化和进阶，是一种具有自主“意识”的自诉型主动融合。其次，城乡高质量融合是城市与乡村双向融合，是出于利用对方资源和要素实现自身更好发展的融合，而非吸附或牵引式的被动融合，是一种具有相互吸引力的互利型双向融合。最后，城乡高质量融合是为了实现城乡融合体所创造的增量空间与增量价值，是一种为谋求更大发展、获得更大价值的增益型能动融合。

6. 乡村振兴战略下发展机会公平、发展能力对等、发展水平均衡、发展格局共建、发展成果共享是城乡高质量融合发展的必要条件，凸显了“人”这个关键要素在城乡高质量融合发展的主观能动和客观带动作用

乡村振兴战略旨在促进乡村产业振兴、人才振兴、文化振兴、生态振兴、组织振兴，实现产业兴旺、生态宜居、乡风文明、治理有效、生活富裕，其实质就是为了提升乡村的经济质量、社会文明、生态环境和治理水平，[①] 为城乡高质量融合发展创造必要的先决条件。坚持以人民为中心的发展理念，以提升人的能力、满足人的诉求为核心构建城乡高质量融合的内生动力。具体而言，城乡之间要实现高质量融合发展，必须具备公平的发展机会、对等的发展能力、均衡的发展水平，并且要共有发展要素、共建发展格局、共享发展成果。发展机会公平确保城乡发展站在同一起跑线上，发展能力对等确保城乡发展速度同步，发展水平均衡确保城乡发展效益均等；共有发展要素确保城乡资源价值实现具有等值性，共建发展格局确保城乡财富创造流通具有等效性，共享发展成果确保城乡融合发展意义具有等比性。这些基本条件既是推进城乡高质量融合发展的前提，也是推进城乡高质量发展的目标。

---

① 汪晓文、李济民：《用系统观念理解和把握乡村“五大振兴”的辩证统一关系》，《社科纵横》2021 年第 5 期。

7. 乡村振兴战略下人力资源、绿水青山、规模资本、财产要素和数字城乡是推进城乡高质量融合发展的主要动能

乡村振兴战略下，乡村发展的规模和质量均得到有效提升，由于城市技术、资本、人才、知识、管理、数据等要素的投入，促进乡村在新的赛道上与城市同步发展并在发展中相互融合、互为市场。其本质是将城市和乡村的优势在乡村实现价值转化。在此进程中，乡村丰富的人力资源通过不断提升自身发展能力和综合素质，作为人口红利推动乡村产业振兴发展，在弥合城乡融合生产力水平和效益的同时，以人力资源高素质化赋能城乡高质量融合。乡村优渥的自然生态本底不断转化其资源价值，作为产品和市场推动乡村经济、生态文明建设提质升级，促进城乡资源价值的需求融合、市场实现。城市丰富的投资资本和乡村广泛的闲置资本有机结合起来，形成资本的规模效益促进城乡资源开发联动、城乡地域发展共进。乡村丰富的土地资源，在产权改革的推动下，赋予土地要素的市场流通权，推动乡村土地价值变现，缩小城乡收入差距。城市数字经济活力融入乡村，变革乡村生产生活方式，推进城乡文明协同共进。

8. 乡村振兴战略下乡村生态价值力资源驱动型、城市先进生产力要素驱动型、城乡融合生命力创新驱动型是构成城乡高质量融合发展三种主要模式，分别对应城乡高质量融合的初始、发展和高级三个不同发展阶段

基于乡村价值显化和城市价值优化以及城乡融合态新发展空间需求，构建三种不同的城乡高质量融合发展模式。首先，基于乡村价值显化的城乡高质量融合发展模式，以满足城乡居民尤其是城市居民日益增长的精神文化需求、休闲体验需求、文化旅游需求、生命康养需求、运动体育需求等，通过挖掘、激活、释放、展示和转化原乡生态、环境、景观、产品、文化、旅游价值等，把乡村的绿水青山、历史文化转化为吸引城市投资、消费的核心卖点，带动乡村全方位发展，融入城乡经济、社会、文化、生态等体系，形成乡村生态价值力资源驱动型的城乡高质量融合发展模式。其次，基于城市价值优化的城乡高质量融合发展模式，以满足城市资本、人才、技术、知识、管理、数据等先进生产力要素不断开拓新增值空间的需要，融入农业农村现代化进程，促进城乡全方位深度融合发展。最后，基于打造城乡融合体、城乡融合态所形成创新发展的生长点、价值点，形成城乡高质量融合发展的新空间、新技术、新业态、新模式，实现城乡高质量融合。

9. 衡量城乡高质量融合发展的指标体系应基于“人”这一城乡融合内核动力构建，应充分考虑“人”的流动偏好与抉择因素，从空间、经济、社会、文化、生态等多维度，选取反映“人”的发展、“人”的需求、“人”的价值、“人”的公平、“人”的权益的评价指标

以新发展理念为理论依据，以高质量融合为主题特色，以城乡居民的发展能力对等、发展机会公平、发展结果共享为根本考量，将城乡高质量融合发展的水平程度与“人”的获得感、幸福感、安全感的实现程度相对应起来，重点从城乡空间高质量融合、城乡经济高质量融合、城乡社会高质量融合、城乡文化高质量融合、城乡生态高质量融合等五个维度，以城乡融合发展差异度的方式反向反映城乡高质量融合发展的融合度。

10. 乡村振兴战略下，提高乡村资源变现能力促进城乡功能需求互诉，缩小城乡居民收入差距促进城乡富裕协同共进，破解城乡要素市场阻隔促进城乡经济循环互补，消除城乡设施服务落差促进城乡生活品质均等，弥合城乡发展数字鸿沟促进城乡治理高效同步是城乡高质量融合发展的实现路径

在全面实施乡村振兴战略的辐射带动下，乡村的资源价值得以转化，城市的要素价值得以实现，按照提高乡村资源变现能力、缩小城乡居民收入差距、破解城乡要素市场阻隔、消除城乡设施服务落差、弥合城乡发展数字鸿沟的目标，城乡之间通过资源变现实现城乡功能需求互补满足、通过劳动增值实现城乡收入回报协同共进、通过要素交换实现城乡经济渗透循环、通过民生共建实现城乡生活品质均等、通过数字联通实现城乡智慧治理高效同步等五大基本路径，朝向城乡空间、功能、经济、政治、社会、文化、生态等多维度高质量融合发展，系统而全面解决城乡之间因价值交换不对等、收入水平不对等、要素流动不对等、民生保障不对等、发展效能不对等的核心和关键掣肘，为推动城乡实现高质量融合发展提供了资源价值、人口动力、要素保障、基础支撑和数字效能，为打通城乡高质量融合的实现路径提供了现实依据和方向指引。

11.乡村振兴战略下应重点从空间、经济、政治、社会、文化和生态五大领域的短板差距出发

从人的能力实现、价值实现、发展实现出发，从提升城乡融合发展的能动力、价值力和创造力出发，构建城乡高质量融合发展的实现机制。其中：空间层面，以提升城乡空间发展协同度、空间功能融合度为目标，建立以人口均衡发展、人口便捷流动、人口价值实现为导向，人口、资源、环境、经济、社会高质量融合发展的城乡空间格局，构建城乡空间功能高质量融合实现机制、各级各类城镇城乡高质量融合机制、城乡基础设施高质量融合发展机制，全面促进城乡两大地域系统空间与功能高质量融合发展水平。经济层面，以提高农业现代化水平、农业平均生产率、农业产业价值为导向，以增加农民工资性、家庭经营性、财产性、转移性收入为目的，以提升农村生产生活现代化水平为基础，面向城乡产业新业态、新模式、新趋势，着重从资源共享、要素共融、利益分享的市场化机制出发，充分发挥城市产业价值链、创新链的引领作用，不断提升乡村产业发展的基础、效能和效益，突出城乡产业融合发展的业态增量空间和利润增值效益，构建城乡资源要素双向流动机制、城乡现代产业协同发展机制和城乡收入分配一体均衡机制，全面提高城乡经济高质量融合发展水平。政治层面，以实现全过程人民民主推进城乡政治高质量融合发展，确保城乡地域系统、城乡居民群体拥有相同的政治生活参与权、政治诉求表达权、政治权益实现权，加快构建城乡政治生活公平参与机制、城乡政治诉求同步表达机制、城乡政治权益一体实现机制，确保城乡和城乡居民之间拥有均等的政治资源、公平的政治机会、等效的政治效能，有力推动实现城乡政治高质量融合发展水平。社会层面，为彻底改变社会群体权利、政府财政投入、政策制度设计、公共管理力度偏重于城市的畸形格局，促进国家发展理念和国家财力、物力、人力资源更多倾向、优先乡村发展，统筹构建城乡公共服务均等供给机制，城乡社会保障标准统一机制，城乡社会治理现代一体机制，持续提升城乡居民质量均衡的获得感、幸福感和安全感。文化层面，乡村振兴战略下的城乡高质量融合发展，文化高质量融合发展既是目标也是动力，只有从人的精神内核上具有坚定的信仰、高尚的文明、丰厚的底蕴，才能推进城乡居民、城乡社会实现精神、信仰和文化上的高度融合，才能形成全社会统一的内在合力和价值追求，努力构建城乡精神文明协同发展、城乡文化服务均衡供给和城乡文化消费市场共建三大机制，确保城乡居民和社会精神振奋、文化共享、文明互鉴、和谐共进。生态层面，优渥的自然和生态环境是人类赖以生存和发展的根本基础，促进人与自然和谐共生，既是实现高质量发展的内在要求，也是实现城乡高质量融合发展的目标追求，建立健全城乡生态环境一体保护机制、乡村生态产品价值实现机制、城乡生态文明融合创新机制，积极探索建立和实现以"生态当量"为核心的乡村生态产品价值变现和市场多元化生态价值补偿机制，实现乡村生态价值显化。统筹推进城乡发展方式绿色转型、生产方式低碳转型、生活方式生态转型，协同推进城乡生态文明建设高质量融合发展。

第二节　研究展望

根据马斯洛需求的五个层次理论，人的需要之中最高层次是自我实现的需要，实现城乡高质量融合发展的核心在于释放"人"的发展天性与诉求。以实现人的价值、满足人的需求、促进人的发展为目标，构建城乡资源要素充分适配、城乡整体效益互利共生、城乡物质精神有机融合的城乡融合体，形成发展能力对等、发展机会公平、发展成果共享的城乡融合态。按照亚当·斯密"经济人"的假设理论，应该充分激发人们对于通过劳动创造财富和价值的动力，在城乡融合过程之中促进劳动力、人才双向流动，获取比较优势最大化利益，相应带动投资、技术、知识、管理等生产要素。按照梅奥在霍桑实验中提出的"社会人"的概念,[①] 应充分发挥群体性工作优势，在乡村大力发展集体经济、农业合作社组织，构建"基地+农户+企业""基

① 金鹤、罗仕国：《梅奥的管理哲学：科学的人本主义》，《经济与社会发展》2016 年第 3 期。

地+农户+合作社”等生产模式，推动乡村经济由零散化向规模化转变发展；在城市应充分发挥企业家联盟、风险资本联盟、技术人才联盟，建立“政产学研金服用”“七位一体”协同开发体系，促进城乡优势资源相互利用、价值转化和成果共享。根据雪恩提出的“复杂人”假设，城乡高质量融合发展不仅是创造经济和财富利益，也不仅是构建合作化生产模式，还需要从经济、政治、社会、文化、生态等多维度创造城乡人民高质量生产生活图景，不仅满足其物质文明需要，更要满足其精神文明需求，同时要确保子孙后代永续利用、持续发展。因此，从某种意义上而言，实现人的物质富有、精神富足，实现人的全面而自由地发展，实现人与自然和谐共生，正是城乡高质量融合发展的本质特征。

城乡融合既是一个漫长的历史过程，也是一个复杂的系统工程。城乡高质量融合发展的起点在于城乡两大地域系统上的所有物质、资源、人力、产品实现其价值的充分显化和平等交换，并由城乡高质量融合体创造新的发展机遇、发展空间、发展样态，其终点是实现人的自由、充分、全面发展，实现人与自然的融合发展，城乡已无概念之分、空间之分、功能之分，以城乡融合体展现城乡融合态，实现人化自然和自在自然的高度融合。本研究着重从城乡高质量融合发展的时代背景、定义、内涵、特征、动力、模式和实现路径与机制开展系统研究，并始终以“人”作为关键核心变量来驱动城乡高质量融合发展。基于以上“经济人”“社会人”“复杂人”“自我实现人”[①]的假设理论，推进城乡高质量融合发展，还有大量的相关研究需要深化，比如随着技术的进步，人工智能的发展、智慧世界的发展，人的主观作用是否会被弱化；技术的日新月异是否会从另外的层面对城乡融合发展产生变革性的驱动力；人类文明在人工智能时代，其社会发展与进步会有什么新的底层运行逻辑和伦理价值。当然，过去和现在人们因为向往美好生活而来到城市，未来人们亦会为了追求更美好的生活而推进城乡高质量融合。人类追求美好生活的心理和生理动能生生不息，

---

① 李万春：《西方行为科学管理思想的演进及借鉴》，云南财经大学硕士学位论文，2013。

历史已多次证明：每一次划时代的科技进步必将帮助人们更好地实现自身的理想和愿景。相信人工智能时代的城乡融合发展，必然呈现智慧、生命、进化、大同的特质，必然将人的物质和精神追求高度融入新的文明理念、新的技术成果、新的空间样态。

参考文献

[1] 李红玉：《马克思主义城乡融合发展理论及其现实意义》，中国社会科学出版社，2018。

[2] 丁宁：《中国特色城乡关系：从二元结构到城乡融合》，社会科学文献出版社，2022。

[3] 温铁军、陈高威：《破局乡村振兴——中国式农业农村现代化的11个思考》，重庆出版社，2023。

[4] 黄顺君：《乡村振兴战略背景下城乡融合发展的实现路径研究》，人民出版社，2023。

[5] 白雪秋、聂志红、黄俊立等：《乡村振兴与中国特色城乡融合发展》，国家行政学院出版社，2018。

[6] 刘守英等：《迈向城乡融合文明新形态：南海案例》，中国人民大学出版社，2024。

[7] 温铁军、张孝德主编《乡村振兴十人谈——乡村振兴战略深度解读》，江西教育出版社，2018。

[8] 吕萍、林超、陈卫华：《中国乡村振兴和城乡融合发展：来自农村的土地调查和研究》，中国农业出版社，2020。

[9] 王颂吉等：《中国城乡融合发展研究》，科学出版社，2021。

[10] 叶兴庆、金三林、韩杨等：《走城乡融合发展之路（国务院发展研究中心研究丛书2019）》，中国发展出版社，2019。

[11] 童书元编著《乡村振兴与城乡融合发展研究》，吉林出版集团股份有

限公司，2024。
[12] 赵振宇等：《乡村振兴与城乡融合发展：主体投入及土地制度保障》，浙江大学出版社，2020。
[13] 潘选明：《城乡融合发展的多维机制及经济效应研究——以四川省为例》，黑龙江大学出版社，2024。
[14] 吴柏钧、唐茂钢等：《中国城乡融合发展的实践与探索》，华东理工大学出版社，2024。
[15] 吴宗福：《促进城乡融合发展的财政政策研究》，中国财政经济出版社，2024。
[16] 李翔宇、郝儒杰、唐辉编著《城乡融合：成都试验区实践》，四川大学出版社，2022。
[17] 肖云：《城乡融合与乡村振兴：构建城乡统一建设用地系统论》，吉林大学出版社，2020。
[18] 王懂礼：《城乡融合背景下我国“城市病”治理研究》，经济科学出版社，2022。
[19] 陈方猛等：《推进城乡融合发展研究》，中国财政经济出版社，2009。
[20] 朱鹏华：《新时代城乡融合发展的机理与路径》，经济科学出版社，2022。
[21] 林昌华：《中国城乡融合高质量发展研究》，光明日报出版社，2020。
[22] 邓秀新、田北海主编《城乡融合发展战略研究》，科学出版社，2022。
[23] 肖云：《城乡融合与乡村振兴：构建城乡统一建设用地系统论》，吉林大学出版社，2020。
[24] 张跃国主编《广州蓝皮书：广州城乡融合发展报告（2022）》，社会科学文献出版社，2022。
[25] 郭艳华等：《广州城乡融合发展的理论与实证分析》，中国社会科学出版社，2022。
[26] 贾雯霞：《数字城乡融合——新媒介、新空间、新路径》，厦门大学出版社，2023。
[27] 中国国际扶贫中心编著《县域城乡融合发展与乡村振兴》，经济科学

出版社，2023。
[28] 冯霞、李敏、郭立：《城镇化过程中城乡融合发展研究——以河南为例》，中国农业大学出版社，2023。
[29] 赵晓峰等：《乡村振兴与城乡融合发展》，湖南人民出版社，2023。
[30] 易赛键编著《城乡融合发展之路：重塑城乡关系》，中原农民出版社、红旗出版社，2019。
[31] 戈大专：《面向城乡融合发展的中国乡村空间治理》，科学出版社，2024。
[32] 刘承昊：《新时代中国特色城乡融合研究——基于农村产业融合发展视角》，江苏人民出版社，2023。
[33] 张天佐主编《深化农村改革与城乡融合发展》，中国农业出版社，2020。
[34] 曹萍：《“双轮协调”驱动下中国城乡融合发展研究》，中国社会科学出版社，2023。
[35] 蔡书凯：《城乡关系重塑 新时代城乡融合发展研究》，浙江大学出版社，2021。
[36] 史卫民等：《城乡融合发展与农民权益保障研究》，中国法制出版社，2020。
[37] 颜培霞：《城乡融合视域下特色村转型发展研究》，中国社会科学出版社，2021。
[38] 刘俊杰等：《我国城乡融合发展基本格局及典型形态研究》，人民出版社，2024。
[39] 周军：《中国城乡融合进程中农村文化的变迁与发展》，中国社会科学出版社，2020。
[40] 辛金国、陈明亮、李广乾等：《数字经济推动城乡融合高质量发展》，科学出版社，2022。
[41] 马光川：《福利一元与城乡融合》，中国社会科学出版社，2022。
[42] 林拓：《乡村文化振兴：城乡融合与内生发展》，商务印书馆，2023。
[43] 吴宝新、张宝秀、黄序主编《北京城乡融合发展报告（2018）》，社

会科学文献出版社，2018。
［44］张克俊等：《健全城乡融合发展的要素平等交换体制机制研究》，科学出版社，2020。
［45］中共上海市委农村工作领导小组办公室主编《上海国际大都市城乡融合发展的探索与实践》，上海科学技术出版社，2023。
［46］江泽林：《农业现代化、城镇化与城乡融合发展》，中国社会科学出版社，2017。
［47］项英辉：《基础设施投资、城乡融合与经济增长——基于协调发展的视角》，东北大学出版社，2019。
［48］谢彦明、张连刚、张静：《云南新型城镇化与城乡融合发展研究》，中国农业出版社，2023。
［49］陈润羊：《城乡融合发展视角下的乡村振兴》，山西经济出版社，2021。
［50］伍中信等：《城乡产权融合共享治理研究》，中国财政经济出版社，2023。
［51］王声跃、王奕编著《乡村地理学》，云南大学出版社，2015。
［52］魏后凯：《实施乡村振兴战略和区域协调战略　推进中国特色社会主义现代化建设》，《财经智库》2017 年第 6 期。
［53］叶兴庆：《新时代中国乡村振兴战略论纲》，《改革》2018 年第 1 期。
［54］周立：《乡村振兴战略与中国的百年乡村振兴实践》，《人民论坛 · 学术前沿》2018 年第 3 期。
［55］陈婉馨：《乡村振兴与城乡融合机制创新研究》，《人民论坛 · 学术前沿》2018 年第 3 期。
［56］张军：《乡村价值定位与乡村振兴》，《中国农村经济》2018 年第 1 期。
［57］刘彦随：《中国新时代城乡融合与乡村振兴》，《地理学报》2018 年第 4 期。
［58］马义华、曾洪萍：《推进乡村振兴的科学内涵和战略重点》，《农村经

济》2018年第6期。

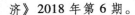

[59] 王颂吉、魏后凯：《城乡融合发展视角下的乡村振兴战略：提出背景与内在逻辑》，《农村经济》2019年第1期。

[60] 王振坡、韩祁祺、王丽艳：《习近平新时代中国特色社会主义城乡融合发展思想研究》，《现代财经》（天津财经大学学报）2019年第9期。

[61] 文琦、郑殿元、施琳娜：《1949~2019年中国乡村振兴主题演化过程与研究展望》，《地理科学进展》2019年第9期。

[62] 赵德起、陈娜：《中国城乡融合发展水平测度研究》，《经济问题探索》2019年第12期。

[63] 林敏：《基于新发展理念的中国城乡融合发展测度及驱动效应分析》，浙江工商大学硕士学位论文，2022年。

[64] 鲍凌云、宋颖、杨秀臻：《乡村振兴背景下城乡数字鸿沟的审视与弥合》，《中南农业科技》2024年第7期。

[65] 涂圣伟：《城乡融合发展的战略导向与实现路径》，《宏观经济研究》2020年第4期。

[66] 周杰：《新时期乡村振兴与城乡融合发展研究》，《农村经济问题》2020年第4期。

[67] 何永芳、佘赛男、杨春健：《新时代城乡融合发展问题与路径》，《西南民族大学学报》（人文社科版）2020年第7期。

[68] 李鑫、马晓冬、Khuong Manh-ha、祝金燕：《城乡融合导向下乡村发展动力机制》，《自然资源学报》2020年第8期。

[69] 杨佩卿：《现代化目标：新中国城乡关系演进脉络和价值取向》，《西安财经大学学报》2020年第5期。

[70] 谢天成：《乡村振兴与新型城镇化融合发展机理及对策》，《当代经济管理》2021年第3期。

[71] 穆克瑞：《新发展阶段城乡融合发展的主要障碍及突破方向》，《行政管理改革》2021年第1期。

[72] 蔡禾：《新中国城乡关系发展与当下面临的问题》，《社会学评论》

2021年第1期。
[73] 燕连福：《新技术变革下的城乡融合发展前瞻研究》，《人民论坛·学术前沿》2021年第2期。
[74] 丁凯：《以技术变革推动城乡融合发展》，《人民论坛·学术前沿》2021年第2期。
[75] 叶璐、王济民：《我国城乡差距的多维测定》，《农业经济问题》2021年第2期。
[76] 姚毓春、梁梦宇：《城乡融合度与协调效应检验——来自中国省际层面的经验证据》，《东南大学学报》（哲学社会科学版）2021年第2期。
[77] 叶红、唐双、彭月洋、陈可、李贝宁：《城乡等值：新时代背景下的乡村发展新路径》，《城市规划学刊》2021年第3期。
[78] 岳文泽、钟鹏宇、甄延临、曹秀婷、王迎英：《从城乡统筹走向城乡融合：缘起与实践》，《苏州大学学报》（哲学社会科学版）2021年第4期。
[79] 赵天娥：《新时代城乡融合发展的多维审视》，《行政论坛》2021年第4期。
[80] 杨梦洁：《数字经济驱动城乡产业链深度融合的现状、机制与策略研究》，《中州学刊》2021年第9期。
[81] 胡惠林：《城乡文明融合互鉴：构建中国乡村文化治理新发展格局》，《治理研究》2021年第5期。
[82] 范根平：《马克思恩格斯城乡融合思想与中国特色城乡融合发展道路》，《江西财经大学学报》2021年第5期。
[83] 翟昕、李志军：《中国共产党城乡关系统筹发展认识的历史演进》，《社会科学家》2021年第7期。
[84] 周德、戚佳玲、钟文钰：《城乡融合评价研究综述：内涵辨识、理论认知与体系重构》，《自然资源学报》2021年第10期。
[85] 茅锐、林显一：《在乡村振兴中促进城乡融合发展——来自主要发达国家的经验启示》，《国际经济评论》2022年第1期。

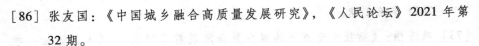

[86] 张友国：《中国城乡融合高质量发展研究》，《人民论坛》2021 年第 32 期。
[87] 黄承伟：《乡村振兴的时代价值》，《红旗文稿》2021 年第 23 期。
[88] 刘合光：《以共同富裕为目标推进城乡融合发展的逻辑与路径》，《社会科学辑刊》2022 年第 1 期。
[89] 刘合光：《城乡融合发展的进展、障碍与突破口》，《人民论坛》2022 年第 1 期。
[90] 王留鑫、赵一夫：《基于城乡融合视角的乡村振兴实现路径》，《宁夏社会科学》2022 年第 1 期。
[91] 潘家恩、吴丹、刘坤：《乡村要素何以回流？——福建省屏南县文创推进乡村振兴的经验与启示》，《中国农业大学学报》（社会科学版）2022 年第 1 期。
[92] 乔家君：《城乡融合下的乡村重构与乡村振兴路径——〈面向城乡融合的乡村多维重构研究〉书评》，《地理科学》2022 年第 2 期。
[93] 刘守英、龙婷玉：《城乡融合理论：阶段、特征与启示》，《经济学动态》2022 年第 3 期。
[94] 纪志耿、罗倩倩：《习近平关于乡村振兴重要论述的发展脉络与创新性贡献》，《经济学家》2022 年第 4 期。
[95] 方创琳：《城乡融合发展机理与演进规律的理论解析》，《地理学报》2022 年第 4 期。
[96] 苏春红、李真：《财政分权、支出偏向与城乡融合发展》，《经济问题探索》2022 年第 6 期。
[97] 高慧智：《生态资本化：城乡融合的第三次循环》，《城市规划》2022 年第 7 期。
[98] 高帆：《三大历史性趋势下的中国城乡融合发展路径》，《探索与争鸣》2022 年第 9 期。
[99] 徐俊峰、葛扬：《“城乡共富”：“共同富裕”的内涵要义与实践遵循》，《西北农林科技大学学报》（社会科学版）2022 年第 6 期。

［100］张明皓、叶敬忠：《城乡融合发展推动共同富裕的内在机理与实现路径》，《农村经济》2022 年第 11 期。

［101］张季风：《乡村振兴视阈下的城乡融合发展：日本的实践与启示》，《中国农村经济》2022 年第 12 期。

［102］武小龙：《中国城乡共生发展的区域测度及实证》，《统计与决策》2023 年第 2 期。

［103］王弘儒：《中国城乡高质量融合发展水平的地区差距及分布动态演进》，《经济问题探索》2023 年第 2 期。

［104］姚毓春、张嘉实：《数字经济赋能城乡融合发展：内在机理与实证检验》，《哈尔滨商业大学学报》（社会科学版）2023 年第 2 期。

［105］李晶晶：《乡村振兴的理论体系与中国道路》，《中国农业资源与区划》2023 年第 3 期。

［106］夏柱智：《乡村振兴战略下县域城乡融合发展的理论与实践：一个分析框架》，《河南社会科学》2023 年第 4 期。

［107］罗婉璐、王武林、林珍、周伟健：《中国城乡融合时空演化及驱动因素》，《地理科学进展》2023 年第 4 期。

［108］杨骞、金华丽：《新时代十年中国的城乡融合发展之路》，《华南农业大学学报》（社会科学版）2023 年第 3 期。

［109］郑瑜晗、龙花楼：《中国城乡融合发展测度评价及其时空格局》，《地理学报》2023 年第 8 期。

［110］文军、陈雪婧：《城乡融合发展中的不确定性风险及其治理》，《中国农业大学学报》（社会科学版）2023 年第 3 期。

［111］温惠淇：《乡村振兴战略下城乡融合的现实困境与实践路径》，《贵州社会科学》2023 年第 6 期。

［112］文丰安：《中国式现代化视域下城乡融合发展的逻辑演进与实践路径》，《学习与探索》2023 年第 7 期。

［113］段锴丰、施建刚、吴光东、徐可：《城乡融合系统：理论阐释、结构解析及运行机制分析》，《人文地理》2023 年第 3 期。

[114] 文丰安：《中国式现代化进程中城乡融合高质量发展的路径探析》，《海南大学学报》（人文社会科学版）2023 年第 5 期。
[115] 龙花楼、徐雨利、郑瑜晗、陈坤秋：《中国式现代化下的县域城乡融合发展》，《经济地理》2023 年第 7 期。
[116] 赵志强、范建刚：《系统论视域下新时代城乡融合发展：多重维度、驱动机理与实践路径》，《当代经济研究》2023 年第 8 期。
[117] 乔家君：《中国乡村振兴研究进展、热点及评价指标展望》，《河南大学学报》（社会科学版）2023 年第 5 期。
[118] 高帆：《中国式现代化的内在逻辑：一个基于城乡融合发展的考察》，《复旦学报》（社会科学版）2023 年第 5 期。
[119] 谷甜甜、戴雅楠、车瑞昱、杜佩佩、邓勇亮、崔鹏：《中国乡村振兴研究评述与展望》，《中国农业资源与区划》2023 年第 12 期。
[120] 李佳、张成甦：《中国式现代化视域下的城乡融合发展研究展望》，《西部论坛》2023 年第 6 期。
[121] 陈磊、姜海：《城乡融合发展：国外模式、经验借鉴与实现路径》，《农业经济问题》2024 年第 2 期。
[122] 董梁、许铁敏、徐广才：《中国式现代化视域下城乡融合发展的基本特征与推进路径》，《中国农业资源与区划》2024 年第 3 期。
[123] 黄锟、吉伟伦：《城乡融合发展的内在逻辑与现实选择》，《行政管理改革》2024 年第 4 期。
[124] 潘鸿雁、刘欣雨：《镇域发展共同体：城乡等值理论下超大城市城乡融合发展模式探讨》，《中国矿业大学学报》（社会科学版）2024 年第 6 期。
[125] 张震宇：《新质生产力赋能城乡融合：理论逻辑与路径探索》，《重庆理工大学学报》（社会科学）2024 年第 2 期。
[126] 孙志远：《数字新质生产力对城乡高质量融合的影响与机制》，《中国流通经济》2024 年第 5 期。
[127] 方创琳、孙彪：《新质生产力的地理学内涵及驱动城乡融合发展的重点方向》，《地理学报》2024 年第 6 期。

后　记

受样本数量和数据获得性的局限，本研究针对城乡高质量融合发展所建立的指标体系，其指标针对性、相关性、实效性依然有进一步提升的空间，其数据总量无论在时间序列还是空间序列上，都可以进一步充实和完善，还可以开展同期周边发展中国家横向对比研究，形成更为科学、更加完整、更有意义的指标体系和评价结果，这也是今后进一步深化和细化本研究的重点方面。

在中国式现代化语义下，在向第二个百年奋斗目标迈进的新征程中，如何以中国式现代化推进城乡高质量融合发展，即如何以中国式现代化塑造城乡价值融合崭新图景，在实现人口规模巨大的现代化、全体人民共同富裕的现代化、物质文明与精神文明相协调的现代化、人与自然和谐共生的现代化、走和平发展道路的现代化进程中，[①] 如何在以人民为中心的发展思想下，以中国式城乡高质量融合发展构建城乡文明新形态，塑造现代文明新载体，贡献乡土中国新智慧，值得深入、全面、彻底地去研究，为人类文明进步与发展作出新贡献。

本书能够在较短时间内顺利出版，得到了社会科学文献出版社的大力支持，同时也离不开邓泳红老师的关心与帮助，责任编辑陈雪以高度的敬业精神和优秀的专业素养做了许多具体和扎实的工作，在此深表感谢！

由于作者的知识和水平有限，书中难免出现疏漏之处，诚挚欢迎各位专家、同仁批评指正，共同为中国实现城乡高质量融合发展贡献学术之力和理论之光。

---

① 臧峰宇：《以中国式现代化全面推进中华民族伟大复兴的实践逻辑》，《企业观察家》2022年第10期。

图书在版编目(CIP)数据

乡村振兴战略下中国城乡高质量融合发展之路 / 马骏著. --北京：社会科学文献出版社，2024.9（2025.9 重印）.
ISBN 978-7-5228-4139-7

Ⅰ. F299.2

中国国家版本馆 CIP 数据核字第 20244YX762 号

乡村振兴战略下中国城乡高质量融合发展之路

著　　者 / 马　骏

出 版 人 / 冀祥德
责任编辑 / 陈　雪
责任印制 / 岳　阳

出　　版 / 社会科学文献出版社 · 皮书分社（010）59367127
　　　　　地址：北京市北三环中路甲 29 号院华龙大厦　邮编：100029
　　　　　网址：www.ssap.com.cn
发　　行 / 社会科学文献出版社（010）59367028
印　　装 / 北京盛通印刷股份有限公司

规　　格 / 开　本：787mm × 1092mm　1/16
　　　　　印　张：18.75　字　数：285 千字
版　　次 / 2024 年 9 月第 1 版　2025 年 9 月第 2 次印刷
书　　号 / ISBN 978-7-5228-4139-7
定　　价 / 128.00 元

读者服务电话：4008918866